KB217863

과학과 종교

| 충 돌 과 조 화 |

과학과 종교

| 충 돌 과 조 화 |

앨리스터 맥그래스 지음 | 정성희·김주현 공역

… 서 문 …

과학과 종교에 관한 연구는 인간이 탐구하는 학문 중 가장 매력적인 분야다. 현대사회에서 가장 중요한 두 권력을 다루기 때문이다. 신(神)과 물리학, 영성과 과학, 인간의 본성과 운명의 위대한 신비를 다룬 책과 다큐멘터리가 무수히 쏟아져 나오는 현실은 최근 이 분야에 대한 관심을 반영하고 있다. 요즘 대다수의 대학교와 신학대학에서 과학과 종교를 다루는 강좌를 많이 개설하고 있으며, 여기에 많은 청중이 참여하고 있다.

그러나 문제가 있다. 과학과 종교 간의 대화를 이해하려면 두 분야에 대해 알아야 한다. 즉, '과학과 종교'의 연구에 관심 있는 사람들의 어려움은 그들에게 어느 정도의 사전 지식이 있는가 하는 문제와 관련이 있다. 자연과학의 여러 분야와 종교 간의 복잡한 상호작용을 이해하려면 물리학과 생물학에 대한 지식을 어느 정도 갖추고 있어야 한다. 이 매력적인 분야를 탐구하고자 하는 사람 중 다수가 바로 사전 지식의 부족 때문에 좌절하곤 한다.

이 책에서는 독자가 자연과학과 종교에 대해 잘 모른다는 전제하에 두 주제의 모든 것을 소개하는 데 목적을 두었다. 자연과학과 종교 연구에서 다루는 핵심 주제와 논점을 자세히 탐구하고 설명하며, 독자가 뭔가를 이미 알고 있으리라는 가정은 배제했다. 그러므로 과학과 종교에 관한 지식을 어느 정도 갖고 있는 독자라면 이미 알고 있는 내용을 접할 수도 있는데, 이를 지루하게 여기지 않기 바란다.

결론적으로 이 책에서는 과학과 종교의 접점을 탐구하는 데 각별한 관심을 기울이고 있다. 과학과 종교에 대해 어느 정도 알고 있는 독자라면 이미 친숙한 내용을 새로운 방식으로 만나면서 관심 주제와의 연관성이 뚜렷하게 드러나는 것을 경험할 것이다.

필자가 처음 이 분야에 관심을 갖게 된 것은 40여 년 전으로 거슬러 올라간다. 필자는 1971년 옥스퍼드 대학에서 화학을 공부하기 시작했으며 양자론을 집중적으로 연구했다. 이어 분자생물 물리학 분야의 박사학위를 받았다. 그 후 옥스퍼드 대학과 케임브리지 대학에서 신학을 공부하면서 과학과 종교의 상호작용에 대해, 그중에서도 16세기와 19세기를 중심으로 연구했다. 과학과 종교 연구를 모두 접한 필자의 경험이 이 분야를 공부하려는 이들에게 도움이 되기 바라는 마음이다.

이 책은 초판(初版)을 대폭 개정한 것이며, 그 과정에서 많은 독자들의 의견이 큰 도움이 되었다. 범위와 깊이 면에서 더욱 나아진 재판(再版)이기를 바라며, 필자와 출판사 모두는 독자 여러분의 의견과 비판을 환영한다. 이는 더욱 발전된 다음 판을 내놓는 귀중한 밑거름이 될 것이다.

런던 킹스 칼리지에서

앨리스터 E. 맥그래스 씀

… 이 책의 활용법 …

과학과 종교의 소통에 관한 입문서인 이 책에서는 독자가 과학과 종교에 대해 잘 모르고 때로는 생전 처음 접한다는 가정 아래 탐구를 시작할 것이다. 이처럼 접근성을 강조한 만큼 이와 비슷한 종류의 다른 책에서 만나지 못하는 설명을 많이 수록했다.

여러 해 동안 학생들을 가르친 경험을 통해 필자는 이 분야를 처음 접하는 학생들이 생각보다 훨씬 더 많은 도움을 필요로 한다는 사실을 알게 되었다. 그래서 이 책에 수록한 모든 내용을 학생들에게 읽게 하여 검증했고, 쉽게 이해할 수 있게 다시 썼다. 따라서 과학이나 종교에 관한 배경 지식이 없더라도 처음부터 끝까지 어렵지 않게 읽을 수 있을 것이다.

관련 분야에 경험이 있는 독자라면 몇몇 단락을 건너뛰거나 대강 훑어볼 수도 있을 것이다. 또, 다른 부분에서는 지금까지 접하지 못한 주제를 다루므로 초보자를 위해 소개한 내용을 즐겁게 읽을 수도 있다.

이 책은 교과서가 아닌 입문서다. 즉, 이 분야에 대한 탐구를 시작하는 출발점은 되겠지만, 제기된 물음을 세세하게 다룰 수는 없다. 실재론의 본질과 같은 복잡한 주제를 다룰 때는 더 깊은 탐구로 안내하는 문으로 여겨야 한다. 논점에 대한 이해를 도울 수는 있지만 깊이 다룰 수는 없다. 이러한 이유로 각 장 끝에 추가로 읽을 만한 참고도서 목록을 짤막하게 붙여두었다. 이는 더 깊이 살펴보고자 하는 독자에게 유용할 것이다.

이 책을 꼭 순서대로 읽을 필요는 없다. 각 장은 독립적으로 구성되어 있으며, 추가 정보 없이 이해할 수 있게 했다. 그로 인해 이따금 내용이 반복되기에 독자 여러분의 양해를 구한다. 하지만 순서대로 읽는 게 가장 효과적이며, 역사적인 내용을 건너뛰고 읽는 독자도 있겠지만, 이를 인지하고 다음 장들을 읽는다면 더 유익할 것이다.

이 분야의 관례대로 이 책은 기독교와 자연과학의 대화에 중점을 두었다. 기독교와 자연과학의 상호작용은 역사상 서양문화의 형성에 지대한 영향을 끼쳤고, 서양 대학에서 과학과 종교에 관해 가르치는 교육과정 대부분의 틀을 형성했다. 그러나 이해의 폭을 넓히고자 하는 독자를 위해 다른 네 가지 종교에서 발견되는 논점도 간략하게 소개했다.

마지막으로, 이 책은 학생들이 심화학습을 통해 독서와 사고의 깊이를 더하게 하는 데 목적이 있다. 각 장 끝에 수록한 추가 참고도서 목록에는 이 분야를 대표하는 최신 서적들이 포함되어 있다. 방대한 읽을거리를 제시하기보다 탐구의 다음 단계에 적합하면서도 가치를 입증한 참고도서를 엄선하여 소개했다. 본문에 실린 주요 인용문의 출처는 모두 명시했으므로 원문으로 공부하고 싶은 독자에게 유용할 것이다.

독자들이 최신 내용을 수월하게 접하기를 바라는 필자와 출판사는 다음 판(版)을 계획하는 데 도움이 될 독자들의 의견을 적극 환영한다. 이 책의 재판(再版)을 만드는 데에도 독자들의 의견이 큰 역할을 했다. 필자와 출판사는 많은 개선을 가능하게 한 독자들에게 깊은 감사의 뜻을 전한다.

… 차 례 …

PART 03

과학과 종교: 현시대의 논쟁

PART 04

과학과 종교 분야의 사례 연구

과학과 종교의 대화

사람들은 왜 과학과 종교의 상호작용을 연구할까? 무엇보다 여러분이 이 책을 읽는 것 자체가 과학과 종교의 상호관계를 탐구할 만한 가치가 있다고 여기는 반증이 아닐까? 최근 급증하기 시작한 과학과 종교에 관한 연구는 먼저 연구 대상이 과연 무엇인지 명확히 하고, 연구의 중요성과 연구를 통한 잠재적 이점들을 고려하는 것으로 시작하는 것이 중요하다.

오늘날 종교와 과학은 세상에서 가장 강력한 문화적 권력이자 지적 권력이 되었다. 몇몇 과학자와 종교인은 사투를 벌이고 있다. 과학과 종교는 서로 전쟁 중이며, 이는 둘 중 하나가 완전히 사라질 때까지 끝나지 않는다는 것이다.

여기서 특히 앳킨스(Peter Atkins, 1940~)나 도킨스(Richard Dawkins, 1941~) 같은 교조주의적 무신론 과학자들이 연상되지만, 종교인 중에도 비슷한 관점을 가진 이들이 있다. 일부 근본주의 기독교인과 이슬람 원리주의자는 과학을 신앙에 대한 위협으로 간주한다. 진화론이 천지창조의 성경적 해석을 훼손했다고 비판하는 보수적 기독교인이 대표적인 예라고 할 수 있다.

과학과 종교의 상호작용을 '전쟁'으로 보는 모델의 기원은 뒤에서 살펴볼 것이다. '전쟁' 모델은 문화적으로 상당히 영향력이 크지만, 과학 역사가들은 그다지 신뢰하거나 옹호하지 않는다. 과학은 종교적인 질문을 하지 않거나 의미없는 것으로 치부하기보다 이제야 그와 같은 질문을 하기 시작했다. 자연과학이 '자신의 영역에서 벗어나 스스로 대답할 수 없는 질문을 던질'(Polkinghorne, 1988, p. 23) 수 있다는 인식이 점점 확산되고 있다. 천문학자 재스트로(Robert Jastrow)는 우주의 기원을 찾는 과학적 탐구에 대해 언급하면서 어떻게 현대과학이 던지는 질문이 이전 세대의 종교사상가들이 했던 질문과 똑같은지 주목한다.

> 이것은 또 다른 1년, 또 다른 10년간의 연구, 또 다른 측정이나 이론의 문제가 아니다. 지금으로서는 과학이 창조의 비밀을 풀지 못할 것으로 보이는데, 이는 이성의 힘으로 살아온 과학자에게 악몽과 같은 결말이다. 과학자는 지금까지 무지의 산들을 정복해왔고, 이제 막 가장 높은 봉우리에 오르려는 참이다. 그런데 그가 안간힘을 써서 마지막 바위를 넘어가면 이미 수세기 동안 그 자리에 앉아 있던 한 무리의 신학자를 만나게 될 것이다. (Jastrow, 1978, pp. 115~116)

과학과 종교의 대화는 이들이 상대로부터 무엇을 배울 수 있는지, 배울 수 있다면 어떤 식으로 배울지, 어느 정도까지 가능할 것인지 묻는 것으로 시작한다. 과학과 종교의 문화적 중요성을 감안할 때 이들이 서로 어떻게 관계를 맺고 있는지 탐구하는 일은 두 분야를 더 풍성하게 할 수도, 두 분야 간의 갈등을 심화시킬 수도 있다. 그렇지만 양쪽 모두에게 위험 부담이 따른다 해도 충분히 가치 있는 연구가 될 것이다. 왜 그럴까? 대개 다음과 같은 세 가지 이유가 판단의 근거가 된다.

1. 과학과 종교 어느 쪽도 현실을 완전히 설명한다고 볼 수 없다. 물론 우주의 본질과 생명의 의미를 묻는 모든 질문에 답할 수 있다는 원대한 비전을 제시하는 이들이 양쪽에 모두 존재하긴 한다. 리처드 도킨스의 '보편적 다윈주의(universal Darwinism)'가 하나의 예다. 그러나 이러한 개념은 동료들에게 대표성을 인정받지 못했다. 굴드(Stephen Jay Gould, 1941~2002) 등이 발전시킨 '겹치지 않는 교도권(non-overlapping magisteria)'도 마찬가지다. 이 개념은 과학과 종교가 각자 경계가 뚜렷한 영역을 차지하고, 서로 겹치거나 만나지 않는다고 보고 있다.

   과학과 종교는 종종 비슷한 문제로 고민하지만, 서로 다른 층위에서 작용하되 서로 다른 방식으로 답한다고 생각하는 편이 바람직하다. 역사가들은 과학과 종교 모두 자기 분야가 아닌 곳에서 노닐 때 길을 잃고 만다고 말한다. 현대 '창조론'에서 보여주는 것처럼 종교가 과학을 대체했다고 주장하는 종교운동가가 있는가 하면, 최근의 과학적 무신론에서 볼 수 있듯이 과학이 종교를 대체했다고 단언하는 과학자도 있다. 그러나 우리가 세상에 대해 품는 궁금증을 과학이 다 해결해주지 않으며 종교도 마찬가지다. 그런 면에서 양측이 함께한다면 사물을 바라보는 어느 한 영역의 시각만 고집하는 이들이 갖고 있지 않은 현실에 대한 입체적인 견해를 제시할 수 있다. 두 대화 상대의 뚜렷이 구별되는 정체성과 장점, 한계를 올바로 인식할 뿐 아니라 종교나 과학 어느 한쪽에 의지했을 때보다 더 깊이 사물을 이해할 수 있다.

2. 과학과 종교 모두 사물의 이치를 이해하려 노력한다. 비록 기독교를 비롯한 여러 종교들은 인간의 상황을 변화시키는 데 중점을 둔다고 주장할 수 있지만, 대부분의 종교는 세상을 설명하려 한다. "왜 만물은 지금과 같이

존재하는가? 우리의 눈에 비치는 것들을 어떻게 설명할 수 있는가? 우리가 관찰하고 경험하는 것에 의미를 부여하는 '더 넓은 시각'이란 무엇인가?" 등처럼 말이다. 반면 일반적으로 과학과 종교는 똑같은 관찰 자료를 다룰 때조차 다른 형태로 설명한다. 중요한 사실은 과학이 '어떻게'에 집중한다면, 종교는 '왜'에 주목한다는 점일 것이다. 과학에서는 메커니즘을 밝히고자 하며, 종교에서는 의미를 부여하고자 한다.

이 접근법들이 경쟁 관계에 있거나 양립 불가능하다고 생각할 필요는 없다. 이들은 서로 다른 층위에서 작용할 뿐이기 때문이다. 사물이 어떻게 발생하는지 설명하는 것이 삶의 가장 큰 문제에 대한 최선의 답이라고 여기는 과학자도 있지만, 대부분 '설명'과 '의미'를 명확히 구별하는 데 찬성할 것이다. 이 점을 다룬 영향력 있는 논의 중 하나를 바우마이스터(Roy Baumeister)의 역작 《삶의 의미Meanings of Life, 1991》에서 만날 수 있다. 그에게는 '의미'가 '설명'보다 앞선 가치다. 바우마이스터는 의미를 탐구하는 인간 본성의 근저에 목적과 효능, 가치, 자긍심이라는 네 가지 기본 욕구가 있다면서, 의미는 '사물과 사건, 관계 사이에 존재할 수 있는 관계를 나타내는 공유된 정신적 표상'이라고 말했다.(Baumeister, 1991, p. 15)

3. 최근 몇 년간 과학 탐구를 통해 제기된 더 광범위한 쟁점들에 대한 인식과 과학계가 그 쟁점들에 답할 수 있는 능력의 한계에 관한 인식이 과학계 내부에서 크게 높아졌다. 대표적인 예가 윤리적 질문이다. 무엇이 옳고 무엇이 그른지 과학이 결정할 수 있는가? 대부분의 과학자들은 과학이 근본적으로 초도덕적이라고 단언할 것이다. 과학적 방법이 도덕적 질문으로 이어지지 않는다는 것이다. 가령 도킨스는 "과학에는 무엇이 윤리적인지 결정할 방법이 없다."고 딱 잘라 말했고,(Dawkins, 2003, p. 34) 굴드는 그

의 권위 있는 에세이 《초도덕적 자연Nonmoral Nature》에서 비슷한 논지를 폈다.

[그림 1.1] 굴드Stephen Jay Gould
Jon Chase /Harvard News Office

우리가 보편적인 선을 식별하지 못하는 것은 통찰력이나 창의력이 부족해서가 아니라 단지 자연이 인간의 언어로 표현되는 어떤 도덕적 메시지도 담고 있지 않기 때문이다. 도덕성은 철학자와 신학자, 인문학 연구자를 비롯하여 모든 생각하는 인간을 위한 주제이며, 자연으로부터 수동적으로 그 답을 얻을 수도 없다. 과학적 데이터에서 나오지도 않고 나올 수도 없는 답이기 때문이다. 실제 세상은 인간이 선과 악을 행하는 능력으로 어떻게 세상을 가장 도덕적인 방식으로 바꾸거나 유지해야 하는지 가르쳐주지 않는다. (Gould, 1994, p. 42)

그리하여 상호보완적 접근법이 조명을 받기 시작했다. 자연과학자들은 윤리적·미학적·정신적 측면에서 자신의 접근법을 강화하는 다른 접근법들을 통해 점점 더 활발히 세상에 대한 과학적 이해를 보완하는 것 같다. 이때 자연과학이 과학 탐구를 통해 제기했으나 아직 답을 찾지 못한 문제에 맞설 수 있게 해주는 중요한 요인으로 종교가 인정받는 추세다. 예를 들어 생명공학의 윤리에 관한 논쟁에 과학이 답할 수 없는 중요한 질문이 종종 제기된다. 이를테면 인간의 '인격 정체성'이 언제 생성되는지, 생명체로 인정할 수 있는 기준은 무엇인지 하는 물음들이다.

이러한 대화를 장려해야 하는 다른 이유를 제시하기는 쉽다. 그러나 과학과 종교의 대화에 어려움도 따른다는 사실을 인정해야 한다. 가장 뚜렷한 어려움

중 하나는 한편에서 일부 과학적 무신론자들이, 그리고 상대편에서 종교 근본주의자들이 어떤 대화에도 참여를 거부한다는 것이다. 극단적으로 대치하는 양쪽 주장에서 과학과 종교는 서로 적이기에 대화에 참여하는 이는 누구나 배반자 아니면 유화론자가 된다. 가령 무신론자인 과학 저술가 도킨스와 성경적 창조론자 모리스(Henry Morris)는 양쪽의 극단적인 입장을 대표하는 이들로 과학과 종교 사이에 전쟁이 벌어지고 있다고 주장한다. 이처럼 반종교적, 반과학적 편견이나 편향은 유익하고 성공적인 대화에 큰 걸림돌이다.

그밖에도 우려할 만한 사항이 있는데, 그중 가장 중요한 것을 살펴보면 다음과 같다.

첫째, '과학'이라는 용어는 각기 고유한 방법론을 가진 여러 분야를 포괄한다. '과학과 종교'의 대화라고 하면 마치 '과학'이라는 이름의 단일한 실재가 존재하는 것처럼 들리지만, 실제로 각자 고유한 연구 영역과 조사 방법을 갖춘 여러 과학 분야가 있다. 나중에 살펴보겠지만, 물리학과 종교의 상호작용은 생물학과 종교의 상호작용과 크게 다르다. 따라서 적절한 답을 구하려면 '과학'이라는 용어를 한정하거나 더 명확히 정의할 필요가 있다.

둘째, '종교' 역시 상당히 모호한 용어로 매우 다양한 활동을 가리킨다. 이를테면 기독교와 이슬람교, 힌두교는 자연계에 대한 태도, 특히 신을 드러내거나 지향하는 정도가 아주 다르다. 이렇게 다양한 관점들을 포괄하는 '종교'라는 명칭을 일반화하기란 사실상 불가능하며, '종교'를 구성하는 것이 무엇인지 분명히 정의하기조차 어렵다. 일반적으로 통용되는 종교에 대한 정의가 없어서 과학과 종교의 대화에 유교 같은 종교적 요소를 띤 세계관을 포함시킬지 말지 판단하는 것도 쉽지 않다. 나아가 한 종교 안에서조차 신앙과 과학의 관계에 대한 아주 다양한 견해가 있을 수 있다. 기독교는 가톨릭과 정교회, 신기독교를 비롯한 다수의 주요 집단으로 이루어져 있는데, 각 집단은 다시 여러 하위 집단으로 나뉜다. 따라서 과학을 바라보는 종교적 관점은 천차만별이다.

셋째, 이 대화를 '과학과 종교'의 대화로 간주하는 것이 최선인지 의문을 갖는 이들도 많을 것이다. '종교'라는 용어는 광범위한 활동과 태도, 신념을 모두 지칭하는 것이지, 오로지 사상만 가리키지는 않는다. 어떤 이들은 과학과 종교의 진짜 대화는 방법과 사상의 수준에서 이루어진다고 주장한다. 그럼 우리의 주제는 사실 과학과 신학 간의 대화가 되어야 한다. 이러한 논지는 영국의 중견 신학자 토런스(Thomas F. Torrance, 1913~2007)의 저서를 비롯한 많은 글에서 전개되어왔다.

이상 과학과 종교 간의 중요하고도 흥미로운 상호작용을 탐구할 때 염두에 두어야 할 점을 살펴보았다. 현재 벌어지고 있는 대(大)논쟁들을 살펴보기에 앞서 간단하게 역사적 배경을 알아보도록 하자.

추가 참고도서 목록

Baumeister, Roy F. *Meanings of Life*. New York: Guilford Press, 1991.

Clayton, Philip (ed.). *Oxford Handbook of Scisence and Religion*. Oxford: Oxford University Press, 2006.

Dear, Peter R. *The Intelligibility of Nature: How Science Makes Sense of the World*. Chicago: University of Chicago Press, 2006.

Polkinghorne, John. *Science and Creation: The Search for Understanding*, 2nd edn. Philadelphia, PA: Templeton Foundation Press, 2006.

Watts, Fraser, and Kevin Dutton (eds). *Why the Science and Religion Dialogue Matters*. Philadelphia, PA: Templeton Foundation Press, 2006.

역사: 3대 기념비적 논쟁

왜 역사를 연구하는가? ● 논쟁 1 : 코페르니쿠스와 갈릴레이, 그리고 태양계 ● 논쟁 2 : 뉴턴과 기계적 우주와 이신론 ● 논쟁 3 : 다윈과 인류의 생물학적 기원과학과 종교의 관계는 현시대의 문제와 연관성을 갖기 때문에 많은 사람들이 이를 연구하는 데 호기심을 갖고 있다. '빅뱅'이 창조주를 믿는 신앙에 시사하는 점은 무엇인가? 최근 진화심리학 분야의 발전은 욕망에 기초한 신의 존재를 내세우는 전통 종교적 주장에 불리하게 작용할까, 유리하게 작용할까? 이 분야의 연구가 활기를 띠는 것은 직접적인 관련성이 있는 쟁점 사항과 이에 관한 논쟁을 다룬다는 사실에 이유가 있다.

그렇다면 왜 과거의 논쟁을 연구하는가? 분명 현시대의 관심사와 무관한데도 말이다. 현재 이토록 많은 일들이 일어나는데 왜 과거에 주목하는가? 이는 진지하게 고려해야 할 중요한 사항이다. 예컨대 많은 자연과학자들에게 해당 분야의 역사를 돌아보는 것은 거의 의미가 없다. 자연과학은 빠르게 발전하여 과거의 개념이 순식간에 낡은 것이 되어버리기 때문이다. 역사의 연구는 실재하는 세계에서 벗어나 우리가 사는 곳과 거의 무관한, 아주 판이한 세계로 들어가는 것 같다. 하틀리(L. P. Hartley)가 《중매인The Go-Between》의 서두에서 밝혔듯이 '과거는 외국과 같다. 거기서는 사람들이 다르게 행동한다.'

그러나 과학과 종교의 상호작용을 이해하려면 역사의 기념비로 남은 3대 사건을 알아야 한다. 바로 16세기~17세기 초에 벌어진 천문학 논쟁, 17세기 말~18세기에 등장한 뉴턴적 세계관, 그리고 19세기에 일어난 다윈의 논쟁이다. 이러한 담론에서 제기된 문제는 현시대의 논쟁에 재등장한다.

기념비적인 논쟁들을 소개하는 제1부에서는 관련 쟁점들과 각 쟁점이 우리가 다루는 주제의 측면에서 갖는 중요성을 밝히고자 한다. 이 3대 논쟁은 '과학과 종교'에 관한 문헌에서 끊임없이 언급되므로 여기서 소개하는 기본 개념과 발전 과정을 제대로 이해할 필요가 있다. 이런 이유로 이 책의 도입부에 그 내용을 실었다.

그러나 영향력에 동의하면서 왜 역사를 공부해야 하는지 여전히 묻고 싶은 이도 많을 것이다. 앞서 말한 3대 논쟁을 구체적으로 살펴보기에 앞서 과학과 종교의 상호작용에서 역사가 차지하는 위치를 잠시 생각해보자.

왜 역사를 연구하는가?

21세기에 과학과 종교에 관한 이야기를 하면서 과거를 돌아보는 것은 어떤 의미가 있을까? 오늘날 중요하고 흥미로운 일들이 이토록 많은데 왜 과거를 연구할까? 이는 당연한 물음이며 신중하게 답할 가치가 있다. 이 물음의 중요성을 알아보기 위해 과학과 종교는 영원한 앙숙이라는 믿음, 이른바 과학과 종교의 상호작용에 관한 '전쟁' 모델의 기원을 살펴볼 것이다. 이 보편적인 믿음은 여전히 대중의 사고에 깊숙이 자리하고 있다.

과학과 종교의 '전쟁' 모델 – 역사적 기원

18세기 영국에서는 종교와 과학이 놀라울 정도의 공영 관계를 누리고 있었다. 뉴턴의 《천체역학Celestial Mechanics》은 신을 조화로운 우주의 창조주로 보는 기독교적 시각에 부합하거나 최상의 경우 이를 확증하는 영광스러운 증거로 널리 인정받았다. 과학의 이해와 연구의 증진을 위해 설립된 영국왕립학회의 여러 회원들은 독실한 신앙인의 신념에 따라 천체역학이 과학 발전에 대한 자신의 헌신을 더욱 드높일 것이라고 생각했다.

그러나 19세기 후반 모든 상황이 바뀌었다. 이 시기에 종교, 특히 기독교와 자연과학이 벌인 대결의 전반적인 기조는 드레이퍼(John William Draper)의 《종교와 과학 간 갈등의 역사History of the Conflict Between Religion and Science》와 화이트(Andrew Dickson White)의 《과학과 기독교 신학의 전쟁The Warfare of Science with Theology in Christendom》을 통해 확립되었다. 이처럼 격렬한 논쟁을 불러일으키는 글들이 확실한 촉매 역할을 하면서 '전쟁'이라는 메타포가 대중의 뇌리에 각인되었다.

[그림 2.1] 드레이퍼John William Draper
드레이퍼 가家 컬렉션, 국립 미국사 박물관, 스미스소니언 연구소

오늘날 한 세대의 역사가들이 지적하는 것처럼 화이트와 드레이퍼가 그토록 옹호했던 과학과 종교 간의 고질적 갈등이라는 관념은 사실 사회적으로 결정되었으며, 각 성직자 집단과 교회 제도에 대한 적개심은 마치 그림자처럼 길게 드리워진 가운데 형성되었다. 또한 과학과 종교의 상호작용은 구체적인 과학이나 종교사상보다 당시 사회환경으로부터 더 큰 영향을 받아왔다. 빅토리아 시대에 사회적 억압과 긴장이 고조되면서 과학과 종교 간의 전쟁이 영원히 계속될 것이라는 믿음이 형성되었던 것이다.

[그림 2.2] 화이트Andrew Dickson White
코넬 대학교 도서관

'갈등' 모델 출현의 배후에서는 중대한 사회

적 변화가 일어나고 있었다. 사회학적 관점에서 볼 때 특정 사회 집단이 그들의 구체적 목표를 이루려는 의도로 과학 지식을 옹호했다. 19세기 영국 사회는 성직자와 전문 과학자라는 두 집단의 경쟁이 심화되었다. 19세기 초만 하더라도 '과학적인 사제'라는 사회적 고정관념이 확실히 자리잡은 상태에서 성직자들은 엘리트로 널리 인정받았지만, 전문 과학자들이 등장하면서 19세기 후반 영국 문화의 주도권을 잡기 위한 패권 다툼이 시작되었다.

이와 같은 '갈등' 모델은 빅토리아 시대의 특수한 상황에 기원을 두고 있다. 이 시기에 등장한 전문지식인 집단은 영예의 권좌를 차지해온 기존 집단을 끌어내리려고 애썼다. 전문 과학자들이 아마추어 과학자들과 거리를 두고자 했던 시대, 그리고 학계가 문화적 패턴의 변화를 겪으면서 교회를 비롯한 기성 권력 집단으로서의 독립성을 입증할 필요가 있었던 시대에 과학과 종교의 '갈등' 모델이 주목을 받기 시작했다. 학문의 자유를 위해 교회와의 단절이 필요했다. 이 작은 계기가 결국 19세기 말에 교회를 학문과 과학 발전을 저해하는 적으로, 자연과학을 최강의 옹호자로 묘사하는 상황에 이르렀다. 이제 사람들은 갈릴레이 논쟁과 같은 과거의 사건들마저 당연히 과학과 종교의 전쟁이라는 지배적 패러다임에서 이해하기 시작했다.

과학과 종교가 영원한 대립 관계에 있다는 생각은 특정 시대의 쟁점과 관심사를 반영한 것임이 분명하다. 그러나 이미 그 시대는 지나갔고, 그 시대의 쟁점도 한쪽 구석으로 치워둘 수 있기에 더 많은 정보를 바탕으로 더 공정한 판단을 내려도 될 것이다. 역사를 살펴봄으로써 우리는 과학과 종교의 관계에 관한 문제 많은 인식의 기원을 밝히고 신빙성을 가늠해볼 수 있다. 무엇보다도 그와 같은 인식을 극복하고 넘어서면 서로 판이한 두 사상계의 상호작용에 대해 더 현명하고 긍정적으로 접근할 수 있을 것이다.

과학과 종교에 관한 '지배적 담론'은 없다

과학과 종교의 관계는 늘 복잡했고 이 둘의 관계를 묘사하는 '지배적 담론'이란 없다. 과학과 종교가 언제나 필사적인 싸움을 벌여왔다고 상정하는 대단히 잘못된 '전쟁' 이론 역시 지배적 담론이 아니다. 각 세대는 과학적이고 종교적인 문제를 저마다 신중하게 생각해왔다. 과학혁명의 시대에는 전통적인 종교적 견해와 혁신적인 과학 이론이 서로 갈등을 빚거나 협력하는 모습을 볼 수 있었다.

이 복잡한 양상을 이해하기 위해 기독교의 창조 교의를 생각해보자. 창조 교의는 근대 초기 유럽의 지적 세계를 형성했으며 창조주의 지혜가 반영된, 규칙과 질서가 부여된 우주에 대한 인식을 자리잡게 했다. 사람들은 창조의 질서를 집중 탐구함으로써 '신의 마음'을 더 깊이 이해하려 했다. 따라서 과학 연구에는 종교적 측면에서 긍정적인 동기가 되었다. 그러나 인간의 기원에 관한 다윈의 설명이 힘을 얻기 시작하면서, 특히 19세기 말 바로 이 전통적인 창조 교의가 긴장을 조성하기 시작했다. 기독교 성경의 첫 장을 문자 그대로 이해하면 다윈의 이론이 잘못된 듯 보였고, 그로 인해 긴장감이 고조되었으며, 이는 오늘날까지 계속되고 있다.

과학은 당연히 모든 종류의 기득권과 권력 집단에 도전하는 성향의 활동임을 이해할 필요가 있다. 물리학자 다이슨(Freeman Dyson)은 《반역자로서의 과학자The Scientist as Rebel》라는 에세이에서 많은 과학자들이 '주류 문화가 부여한 제약에 항거하는'(Dyson, 1995, p. 1) 자신의 모습을 발견하게 된다고 밝혔다.

이는 과학과 문화의 상호작용 역사를 살펴보면 쉽게 확인할 수 있다. 아랍의 수학자이자 천문학자였던 카이얌(Omar Khayyam, 1048~1122)에게 과학이란 이슬람의 지적 규제에 맞서는 것이었다. 19세기 일본 과학자들은 과학을 봉건주의 잔재에 대한 항거로 여겼다. 20세기 위대한 인도 물리학자들에게 물리학은 당시 인도를 지배하던 대영제국주의는 물론 힌두교의 운명론적 윤리에 대항하기 위한 강력한 지적 힘이었다. 그리고 서유럽에서 과학의 진보는 정치와 사회, 종교 요소를 포함한 당시의 문화와 대치할 수밖에 없었다. 서구 세계는 거의 모두 기독교의 지배를 받아온 만큼 과학과 서구문화 간의 긴장이 과학과 기독교 간의 대립으로 여겨진 적도 많았다. 사실 진정한 긴장은 과학의 혁신과 문화적 전통주의 사이에 있었지만 말이다.

과학과 종교에 관한 본질주의 관점의 오류

과학과 기독교 신학의 관계가 두 분야의 본질적 특성 때문에 영구적으로 정의될 수 있다고 주장하는 이들도 있다. 두 분야의 본질을 파악한다면 상호관계도 자연스레 추론할 수 있다는 것이다.

이러한 견해는 특히 종교에 적대적인 견해를 가진 저술가들에게서 드러난다. "진짜 전쟁은 합리주의와 미신 사이에 벌어지고 있다. 과학은 합리론의 한 형태일 뿐이지만, 종교는 가장 보편적인 형태의 미신이다."(Jeffy Coyne, Dawkins, 2006, p. 67) 그러나 '전쟁' 모델을 옹호하는 이들뿐 아니라 과학과 종교는 본질적으로 협력 관계에 있다고 주장하는 사람들도 이러한 의견을 내놓곤 한다.

과학과 종교의 상호작용에 대한 '본질주의적' 해석은 각각의 용어들이 고정되고 영원불변하며 본질적인 것을 나타낸다는 가정을 바탕으로 한다. 따라서 두 분야의 상호관계는 각각의 본질적 속성에 의해 결정되고, 역사나 문화의 우연성에 영향을 받지 않는다.

과학과 종교에 고정불변의 한정적 속성을 부여하는 추세는 역사 연구를 통해 공격을 받으면서 타격을 입었다. 대략 1500년 이후로 과학과 종교의 상호관계에 대한 인식이 다양했고, 이따금 일관적이지 못했음이 역사 연구로 입증되었다. 단 하나의 설명이나 거대 담론으로 두 분야의 관계를 설명할 수는 없다.

이 관계의 다양성은 정치와 사회, 경제, 문화의 대표적 요인을 반영하기 때문이다.

이런 '본질주의' 접근은 역사 연구를 통해 드러난 세 가지 큰 어려움에 봉착한다.

1. 과학과 종교를 본질적으로 고정불변한 개체로 다루며, 그 관계가 각각의 속성에 의해 영구적으로 정의된다고 여긴다.
2. 우리가 앞서 살펴본 이유로 인해 19세기에 널리 전파된 '전쟁' 모델의 관점에서 과학과 종교의 관계를 보편적으로 정의할 수 있다고 가정한다. 그런 다음 영구적 적대 관계를 규정하는 '전쟁' 모델을 지배적인 거대 담론, 즉 역사를 통틀어 관련된 모든 지적 교전(交戰)을 조명하는 프리즘으로 사용한다.
3. 기독교 교회 제도와 기독교 신학 사상의 차이점, 특히 중세 후기에 드러난 차이점을 파악하지 못한다. 또 교회의 정치적 판단이 종종 신학과 관련 없는 고려 사항에 근거했음을 이해하지 못한다. 중세 후기에 살았던 성직자들의 행동을 근거로 기독교 신학의 주요 사상을 비판하는 것은 이들 간에, 현실에서 거의 존재하지 않았던 단순하고 직접적인 일차원적 관계가 있다고 가정하는 셈이다.

과학과 종교에 관한 근거 없는 신화 몰아내기

서양문화에는 과학과 종교에 관한 고정관념들이 널리 퍼져 있다. 이는 주로 역사를 잘못 이해하거나 해석한 데서 비롯되었다. 역사 연구는 대중매체에 의해 고착되는 과학과 종교의 관계에 대한 극히 부정적인 관점을 타파함으로써 대화 분위기 조성에 기여할 수 있다. 대표적인 예가 갈릴레이의 태양계 이론을 둘러싼 논란이다. 갈릴레이 사건은 과학과 종교가 갈등 관계에 있다는 증거로 제시되지만 여기에는 훨씬 더 복잡한 내막이 있다.

처음에 갈릴레이와 그의 태양중심설은 교황 측근들에게 호의적으로 받아들여졌다. 갈릴레이가 한참 후까지 성직자들에게 좋은 평가를 받은 것은 그가 교황의 총신이었던 치암폴리(Giovanni Ciampoli)와 가까웠기 때문이라는 데 많은 이들이 동의한다. 그러나 1632년 봄 치암폴리가 실각하자, 갈릴레이는 자신의 지위가 치명적인 타격을 입을지도 모른다는 위기감을 느꼈다. 예상했던 대로 치암폴리라는 보호막이 사라지자 갈릴레이는 자신의 평판을 떨어뜨리려는 이들의 공격으로부터 무방비 상태가 되었다. 유감스럽게도 갈릴레이와 그의 이론은 당시 교황을 둘러싼 정치 상황, 정치와 교회 간에 벌어진 더 광범위한 갈등에 휘말리게 된 것이다.

과학과 종교의 관계에 대한 고정관념적 해석을 진지한 역사 연구로 극복할 수 있는 두 번째 예로는 1860년 6월 30일 옥스퍼드에서 열렸던 영국학술협회 회의가 있다. 영국학술협회는 과학의 대중화를 가장 큰 목표로 삼아왔는데, 다윈의 《종의 기원Origin of Species》이 바로 전년도에 출판되어 1860년 회의에서 다루는 것은 당연했다. 다윈이 건강이 좋지 않아 회의에 참석 못한 상태에서 옥스퍼드 주교인 윌버포스(Samuel Wilberforce)가 헉슬리(Thomas Henry Huxley)와 설전을 벌였다. 다윈에 관한 여러 전기에 무비판적으로 반복 등장하는 통설에 따르면, 윌버포스는 진화론에 조소를 보내며 인간이 원숭이에게서 태어났다고 주장하는 셈이라고 공격했다. 그는 헉슬리에게 할아버지 아니면 할머니 쪽 원숭이 계보를 잇겠다는 생각이냐고 물었다. 당연히 헉슬리의 힐난이 이어졌고, 마침내 판세를 뒤엎고 윌버포스가 무식하고 오만한 성직자임을 보여주었다. 사실 윌버포스는 《종의 기원》에 대한 해박한 서평을 쓰면서 몇 가지 중대한 약점들을 지적했던 인물이다. 다윈은 윌버포스의 평을 중요하게 여겼고, 그의 비판을 수용하여 자신의 주장 몇 가지를 수정했다. 이러한 사실에도 1900년 무렵에는 앞의 얘기가 정설로 굳어져 과학과 종교의 '갈등' 또는 '전쟁' 모델을 부추기는 데 일조했다.

이 사건에 관한 전형적인 이야기는 사실 한참 뒤에 나왔는데, 그것은 바로 1898년 《맥밀런 매거진Macmillan's Magazine》에 발표된 시즈윅(Isabella Sidgwick) 부인의 자서전적 글이다. 그러나 여기 실린 내용은 회의 당시에 발표되거나 떠돌던 이야기와 일치하지 않으며, 회의 직후에 발행된 《애서니엄Athenaeum》 지에 실린 한 평론은 당시의 공통된 의견을 보여주고 있다. 윌버포스와 헉슬리는 '서로를 적이지만 훌륭한 인물로 여겼으며, 나름대로 각자의 친구들이 흡족할 만큼 충분히 공격하고 반격했다.'라고 헉슬리에 관한 공감 가는 전기를 쓴 데스먼드(Adrian Desmond)가 말했다. 헉슬리는 결코 그 회의의 '승자'라고 볼 수 없는데도 전설은 여전히 사라지지 않고 있다!

성경 해석의 중요성

마지막으로 과학과 종교의 상호작용 역사를 통틀어 반복적으로 제기되는 하나의 쟁점에 주목할 필요가 있다. 바로 성경 해석의 중요성이다. 과학과 종교의 갈등은 주로 과학적 진보가 성경 해석의 주류와 상충하는 듯 보일 때 일어난다. 이 점을 명확하게 보여준 두 가지 사례가 있다.

코페르니쿠스 논쟁의 핵심은 지구가 태양 주위를 도는가('태양중심' 모델), 아니면 태양이 지구 주위를 도는가('지구중심' 모델)에 있다. 기독교 성경의 한두 구절은 지구가 정지해 있고 태양이 돈다고 말하는 듯하다. 이를테면 '해가 머물러 있다.(여호수아 10:12)', 이 땅이 굳게 세워져 '흔들리지 않는다.(시편 96:10)' 같은 표현이다. 이러한 성구를 '상식적으로' 또는 '문자 그대로' 읽으면 태양계의 지구중심설을 지향하고 있다. 그러나 과연 성구의 의도가 그러했을까? 형이상학적 의미가 전혀 실리지 않은 그저 습관적인 화법이었다면?

마찬가지로 다윈 논쟁도 창세기의 창조 이야기를 어떻게 이해할 것인가에 대한 중요한 물음을 제기했다. 이는 우주가 약 6,000년 전 생겨났다고 말하는, 우주와 인류의 기원에 대한 축어적 설명이었을까? 아니면 창조에 대한 더 폭넓은 관점에서 해석해야 하는 것일까? 다윈주의는 창세기의 창조설을 극히 축어적으로 해석하는 입장과 맞서게 되었다. 18세기 초부터 영어권 신기독교 사회에서 발전한 그와 같은 해석은 마치 규범처럼 여겨져왔다. 다윈은 여기에 의문을 제기한 것이다.

그렇지만 이따금 언급되는 것처럼 과학의 진보가 전통적인 성경 해석에 끊임없이 도전장을 내밀었다고 단언해서는 안 된다. 전통 기독교의 창조관에서는 우주가 무(無)로부터 생겨났다고 말한다. 그러나 아리스토텔레스 시대부터 1940년대까지 서양 과학의 전통에서는 우주를 영원불변한 것으로 간주하는 경향이 있었다. 우주에 연대상의 시작이 있다는 생각은 어리석은 것으로 여겨졌다. 그러나 지난 50년간 부상한 소위 '표준우주모델(standard cosmological model)'은 우주가 영원하지 않으며 어떤 한 시점에 생겨났다는 개념에 기반한 것이다. 여기서 기독교의 전통적인 성경 해석이 현대 우주론과 공명한다.

이 장에서는 과학과 종교의 상호작용을 연구할 때 드러나는 일반 원칙 몇 가지를 살펴보았다. 다음 세 장에서 16세기의 코페르니쿠스 논쟁을 시작으로 우리가 다루는 주제에 중요한 의미를 갖는 3대 사건을 만나보자.

추가 참고도서 목록

Brooke, John Hedley. *Science and Religion: Some Historical Perspectives*. Cambridge, UK: Cambridge University Press, 1991.

Dyson, Freeman. "The Scientist as Rebel." In John Cornwell (ed.), *Nature's Imagination: The Frontiers of Scientific Vision*, pp. 1-11. Oxford: Oxford University Press, 1995.

Ferngren, Gary B. (ed.). *Science and Religion: A Historical Introduction*. Baltimore: Johns Hopkins University Press, 2002.

Lindberg, David C. and Ronald L. Numbers. *God and Nature: Historical Essays on the Encounter Between Christianity and Science*. Berkeley: University of California Press, 1986.

Welch, Claude. "Dispelling Some Myths About the Split Between Theology and Science in the Nineteenth Century." In W. Mark Richardson and Wesley J. Wildman (eds), *Religion and Science: History, Method, Dialogue*, pp. 29-40. New York: Routledge, 1996.

논쟁 1 : 코페르니쿠스와 갈릴레이, 그리고 태양계

오스트리아의 위대한 정신분석학자 프로이트(Sigmund Freud)는 근대에 인류가 세 가지 '자기애적 상처(narcissistic wound)'를 입었고, 각각의 상처는 인간의 자긍심에 대한 도전이었다고 단언했다. 첫 번째는 인간이 우주의 중심이 아닌 변방에 있음을 알려준 코페르니쿠스 혁명이 입힌 상처였다. 두 번째 상처는 심지어 인류가 지구라는 행성에서도 특별한 위치에 있지 않음을 입증한 다윈주의였다. 세 번째는 인간이 자신의 한정된 영역에서도 주인이 아님을 밝힌 프로이트 본인이 입힌 상처라고 그는 당당히 밝혔다. 프로이트에 따르면 이러한 혁명적 전환은 전자가 가져온 고통과 상처를 가중시키면서 인류의 위치와 중요성에 관한 철저한 재평가가 이루어지도록 만들었다. 프로이트의 견해가 갖는 종교적 의미는 이 책에서 나중에 다시 조명할 것이다. 여기서는 그 '상처' 중 첫 번째인 코페르니쿠스 혁명부터 살펴보는 것이 좋겠다.

각 시대는 그 시대의 세계관을 뒷받침하는 일련의 확립된 신념들이 존재한다. 중세도 예외는 아니다. 중세의 세계관에서 중요한 요소 중 하나는 태양과 다른 천체(달, 행성 등)가 지구 주위를 회전한다는 믿음이었다. '지구중심적' 우주관은 자명한 사실로 간주되었다. 성경도 이러한 믿음을 근간으로 해석했다. 많은 성구의 해석에 지구중심적 가정이 적용되었다. 현재 사용 중인 언어 대부분도 지구중심적 세계관을 여전히 반영한다. 예를 들어 현대 영어에서도 '해가 오전 7시 33분에 떠올랐다.'고 말하는데, 여기엔 태양이 지구 주위를 돈다는 믿음이 반영되어 있다. 태양계의 지구중심 모델이 참이냐 거짓이냐는 일상생활에 별 영향을 주지 않아 거기에 이의를 제기하더라도 큰 관심을 받지 못했다.

중세 초기에 가장 널리 받아들였던 우주관은 2세기 상반기에 이집트 알렉산드리아에서 활동했던 천문학자 프톨레마이오스(Claudios Ptolemaeos)가 구상한 것이었다. 그는 《알마게스트Almagest》에서 달과 행성의 운행에 관한 기존의 개념을 집대성하면서 다음 가정에 근거하여 이해할 수 있다고 주장했다.

1. 지구는 우주의 중심에 있다.
2. 모든 천체는 원을 그리며 지구 주위를 회전한다.
3. 회전은 원을 그리며 움직이고, 그 중심 역시 또 다른 원을 그리며 움직이는 형태를 띤다. 본래 히파르코스(Hipparchos)가 주창했던 이 중심론은 '주전원(epicycle)', 즉 원 운동 위에 원 운동이 부여된다는 개념에 근거한다.

행성과 항성의 움직임이 더 자세하고 정확하게 관측되면서 이론은 갈수록 복잡해졌다. 처음에는 주전원을 추가하는 방법으로 모순을 수용할 수 있었다. 그러나 15세기 말 무렵에는 너무 복잡하고 다루기 힘든 이 모델이 무너지기 일보직전에 있었다. 하지만 무엇으로 대체한단 말인가?

16세기 들어 지구중심 모델은 태양중심 모델, 즉 태양을 중심에 놓고 지구는 그 주위를 도는 많은 행성 중 하나라고 보는 관점에 자리를 내주었다. 이는 기존 모델과 완전한 결별을 뜻하며, 지난 1,000년간 인류의 실재관에 일어난 가장 큰 변화임이 분명하다. 이 사고의 전환을 흔히 '코페르니쿠스 혁명(Copernican Revolution)'이라 부르며, 이것이 자리잡기까지 세 명의 인물이 중요한 역할을 했다고 알려져 있다.

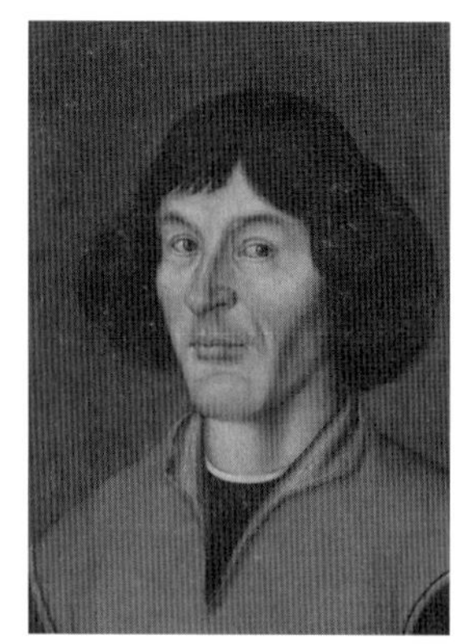

[그림 3.1] 코페르니쿠스Copernicus
akg-images/Erich Lessing

폴란드 학자 코페르니쿠스(Nicolaus Copernicus, 1473~1543)는 행성들이 태양 주위를 동심원을 그리며 회전한다고 주장했다. 또한 지구는 태양 주위를 돌 뿐 아니라 자신의 축을 중심으로 회전한다고 했다.

그러므로 항성과 행성이 움직이는 듯 보이는 것은 지구의 자전과 공전의 조합에서 비롯된 것이다. 이 모델은 차츰 버거워진 프톨레마이오스 모델에 비해 단순하고 정밀하다는 장점을 지녔다. 그러나 이 모델 역시 모든 관측 데이터를 설명하지는 못했고, 이 이론을 받아들이려면 수정이 필요했다.

덴마크 학자 브라헤(Tycho Brahe, 1546~1601)는 코펜하겐 인근 섬의 관측소에 있으면서 1576년부터 1592년까지 행성 운동에 관한 일련의 정밀 관측을 실시했다. 이 관측 자료는 케플러(Johann Kepler, 1571~1630)가 수정한 태양계 모델의 토대가 되었는데, 그는 덴마크 국왕 프레데리크 2세가 사망한 뒤 브라헤가 보헤미아로 이주할 때까지 브라헤의 조수로 일했다.

케플러는 행성인 화성의 운행을 관측하는 데 관심을 쏟았다. 행성이 태양 주위를 원형 궤도를 그리며 돈다고 가정하는 코페르니쿠스 모델로는 실제 관측된 화성의 운행을 설명할 수 없었기 때문이다. 1609년 케플러는 화성 운행의 일반 원칙 두 가지를 밝혀냈다고 발표했다. 첫 번째는 화성이 타원형 궤도로 회전하며, 이때 태양은 두 초점 중 하나라는 것이다. 두 번째는 화성과 태양을 연결하는 선은 같은 시간 동안 같은 면적을 휩쓸고 지나간다는 것이다. 1619년경 그는 이 두 원칙을 나머지 행성에 확대 적용해 세 번째 원칙을 밝혀냈다. 행성의 공전 주기(행성이 태양 주위 궤도를 한 바퀴 도는 데 걸리는 시간)의 제곱은 행성과 태양 간 평균 거리의 세제곱에 정비례한다는 것이다.

케플러의 모델은 코페르니쿠스의 개념을 상당히 수정한 것이었다. 코페르니쿠스의 획기적인 새 모델은 개념이 정밀하고 단순한데도 행성의 궤도가 원형이라는 잘못된 가정 때문에 관측 데이터를 제대로 설명할 수 없었다. 흥미롭게도 이 가정은 유클리드 고전 기하학에서 유래한 듯하다. 코페르니쿠스는 그리스 고전 철학에서 완전히 벗어나지 못했다. 원은 기하학적으로 완전한 형태지만 타원은 왜곡된 형태였다. 왜 자연이 기형적인 기하학 구조를 사용하겠는가?

1543년 5월 발표된 코페르니쿠스의 논문 〈천체의 회전에 관하여On the Revolutions of the Heavenly Bodies〉는 작은 파문을 일으켰다. 그러나 그 모델은 17세기 초반 20여 년간 케플러의 정밀한 연구가 이루어진 뒤에야 인정받을 수 있었다. 이미 언급했듯이 중세 신학자들은 '지구중심설'이라고도 불리는 과거의 모델을 정설로 받아들였다. 그들은 지구중심설이라는 안경을 쓰고 성구를 읽는 데 익숙한 나머지 새로운 관점을 쉽게 받아들일 수 없었다.

따라서 성경과 코페르니쿠스 이론의 관계를 명시적으로 다룬 최초의 글로 인정받은 레티쿠스(G. J. Rheticus)의 〈성경과 지구의 운행에 관한 논문Treatise on Holy Scripture and the Motion of the Earth〉과 같이 초기에 발표된 코페르니쿠스 이론에 대한 변론에서는 두 가지 쟁점을 다뤄야 했다. 첫 번째로 지구와 다른 행성들이 태양 주위를 회전한다는 결론으로 이끌 관측 증거를 제시해야 했다. 두 번째로 오랫동안 지구중심론을 지지하는 것처럼 해석되었던 성경과 이 견해가 사실은 부합한다는 점을 증명해야 했다. 앞서 말했듯이 관측 증거는 나중에 케플러가 수정한 코페르니쿠스 모델에 의해서만 설명될 수 있었다. 하지만 신학적 관점에서 이 모델을 본다면? 이 모델에 따라 지구중심의 우주와 완전히 결별한다면 어떻게 될 것인가?

태양중심설이 부상하면서 신학자들은 일부 성구의 해석 방법을 재검토할 수밖에 없었다. 기독교의 전통적인 성경 해석법은 크게 세 범주로 구분할 수 있다. 각 방법을 살펴보고 과학과 종교의 대화라는 주제에 어떤 의미를 갖는지 알아보자.

첫 번째로 성구를 문자 그대로 받아들여야 한다는 직해적(literal) 접근법이 있다. 창세기 1장을 직해적으로 해석하면 창조가 하루를 24시간으로 하여 6일에 걸쳐 일어난 것이 된다.

두 번째는 비직해적, 즉 우의적(allegorical) 접근법으로 성경의 어떤 부분은 문자 그대로 받아들이기에 적절치 않은 문체로 쓰였음을 지적한다. 중세에는 성경에서 세 가지 비직해적 의미가 인정되었다. 이는 16세기의 많은 학자들이 상당히 정교한 표현으로 여겼던 것들이다. 이 견해에 따르면 창세기의 도입부는 시적이거나 우의적인 표현으로서, 여기서 신학과 윤리 원칙을 이끌어낼 수 있는 반면 문자 그대로 지구의 기원을 전달하는 역사적 설명은 아니다.

세 번째로 조정(accommodation)의 개념에 입각한 접근법이 있다. 이는 성경의 해석과 자연과학의 상호작용 측면에서 볼 때 지금까지 가장 중요한 접근법이다. 여기서는 계시(revelation)가 문화 및 인류학적 조건이 부여된 방법과 형태로 일어나 그 결과를 적절히 해석해야 한다고 주장한다. 이러한 견해는 유대교와 그 뒤에 이어진 기독교 신학에서 오랜 전통을 가지고 있다. 게다가 초기 기독교 교부 시대에도 상당한 영향력을 발휘했으나 16세기에 와서야 완성된 모습을 갖췄다. 이 관점에 따르면 창세기 도입부에 사용된 언어와 이미지는 초기 독자들의 문화적 환경에 적합한 것이었다. 그러므로 이를 '문자 그대로' 받아들여서는 안 된다. 오늘날의 독자들은 초기 독자에게 맞게 '조정된' 형태와 용어 속에 표현된 핵심 개념을 추출하여 해석해야 한다.

세 번째 접근법은 16~17세기에 신학과 천문학의 관계를 둘러싼 논쟁에서 특히 중요한 역할을 했다. 종교개혁가로 유명한 칼뱅(John Calvin, 1509~1564)은 자연과학이 인정받고 발전하는 데 두 가지 측면에서 크게 공헌했다. 첫 번째는 자연을 과학적으로 연구하는 활동을 적극 장려했다. 두 번째는 앞서 설명한 '조정'의 관점에서 성경을 해석할 필요가 있다는 것을 이해함으로써 과학 연구 발전을 가로막던 큰 장애물을 없앴다. 그의 첫 번째 공헌은 특히 창조의 질서를 강조한 것과 관련이 있다. 물리적 세상과 인체 모두 신의 지혜와 개성을 입증하는 증거다. 따라서 칼뱅은 천문학과 의학 연구를 장려했다. 자연세계를 신학보다 더 깊이 탐구하면 창조의 질서와 창조주의 지혜를 밝힐 증거를 더 많이 발견할 수 있기 때문이다. 이처럼 칼뱅은 자연을 과학적으로 연구하는 데 새로운 종교적 동기를 부여했다.

칼뱅이 두 번째로 크게 기여한 것은 자연과학의 발전에 심각한 장애물이었던 성경 직해주의를 타파한 것이다. 성경의 주 목적은 예수 그리스도를 아는 것이라고 그는 지적한다. 성경은 천문학이나 지리학, 생물학 교과서가 아니다. 그리고 성경을 해석할 때에는 신이 인간의 정신과 마음의 능력에 맞추어 '적절히 조정'한다는 점을 염두에 두어야 한다. 계시가 일어나려면 신이 인간의 수준으로 내려와야 한다. 인간이 한정된 능력으로 수용할 수 있게 단계를 낮춘, 즉 '조정된' 신의 모습이 계시를 통해 전달된다. 어머니가 아이의 손을 잡기 위해 몸을 굽히는 것처럼 신 역시 인간의 눈높이에 맞게 스스로 굽히고 낮춘다. 계시는 신이 보여주는 겸손의 행위인 것이다.

과학 이론화에 관한 이 두 가지 관점은 특히 17세기에 대단한 영향력을 발휘했다. 영국의 저술가 라이트(Edward Wright)는 길버트(William Gilbert)가 쓴 자기학 관련 논문(1600)의 서문에서 성경 직해주의자들에 맞서 코페르니쿠스의 태양 중심설을 옹호했다. 성경은 물리학을 다룬 책이 아니며, 성경의 화법은 '유모가 어린아이를 대하듯 보통 사람의 이해력과 말투에 맞게 조정된 것'이라고 주장했다.(Hooykaas, 1972, pp. 122~123) 이 두 가지 주장 모두 칼뱅에서 비롯된 것인 만큼 칼뱅은 자연과학의 출현에 크게 기여했다고 볼 수 있다.

17세기 초 몇 십 년간 이탈리아에서 태양중심 모델에 관한 새로운 논란이 시작되었다. 이번 논쟁은 코페르니쿠스의 태양계 이론의 대표적인 옹호자 갈릴레이(Galileo Galilei, 1564~1642)의 입장을 둘러싼 것이었다. 결국 가톨릭교회는 갈릴레이에게 유죄 판결을 내렸고, 오늘날 이는 일부 교회 관료들이 저지른 명백한 판단 착오로 인식되고 있다. 처음에 갈릴레이의 의견은 고위 성직자들의 공감을 얻기도 했는데, 여기에는 그가 교황의 총신 치암폴리에게 높은 평가를 받은 것도 일부 작용했다. 치암폴리의 권력 실추로 갈릴레이는 교황 측근의 지지를 잃었고, 결국 적들의 공격 대상이 되어 유죄 선고까지 받은 것으로 널리 알려져 있다.

비록 갈릴레이를 둘러싼 논쟁이 과학 대 종교, 또는 자유주의 대 권위주의의 대결로 묘사되기는 하지만 진정한 문제는 성경의 올바른 해석에 있다. 과거에는 이 논쟁과 관련된 신학적, 더 정확하게 해석학적 쟁점을 제대로 다루지 못해 올바르게 조명되지 않았다. 이 논쟁에 관심을 가진 학자 상당수가 과학자나 과학 역사가였다. 고도로 복잡했던 시대에 성경 해석에 관한 논쟁의 얽히고설킨 내막을 잘 모르는 사람들이 벌였다는 사실도 부분적으로 작용했을 것이다. 여하튼 갈릴레이와 그의 비판자들이 벌인 논쟁에서 최대 쟁점은 특정 성경 구절을 어떻게 해석하느냐 하는 문제였다. 앞으로 살펴보겠지만 이 논쟁에서 조정(accommodation)은 대단히 중요하다.

이 점을 더 자세히 살펴보기 위해 1615년 1월 발표한 중요한 글에 주목할 필요가 있다. 갈멜 수도사였던 포스카리니(Paolo Antonio Foscarini)는 〈피타고라스학파와 코페르니쿠스의 의견에 관한 서한Letter on the Opinion of the Pythagoreans and Copernicus〉에서 태양중심 모델이 성경과 모순되지 않는다고 주장했다. 포스카리니는 그의 분석에서 어떤 새로운 성경 해석 원리를 내세우지 않았고, 오히려 전통적인 해석 방식을 제시하고 적용했다.

[그림 3.2] 갈릴레이Galileo Galilei
저스틴 서스테르만스Justus Sustermans 그림
피티 궁전의 팔레티나 갤러리, 이탈리아 피렌체/브리지먼 아트 라이브러리

성경에서 부적절하고 부적당하다고 여겨질 만한 속성을 신이나 피조물에 부여하려면 다음 방법 중 하나 이상으로 해석하고 설명해야 한다. 첫 번째는 은유나 비교, 비유의 목적을 지닌 것이다. 두 번째는 우리의 고찰과 판단, 이해, 인식 등의 방식에 맞게 말한 것이다. 세 번째는 서민의 생각과 보편적인 화법에 맞게 말한 것이다.(Blackwell, 1991, pp. 94~95)

포스카리니가 말한 두 번째와 세 번째 방법은 우리가 앞서 살펴본 세 번째 성경 해석법인 '조정' 유형에 속한다고 할 수 있다. 이미 말한 대로 이 해석법의 기원은 초기 기독교 시대까지 거슬러 올라가며 당시에는 논쟁거리가 되지 않았다.

포스카리니는 그가 채택한 해석법이 아니라 그 해석법을 적용한 성경 구절에서 혁신적인 면모를 보여주었다. 포스카리니는 당시까지 많은 이들이 문자 그대로 해석하던 일부 구절에 조정 해석법을 적용할 것을 제안했다. 예를 들어 지구가 정지해 있고 태양이 움직인다는 의미로 여겨지던 구절에 대한 것이었다. 포스카리니는 다음과 같이 주장했다.

성경은 우리의 이해 방식과 형세에 따라 우리를 고려해서 말한다. 그렇게 함으로써 그 내용이 우리와 연관성이 있는 것처럼 보이며 인간의 보편적이고 평범한 사고방식에 맞게 묘사된다. 즉 지구는 멈춰 있고 움직이지 않으며 태양이 그 주위를 도는 것처럼 보인다. 이처럼 성경은 우리를 생각해서 평범하고 보편적인 말투로 얘기한다. 우리에게는 정말 지구가 한가운데 단단히 고정된 상태에서 태양이 그 주위를 도는 것처럼 보이지 그 반대로는 생각되지 않기 때문이다. (Blackwell, 1991, p. 95)

코페르니쿠스의 주장을 더욱 신봉하게 된 갈릴레이 역시 포스카리니와 비슷한 성경 해석법을 채택한다.

성경을 어떻게 해석하느냐가 관건인데 갈릴레이 비판자들은 성경의 몇몇 구절이 갈릴레이의 의견과 반대된다고 주장했다. 예를 들어 여호수아 10장 12~13절에는 여호수아의 명령으로 태양이 멈췄다고 하는데, 바로 태양이 지구 주위를 돈다는 사실을 의심할 여지없이 입증한 것이 아닌가? 갈릴레이는 〈대공비 크리스티나께 드리는 서한Letter to the Grand Contess Christina〉에서 그와 같은 표현은 단지 보편적 화법에 불과하다고 주장하며 맞섰다. 여호수아가 천체역학의 복잡한 원리를 알았을 리 없고, 결국 그는 '조정된' 화법을 구사했다는 것이다.

이 견해는 두 가지 근거로 공식적인 지탄을 받았다. 첫째, 성경은 '단어들의 올바른 의미'에 따라 해석해야 한다는 것이다. 이처럼 직해적인 해석법이 힘을 얻으면서 포스카리니가 택했던 조정된 해석법은 거부되었다. 그런데도 두 가지 다 기독교 신학계에서 타당성을 인정받았고, 오랜 역사를 지닌 해석 방법이라 문제의 성구에 어느 쪽이 적합한가를 중심으로 논쟁이 벌어졌다.

둘째로, 성경은 '교황 성하와 박학한 신학자들의 공통된 해석과 이해에 따라' 해석해야 했다. 다시 말해 그때까지 중요한 인물 중 포스카리니의 해석을 따른 이가 없었고, 따라서 그 해석은 새로운 것이므로 일축해야 한다는 주장이었다. 결국 포스카리니와 갈릴레이의 견해는 기독교 사상 전례가 없는 새로운 주장인 만큼 거부해야 했다.

두 번째 논점은 매우 중요하다. 향후 오랫동안 계속된 프로테스탄티즘과 로마가톨릭 간의 치열한 논쟁의 맥락에서 더 자세히 살펴볼 필요가 있다. 프로테스탄티즘이 새롭게 생겨난 것인지, 아니면 정통 기독교의 회복인지를 따졌던 이 논쟁은 17세기에 일어난 30년 전쟁(1618~1648) 때문에 더욱 격렬한 양상으로 전개되었다. 가톨릭 전통의 불변성이라는 개념은 로마가톨릭이 프로테스탄티즘에 맞서는 데 필수적인 요소였다. 로마가톨릭을 옹호하는 대표적 인물인 보쉬에(Jacques-Benigne Bossuet, 1627~1704)가 1688년 그 점을 이렇게 설명했다.

> 교회의 가르침은 언제나 한결같다.…… 복음은 이전의 내용과 하나도 다르지 않다. 그러므로 누군가가 과거에 언급되지 않았던 뭔가가 신앙에 포함된다고 주장한다면 이는 이단, 즉 정통 교의에서 벗어난 것이다. 거짓된 교의는 쉽게 알아볼 수 있으며 논쟁의 여지가 없다. 언제 나타나든 즉시 알아볼 수 있다. 새로운 개념이니까……. (Chadwick, 1957, p. 20)

17세기가 시작될 무렵 이러한 주장들은 널리 확산되었고, 포스카리니에 대한 공식적인 비판에서도 분명하게 드러났다. 그가 제안한 해석법은 전례가 없었고 그 이유만으로도 옳지 않았다.

이처럼 성경 해석을 둘러싼 첨예한 논쟁은 복잡한 배경을 염두에 두고 이해할 필요가 있다. 극도로 정치화된 일촉즉발의 시대에 어떤 새로운 접근법이라도 용인했다가는 프로테스탄티즘의 적법성을 간접적으로 인정하는 것으로 보일까 두려워해 당시의 신학 논쟁은 크게 편향되어 있었다. 어떤 중요한 사안에 대해 로마가톨릭의 가르침이 '바뀌었음'을 인정한다면 필시 프로테스탄티즘 핵심 교의, 즉 이제까지 로마가톨릭 교회가 '새로운 것'으로 여겨 거부해왔던 가르침을 정통 교의로 받아들이라는 요구로 이어질 수 있었다.

따라서 갈릴레이의 견해가 저항에 부딪힌 것은 불가피한 일이었다. 신학적으로 새로운 개념이라는 것이 문제였다. 특정 성구에 대한 갈릴레이의 해석을 수용한다면 가톨릭의 프로테스탄티즘 비판이 뿌리째 흔들릴 수 있었다. 프로테스탄티즘에서 특정 성구에 새로운, 새롭기 때문에 잘못된 해석을 도입했다는 주장에 기초한 비판이었기 때문이다. 안타깝게도 갈릴레이의 주장이 배척되는 것은 시간문제였을 뿐이다.

이와 같은 간단한 분석을 통해 갈릴레이 논쟁의 배경에 성경의 해석과 과거 교의의 전승을 두고 갈등을 빚은 프로테스탄티즘과 가톨릭교회의 관계가 자리하고 있음을 알 수 있다. 불행히도 갈릴레이는 이 논쟁의 십자포화와 암류에 휩쓸렸던 것이다.

이 장에서는 지구가 우주의 중심이 아니라는 깨달음이 과학 및 종교 사상에 어떤 영향을 미쳤는지 살펴보았다. 다음 장에서는 우리가 알고 있는 우주가 하나의 거대하고 복잡하며 규칙적인 기계로 간주될 수 있는 과학 및 종교적 측면을 다루도록 하겠다. 아이작 뉴턴의 업적과 기계적 우주관의 출현에 대해 알아보자.

추가 참고도서 목록

Biagioli, Mario. *Galileo, Courtier: The Practice of Science in the Culture of Absolutism*. Chicago: University of Chicago Press, 1993.

Blackwell, Richard J. *Galileo, Bellarmine, and the Bible*. Notre Dame, IN: University of Notre Dame Press, 1991.

Brooke, John Hedley. "Matters of Fact and Faith: The Galileo Affair." *Journal of the History of Astronomy*, 27 (1996): 68-74.

Finocchiaro, Maurice A. *Retrying Galileo*, 1633-1992. Berkeley, CA: University of California Press, 2005.

Moss, Jean Dietz. *Novelties in the Heavens: Rhetoric and Science in the Copernican Controversy*. Chicago: University of Chicago Press, 1993.

논쟁 2 :
뉴턴과 기계적 우주와 이신론

흔히 학자들은 17세기에 서유럽을 휩쓸었던 '과학혁명'을 말하는데, 이 혁명이 정확히 언제 시작되었는지 알기는 어렵다. 어떤 이들은 앞 장에서 살펴본 코페르니쿠스와 갈릴레이의 업적에서 기원을 찾기도 하지만 그보다 훨씬 일찍 시작되었다는 주장도 있다. 중세 후기의 대학 사조나 르네상스 시대의 새로운 사고방식에 뿌리를 두고 있다는 것이다.

과학혁명의 배후에는 근본적인 철학의 변화가 있다고 말하는 이도 있다. 베이컨(Francis Bacon, 1561~1626)은 지식이 세상의 경험에서 비롯된다고 주장했다. 과학 지식은 현상의 관찰에서 출발해야 하며, 관찰 결과를 설명하는 일반적 원리를 도출하려는 시도가 뒤따른다. 이처럼 과학혁명의 시작을 규정하기가 어렵지만, 뉴턴(Sir Isaac Newton, 1642~1727)이 과학혁명에 중추적 역할을 했다는 데에는 모두 동의한다. 이 장에서는 뉴턴의 업적과 그것이 갖는 종교적 함의를 살펴보자.

앞 장에서 보았듯이 태양중심 모델의 등장으로 기하학적 문제는 규명되었으나 역학적 문제는 아직 미해결 과제였다. 케플러는 행성 주기의 제곱이 행성과 태양 간 평균 거리의 세제곱에 비례한다는 공식을 정립했다. 그러나 이 법칙은 무엇에 근거한 것인가? 이 법칙에는 어떤 깊은 의미가 있는가? 지구와 달, 행성들의 운행을 하나의 원리에 기초해 설명할 수 있는가? 뉴턴은 '천체역학'에 관해 알려진 현상의 배후에 하나의 원리가 자리할 수 있음을 입증하는 천재성을 발휘했다. 뉴턴의 태양계 역학 증명은 위력이 대단했다. 여기에 감동한 포프(Alexander Pope, 1688~1744)는 뉴턴의 비문으로 다음과 같은 시구를 쓸 정도였다.

[그림 4.1] 뉴턴Isaac Newton
고드프리 넬러Godfrey Kneller의 초상화
페트워스 하우스, 영국 웨스트서식스/
브리지먼 아트 라이브러리 그림

> 자연과 자연의 법칙은 밤의 어둠 속에 숨어 있었네.
> 신께서 '뉴턴이 있어라!' 하시니 모두 환히 비추었네.

뉴턴은 아직 미신이 횡행하던 사회의 한가운데서 이성과 우주 질서를 옹호하는 불후의 업적을 남겼고, 과학적 정론의 횃불을 밝힌 인물로 묘사된다. 실제로 그는 다소 복잡한 면면을 지녔다. 20세기에 와서 공개된 자료에 따르면 그는 병적인 외로움에 시달렸고 광기에 가까운 상태에 이르기도 했으며, 연금술에 몰두했고 이단 교리에 매료되기도 했다. 물론 뉴턴의 발견을 통해 근대 세계의 도래를 알렸지만 그는 구시대에 속한 사람이었다. 하지만 이와 같은 여러 사소한 약점이 있는데도 뉴턴은 과학사를 통틀어, 특히 과학과 종교 관계에서 매우 중요한 인물로 꼽힌다.

뉴턴이 행성 운동 법칙을 어떻게 증명했는지 이해하려면, 그가 지상 물체의 움직임에 적용되는 일련의 원리를 확립한 다음 외삽법을 통해 그 원리를 행성의 운행에 적용했다고 보면 된다. 이를테면 사과가 땅에 떨어지는 걸 보았다는 저 유명한 일화를 생각해보자. 뉴턴은 지구가 사과를 끌어당긴 것과 똑같은 힘이 태양과 행성들 사이에도 작용한다고 보았다. 지구와 사과 사이에 존재하는 중력은 바로 태양과 행성 사이에, 또는 지구와 달 사이에 작용하는 것과 똑같은 힘이다.

뉴턴이 처음에 관심을 쏟은 대상은 운동 법칙의 규명이었다. 그의 3대 운동 법칙은 지상의 운동에 관한 일반 원리를 확립했다. 이와 동일한 법칙이 지상 역학 못지않게 천체역학에도 적용 가능하다는 그의 가정은 획기적인 전기를 마련했다. 일찍이 1666년 행성 이론 연구를 시작한 뉴턴은 자신의 운동 법칙을 출발점으로 삼고 케플러의 3대 행성 운동 법칙을 설명했다. 만약 행성과 태양 사이에 어떤 힘이 존재하고 그 힘이 태양을 향한다면 케플러의 제2법칙은 비교적 간단히 입증된다. 제1법칙의 경우, 행성과 태양 사이의 힘이 그 둘의 거리의 제곱에 반비례한다는 가정 아래 설명할 수 있고, 나중에 '만유인력의 법칙'으로 불릴 원리에 근거하여 그 힘을 수학적으로 계산할 수 있었다. 즉, 질량이 각각 m과 m′인 두 물체 P와 P′는 서로 F라는 힘으로 끌어당긴다.

이를 공식으로 나타내면 다음과 같다.

$$F=Gmm'/d^2$$

여기서 d는 두 물체 간의 거리고, G는 만유인력 상수다. 그러나 뉴턴이 케플러의 법칙을 설명하는 데 G의 정확한 값을 구할 필요는 없었다.

뉴턴은 지구 주위를 도는 달의 궤도에 운동 법칙을 적용했다. 사과를 땅에 떨어지게 한 바로 그 힘에 의해 달이 지구 주위 궤도상에 있다. 이 힘이 달과 지구 간 거리의 제곱에 반비례한다는 가정에 따라 뉴턴은 달 궤도의 주기를 계산할 수 있었다. 이 계산은 약 10%의 오류율로 틀렸음이 판명되었는데, 지구와 달 사이의 거리를 잘못 추정했기 때문이다. 뉴턴은 그저 널리 알려진 추정치를 사용했던 것이다. 프랑스 천문학자 피카르(Jean Picard)가 1672년 측정한 더 정확한 값을 적용하자 이론과 관측 결과는 일치했다.

뉴턴의 이론은 질량과 공간, 시간이라는 기본 개념을 토대로 했다. 각 개념은 측정 가능하며 수학적으로 처리할 수 있다. 뉴턴이 강조했던 질량 대신 운동량(질량과 속도의 곱)이 중요성을 갖게 되었지만, 기본적인 테마는 지금까지도 고전물리학 연구에서 중요한 의미를 갖는다. 뉴턴은 자신의 3대 기본 개념을 바탕으로 가속도와 힘, 운동량, 속도의 개념을 정립할 수 있었다.

역사를 샅샅이 살펴보면서 뉴턴이 언제 어떻게 결론에 도달했는지 분석하거나 설명하는 것은 이 책의 의도가 아니다. 중요한 것은 몇몇 보편적 원리에 입각하여 방대한 양의 관측 자료를 설명할 수 있음을 뉴턴이 입증해냈다는 사실이다. 뉴턴이 지상역학 및 천체역학을 설명하는 데 성공하자, 자연과 우주를 일정한 법칙에 따라 움직이는 거대한 기계로 볼 수 있다는 인식이 빠르게 자리잡았다. 이를 흔히 '역학적 세계관'이라 부른다.

이 세계관의 종교적 함의는 분명하다. 세상을 기계로 보는 것은 곧바로 설계(design)의 개념과 연결된다. 뉴턴 역시 이러한 해석을 지지했다. 후대 저술가들은 문제의 기계 작용이 완전한 자급자족이라 신의 존재가 필요하지 않다는 견해로 기울었지만, 1690년대에 이는 보편적인 생각이 아니었다. 뉴턴의 이론을 응용한 사례 중 가장 유명한 글을 쓴 페일리(William Paley, 1743~1805)는 자연계의 복잡성을 시계 설계와 비교했다. 둘 다 설계와 목적을 암시하며 제작자가 있음을 말해준다. 따라서 처음에는 뉴턴의 업적이 신의 존재를 멋지게 확인시켜준 것으로 여겼다.

뉴턴이 세상의 규칙성을 강조함으로써 신을 묘사하고 이해하는 방식이 획기적으로 발전하는 계기가 되었다. 전통적으로 기독교 신학과 도상학에서는 왕과 목자 등 성경에 나타난 신의 이미지를 주로 이용했다. 그런데 17세기 과학혁명으로 신이 새로운 이미지, 즉 시계공의 이미지를 얻으면서 많은 이들의 상상력을 자극했다. 특히 천체라는 기계에 들어맞는 유사물로 지목된 시계가 있었으니, 바로 스트라스부르의 대성당 시계였다. 1547년 재건된 이 시계는 시간과 행성의 위치, 달의 상태, 그 밖의 천문학적 정보를 일련의 숫자판과 기타 시각 효과를 통해 표시했다.

그러나 얼마 후 천체역학과 종교의 관계는 소원해졌다. 세상은 신이 매일 작동을 감독하거나 뒷받침할 필요 없는, 알아서 잘 돌아가는 메커니즘이라고 천체역학에서 말하는 듯했다. 신의 시계공 이미지, 또 그와 관련하여 세상의 규칙성에 주목하는 자연신학은 신이 우주 속에서 담당할 역할이 없다는 순수 자연주의적 우주관으로 연결되는 것처럼 보였다. 바야흐로 소위 '이신론(Deism)'이라는 중대한 종교 운동이 일어난 것이다.

대부분의 학자들은 뉴턴이 자연의 규칙성을 강조한 것이 이신론의 등장을 촉발한 요인 중 하나라고 생각한다. '이신론(Deism, 라틴어로 '신'을 뜻하는 deus에서 유래함)'에서는 신을 창조주로 인정하지만, 신이 창조물에 계속 관여하거나 그 속에 특별히 존재한다는 주장을 거부한다. 이는 신이 세상의 일에 지속적으로 관여하고 있음을 인정하는 '유신론(Theism, 그리스어로 '신'을 뜻하는 theos에서 유래함)'과 대비된다. '이신론'이라는 용어는 17세기 말~18세기 초 '이성의 시대'에 한 무리의 영국 사상가들이 가졌던 견해를 일컬을 때 주로 사용한다. 릴랜드(John Reland)는 그의 대표작 《주요 이신론 작가들The Principal Deistic Writers,

1757》에서 허버트(Lord Herbert of Cherbury)와 홉스(Thomas Hobbes), 흄(David Hume)을 포함한 많은 저술가들을 '이신론자'라는 광범위한 신조어 아래 분류했다. 그러나 이들이 그런 분류에 동의했는지 의심스럽다. 이들의 종교관을 면밀히 살펴보면 신적 계시의 필요성과 같은 일부 전통 기독교적 개념에 전반적으로 회의적이었다는 점을 제외하고 공통점이 별로 없다. 뉴턴적 세계관 덕분에 이신론자들은 신이 세상을 창조하면서 보여준 지혜에 초점을 맞추면서 고도로 정교한 방법으로 자신들의 입장을 변호하고 발전시킬 수 있었다.

이신론은 세상의 규칙성을 특히 강조하는 상대적으로 약한 형태의 기독교라 할 수 있다. 17세기 말 영국, 즉 전통 기독교가 지적 설득력을 잃었다고 여겨지던 시기에 이신론은 지식인 계층에서 빠르게 확산되었다. 이신론은 신이 세상의 창조주이자 인간 도덕성의 기초임을 재확인하는 수준으로 기독교 신앙을 축소시킨, 문화적 수정을 거친 기독교로 볼 수 있다.

로크(John Locke)는 《인간오성론Essay Concerning Human Understanding, 1690》에서 훨씬 나중에 이신론의 특징으로 자리잡은 신에 대한 개념을 발전시켰다. 그는 '이성은 최고의 힘과 지식을 지닌 영원한 존재가 있다는 확실하고 명백한 진리로 우리를 이끈다.'고 말했다.(제3권, 10장, §6) 이러한 존재의 속성은 인간의 이성으로 판단하건대 신에게 적합하다. 로크는 어떤 도덕 및 이성적 자질이 신성에 어울리는지 고찰한 후 '우리는 이러한 자질을 무한의 개념으로 확대하고 종합하여 신에 대한 복잡한 관념을 만든다.'(제2권, 23장, §33)고 주장했다. 다시 말해 신에 대한 관념은 인간의 이성과 도덕적 자질로 이루어진 것이다.

그러나 비판자들은 이신론이 신을 단순한 시계공 역할로 전락시켰다고 생각했다. 신이 시계처럼 세계의 태엽을 감은 다음 알아서 돌아가도록 내버려둔 셈이다. 뉴턴은 신이 우주의 작동에 관여할 수 없다고 말한 적이 없다. 단지 신이 관여할 이유가 없음을 지적했을 뿐이다. 우주를 일정한 법칙에 따라 규칙적으로 작동하게끔 만들어 신이 특별히 해야 할 일이 없었다.

여기서 과학 발전의 산물 중 하나인 역학적 세계관의 등장이 종교적으로 어떤 의미를 갖는지 주목해야 한다. 뉴턴의 우주 모델은 신에 관한 어떤 견해와 통하는 듯했다. 무엇보다도 종교적인 믿음을 갖지 않아도, 성경과 같은 종교적 텍스트를 연구하지 않아도 신을 인지하고 탐구할 수 있음을 암시했다. 따라서 우주 메커니즘의 규칙성에서 만든 이의 지혜를 이끌어내는 자연종교가 발전할 수 있었다.

이러한 논증은 틴들(Matthew Tindal)의 《창조만큼 오래된 기독교Christianity as Old as Creation, 1730》에서도 볼 수 있는데, 여기서 그는 기독교가 '자연종교의 재판(再版)'에 불과하다고 주장했다. 신은 정의와 합리성, 지혜에 관한 인간의 보편적 개념을 확장한 것이라 할 수 있다. 이 보편적 종교는 언제 어디서나 존재할 수 있으나 전통 기독교는 그리스도 이전에 살았던 이들이 접할 수 없었던 신의 계시라는 개념에 의존한다. 지식사회학이라는 근대 학문이 발달하여 '보편적 이성' 개념을 회의적 시각으로 바라보기 전까지 널리 전파되었던 틴들의 견해는 대표적인 합리론 모델로 자리잡았고, 후에 계몽주의 운동에 큰 영향을 미쳤다.

영국의 이신론 사상은 번역을 통해, 《철학적 서한Philosophical Letters》을 쓴 볼테르처럼 이신론에 정통하고 공감한 이들의 저술을 통해 유럽 대륙(특히 독일)으로 전해졌다. 흔히 계몽주의 합리론은 영국 이신론의 꽃봉오리가 마침내 만개한 것이라고 말한다. 그러나 우리는 이신론과 뉴턴적 세계관 간의 분명한 공명 관계에 주목할 필요가 있다. 앞서 살펴본 대로 이신론이 지성인들에게 더욱 지지 받게 된 것은 뉴턴의 역학적 세계관이 성공을 거둔 덕분이기도 하다.

세상의 역학에서 신이 제외되었더라도 생물학 영역에서 신의 설계와 활동을 발견할 수 있다고 말한 이들도 많다. 이는 설계의 증거가 아닌가? 그렇다고 주장한 영향력 있는 저술가 중 하나인 레이(John Ray, 1627~1705)는 《창조의 작품

속에 드러나는 하나님의 지혜Wisdom of God Manifested in the Works of Creation, 1691》에서 식물과 동물을 비롯한 창조물의 질서가 지닌 아름다움과 규칙성이 창조주의 지혜를 가리키고 있다고 주장했다. 주목할 점은 레이가 창조에 대해 정적인 관점을 지녔다는 것이다. 그는 '창조의 작품(Works of Creation)'이라는 구절이 '신이 처음 만들었고, 처음 만들었을 때와 동일한 상태와 조건으로 신이 보존한 것'을 의미한다고 생각했다.

특히 생물학적 관점에서 자연계의 설계자이자 제작자인 신을 옹호한 가장 유명한 칼라일의 부주교 페일리는 신을 산업혁명을 이끈 역학 천재 중 하나에 비유했다. 신은 세상을 복잡하기 짝이 없는 상태로 직접 창조했다. 페일리는 당시의 보편적 관점, 신이 지금 우리가 알고 있는 완성된 형태로 세상을 건설했다는 견해를 받아들였다.(그는 '고안했다'는 표현을 선호했다.) 신에게 발전의 개념은 어불성설이다. 시계공이 시계를 미완성인 채 놔두었단 말인가? 물론 아니다!

그는 물리학과 생물학적 관점에서 현재 세계의 구성이 창조주의 지혜를 입증하는 강력한 증거라고 말했다. 페일리의 《자연신학—또는 자연의 모습에서 수집한 신의 존재와 특성에 대한 증거Natural Theology, or Evidences of the Existence and Attributes of the Deity, Collected from the Appearances of Nature, 1802》는 19세기 전반에 인기를 끈 영국의 종교사상에 지대한 영향을 미쳤으며, 다윈 역시 그 글을 읽었다고 알려져 있다. 페일리는 뉴턴이 발견한 자연 규칙성에 깊은 감명을 받았다. 우주를 규칙적이고 이해 가능한 원리에 따라 작동하는 복잡한 기계장치로 생각할 수 있기 때문이다. 자연은 분명한 목적 아래 만들어진, '고안된' 생물학적 구조로 구성된 것이다.

페일리는 황야에 놓인 시계라는 유명한 비유를 사용해 고안이라는 개념이 설계자와 제작자의 존재를 전제로 함을 강조했다. '시계에 있는 모든 고안의 암시, 설계의 발현이 자연의 작품에도 존재한다.'(Natural Theology, 1장) 자연에 드러난 '고안'의 수준이 시계보다 훨씬 높다는 점만 다를 뿐이다. 자연 속 기계장치, 이를테면 고도로 복잡한 구조를 지닌 인간의 눈과 심장을 묘사할 때 페일리는 탁월한 기량을 발휘한다. 그러나 그보다 앞선 존 레이와 마찬가지로 페일리는 정적 세계관에 의존했기 때문에 다윈주의의 근간이 되는 동적 세계관에 제대로 맞설 수 없었다.

이제 19세기에 벌어진 다윈 논쟁을 살펴볼 차례다. 이 논쟁은 전통적 종교 신앙과 관련한 중대한 함축과 함께 과학 논쟁의 새 시대를 열었다.

추가 참고도서 목록

Byrne, Peter A. *Natural Religion and the Nature of Religion: The Legacy of Deism*. London: Routledge, 1989.

Dijksterhuis, E. J. *The Mechanization of the World Picture: Pythagoras to Newton*. Princeton, NJ: Princeton University Press, 1986.

Force, James E. "The Breakdown of the Newtonian Synthesis of Science and Religion: Hume, Newton and the Royal Society." In R. H. Popkin and J. E. Force (eds), *Essays on the Context, Nature and Influence of Isaac Newton's Theology*, pp. 143-163. Dordrecht: Kluwer Academic Publishers, 1990.

Hall, A. Rupert. *Isaac Newton: Adventurer in Thought*. Cambridge, UK: Cambridge University Press, 1996.

Harrison, Peter. "Natural Theology, Deism, and Early Modern Science." In Arri Eisen and Gary Laderman (eds), *Science, Religion, and Society: An Encyclopedia of History, Culture and Controversy*, pp. 426-433. New York: Sharp, 2006.

논쟁 3 : 다윈과 인류의 생물학적 기원

다윈의 《종의 기원Origin of Species, 1859》은 19세기 과학의 기념비적 사건이었다. 1831년 12월 27일 영국 남부 플리머스 항에서 출범한 군함 비글호는 장장 5년이 걸릴 항해를 시작했다. 비글호의 임무는 남아메리카 남부 해안 탐사를 마친 다음 세계를 일주하는 것이었다. 이 작은 배에 탄 박물학자가 바로 다윈Charles Darwin, 1809~1882이었다. 다윈은 긴 항해 동안 남아메리카, 특히 갈라파고스제도와 티에라델푸에고에 사는 동식물의 생태적 특징에 주목했는데, 그가 보기에 기존의 이론으로는 이를 만족스럽게 설명할 수 없었다. 《종의 기원》의 서두에서 그는 자신이 풀어야겠다고 굳게 결심했던 수수께끼에 대해 소개한다.

박물학자 자격으로 군함 비글호에 승선한 나는 남아메리카의 생물 분포, 그 대륙의 현재와 과거 서식 생물의 지질학적 관계에서 드러나는 사실로부터 매우 깊은 인상을 받았다. 이 책 후반부에서 소개할 이 사실들은 가장 위대한 철학자가 말했듯이 불가사의 중의 불가사의인 종의 기원에 빛을 비추어 주는 것 같았다. (Darwin, 1859, p. 1)

종의 기원과 관련하여 19세기 초 종교계와 학계 권위자들에게 폭넓은 지지를 받았던 설명은 신이 이러저러해서 만물을 지금의 모습처럼 창조했다는 것이다. 이 관점이 성공적으로 자리잡은 것은 4장에서 다룬 페일리의 영향 덕분이다. 신은 인간의 눈처럼 믿을 수 없을 만큼 복잡한 구조를 설계하고 제작한 거룩한 시계공이었다.

[그림 5.1] 다윈Charles Darwin 1875년경/Elliott&Fry/akg-images

다윈은 페일리의 견해에 관하여 처음에는 설득력이 있다고 생각했다. 그러나 비글호 항해에서 관찰한 내용으로는 의구심을 품을 수밖에 없었다. 항해를 마치고 돌아온 그는 자신과 다른 이들이 관찰한 내용을 만족스럽게 설명할 이론을 구상하기 시작했다. 1842년 무렵에는 자연선택에 의한 진화의 기본 개념을 정립했던 것으로 보이지만 아직 발표할 단계는 아니었다. 그처럼 급진적인 이론에는 이를 뒷받침할 방대한 양의 관찰 증거가 필요했다. 다윈은 기존의 설명이 안고 있던 문제점과 단점을 고려할 때 자연계의 네 가지 특징에 특히 관심을 기울일 필요가 있다고 생각했다.

1. 어떤 생물의 형태는 생물체 고유의 필요성에 맞게 적응되는 것처럼 보였다. 페일리의 이론에 따르면 신은 그 필요성을 염두에 두고 각 생물을 하나하나 설계했다. 다윈은 점차 이를 어설픈 설명으로 여기게 되었다.
2. 완전히 사라져 멸종된 것으로 알려진 종들이 있다. 다윈 이전에 이러한

사실은 성경의 노아 이야기에 나오는 '대홍수' 같은 '대재앙' 이론에 기초하여 설명했다.

3. 비글호 탐사 항해를 통해 다윈은 전 세계적으로 생물의 지리적 분포가 고르지 않다는 생각을 갖게 되었다. 특히 섬에 서식하는 개체군의 특이성에 깊은 인상을 받았다.
4. '퇴화 구조(vestigial structure)'라고도 하는 '흔적 구조(rudimentary structure)', 즉 뚜렷한 기능이나 그럴듯한 기능이 전혀 없는 조직을 지닌 생물이 많다. 이를테면 포유동물 수컷의 젖꼭지, 뱀의 골반과 뒷다리 흔적, 날지 못하는 새의 날개 등이다. 종의 개별 설계의 중요성을 강조한 페일리 이론으로 이러한 현상을 어떻게 설명할 수 있을까? 도대체 왜 신은 불필요한 것을 설계했는가?

자연 질서의 이런 면들을 페일리의 이론에 기초하여 설명할 수 있었지만 장황하고 부자연스러워 보이는 설명이었다. 원래는 비교적 간단명료했던 이론이었지만 난제와 긴장이 쌓이면서 무너지기 시작했다. 더 나은 설명이 나와야 했다. 다윈은 생물학적 진화의 개념을 뒷받침하는 풍부한 증거를 제시하면서 그에 대한 가능성 있는 메커니즘을 제안했는데, 그것이 바로 자연선택(natural selection)이었다.

다윈이 내놓은 자연선택이라는 급진적 이론은 종의 기원에 대한 오랜 고찰을 통해 축적된 결과라 할 수 있다. 다윈의 이론에 앞서 길을 닦아놓은 연구 가운데 특히 라이엘(Charles Lyell)의 《지질학 원리Principles of Geology, 1830》에 주목할 필요가 있다. 창조 후 지구 역사는 일련의 격변으로 이루어졌다는 것이 당시의 보편적인 견해였다. 라이엘은 1795년 허턴(James Hutton)이 만들어낸 용어인 '동일과정설(uniformitarianism)'을 옹호했다. 이는 현재 자연계에서 관찰 가능한 힘은 아주 오래전 과거에서부터 똑같이 작용해왔다는 주장이다. 다윈의 진화 이론은 이와 관련된 가정에서 출발한다. 오늘날 새로운 동식물 종의 진화를 이끄는 힘은 지금까지 아주 오랜 세월 동안 작용해왔다는 것이다.

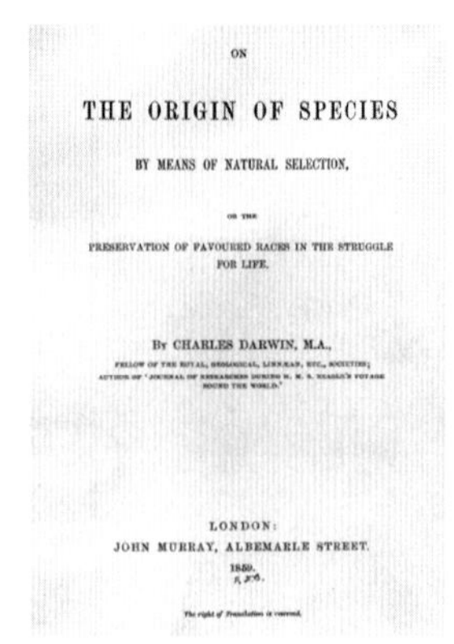
ON

THE ORIGIN OF SPECIES

BY MEANS OF NATURAL SELECTION,

OR THE

PRESERVATION OF FAVOURED RACES IN THE STRUGGLE FOR LIFE.

BY CHARLES DARWIN, M.A.,

LONDON:
JOHN MURRAY, ALBEMARLE STREET.
1859.

[그림 5.2] 《종의 기원》의 표지
ⓒBettmann/CORBIS

다윈의 대표적인 경쟁자로 불릴 만한 인물은 라틴식 이름인 린네우스(Linnaeus)로 알려진 18세기 스웨덴 박물학자 린네(Carl von Linne, 1707~1778)였다. 린네우스는 '종의 불변성'을 주장했다. 다시 말해 현재 자연계에서 관찰 가능한 종은 과거의 형태와 앞으로 유지할 형태를 나타낸다는 것이다. 린네우스의 상세한 종 분류는 자연이 최초로 발생한 순간부터 불변했다는 생각을 많은 이들에게 심어주었다. 창세기의 창조에 관한 전통적이고 대중적인 해석과도 잘 어울리는 이 주장에 따르면, 오늘날의 식물 세계는 창조 시점에 조성된 것과 대략 비슷하다. 각각의 종은 신에 의해 따로따로 구별되어 창조되었고, 불변의 속성을 부여받았다고 할 수 있다.

이와 관련하여 프랑스 박물학자 뷔퐁(Georges Buffon) 등은 중대한 문제를 지적했다. 화석 증거에 따르면 어떤 종은 멸종했다는 것이다. 발견된 화석에 보존된 동식물 가운데 지금은 그와 유사한 종류를 지구상에서 찾아볼 수 없는 것도 있다. 이는 종의 불변성이라는 가정과 배치하는 것이 아닌가? 그리고 오래된 종이 소멸하면 새로운 종이 나타나 그 자리를 대신할 수 있지 않은가? 뿐만 아니라 종의 불규칙한 지리적 분포와 같은 쟁점으로 특수 창조론은 난관에 봉착했다.

다윈은 《종의 기원》에서 왜 '자연선택' 개념이 종의 진화 방식을 설명하는 최상의 메커니즘인지, 그리고 이 개념을 어떻게 이해해야 하는지 아주 조심스럽게 설명했다. 요컨대 자연선택은 가축 사육의 '인위선택' 과정이 자연에서 일어나는 것이다. 다윈은 이러한 주제, 특히 비둘기 사육에 관해 잘 알고 있었다. 따라서 《종의 기원》의 첫 장에서는 농업 종사자들이 동식물을 키우는 방식인 '재배/사육에서 발생하는 변이'를 언급한다. 다윈은 농부들이 원하는 형질을 가진 동식물을 얻기 위해 선택적 번식을 이용하는 방법에 주목했다. 그와 같은 번식 과정을 통해 여러 대에 걸쳐 변종들이 생겨나며, 이를 이용하여 유익한 특성을 유전시킬 수 있다. 두 번째 장에서는 화석 기록과 현재의 자연계에서 관찰되는 내용을 설명하고자 '생존경쟁'과 '자연선택'이라는 주요 개념을 소개한다.

그러고 나서 다윈은 '사육선택' 또는 '인위선택' 과정을 자연에서 일어나는 현상의 메커니즘에 대한 모델로 삼을 수 있다고 주장한다. '사육에서 발생하는 변이'는 '자연 변이'의 유사물로 제시된다. 그에 따르면, 영국의 목축업자나 원예가에게 친숙한 과정과 비슷한 '자연선택' 과정이 자연 질서 속에서 일어난다. "인간이 체계적이면서도 무의식적인 선택을 통해 위대한 결과를 만들어낼 수 있고 또 실제로 만들어냈다면 자연이라고 못할 이유가 있는가?"(Darwin, 1859, p. 83)

다윈은 자연선택 이론에서 진보(progression)라든지 목적(purpose)이 있음을 암시하지 않으면서 자연 속의 방향성(directionality)을 거론할 수 있다고 주장한다. 그런데 '자연선택'이라는 표현은 논란의 여지가 있었다. 일부 다윈 비판자들에게 자연이 향후 더 바람직한 진화적 결과를 적극적으로 또는 의도적으로 선택했다는 의미처럼 보였기 때문이다. 이는 다윈의 의도가 아니었다. 그저 '인위선택'과 비슷한 어떤 과정이 자연 속에서 일어나는 것 같다는 주장을 내놓았을 뿐이다. 다윈은 순수 자연주의적 진화 메커니즘을 제시했는데, 이는 자연이 자신의 결과물을 적극적으로 선택하는 메커니즘이 아니었다. 오히려 다윈 이론이 시사하는 가장 중요한 점은 자연 속에 목적이 있다는 어떤 목적론적 관념도 뒷받침하기 어렵다는 것이다. 헉슬리가 1864년 《자연사 평론The Natural History Review》에 기고한 에세이에서 말했듯이 "예의 목적론은 다윈으로부터 치명타를 맞았다."

사실 다윈의 이론에는 미진한 부분이 많았다. 그의 이론에 따르면 완전히 새로운 생물 종이 진화해야 하는데, 이를 입증할 증거는 턱없이 부족했다. 다윈 역시 《종의 기원》의 상당 부분을 할애하여 자신의 이론이 갖는 문제점을 상세히 설명했다. 특히 '불완전한 지질학적 기록' 때문에 중간 종의 존재와 눈과 같이 '지극히 완벽하고 복잡한' 기관을 제대로 설명하지 못한 점을 지적했다. 그런데도 그는 자신의 접근법이 분명히 더 우수한 설명을 제공하기에 그런 문제점을 수용할 수 있다고 확신했다. 게다가 다윈은 해답이 필요한 모든 문제를 제대로 해결한 것은 아니지만 그의 설명이 가장 낫다고 자신했다.

독자들의 머릿속에 수많은 난제가 떠올랐을 것이다. 그중에는 생각만 해도 마음이 동요될 만큼 심각한 것도 있다. 그러나 내가 보기에 상당수는 표면적인 문제일 뿐이다. 내 이론에 치명타를 가할 문제는 없다고 생각한다. (Darwin, 1859, p. 171)

《종의 기원》과 《인간의 유래Descent of Man, 1871》에 제시된 다윈의 이론에 따르면, 인간을 포함한 모든 종은 길고도 복잡한 생물학적 진화 과정의 결과물이다. 이 주장의 종교적 함의는 분명하다. 전통 기독교에서는 오로지 인류만이 '신의 형상'을 부여받은, 신의 창조물 중 최고 걸작으로 자연의 다른 생물과 구별된다고 여겼다. 다윈은 인간의 본성이 오랜 시간에 걸쳐 서서히 생겨났으며, 인간과 동물이 기원과 발생 면에서 근본적인 생물학적 차이가 없다고 주장한 것이다.

그렇다면 다윈의 이론은 어떤 종교적 쟁점을 가져왔는가? 방금 살펴본 역사적 배경에서 드러났듯이, 종의 기원에 관한 다윈의 설명은 생물학적 질서에 대한 정적 개념에 난제를 던져주었다. 4장에서 본 것처럼 페일리는 이 개념을 바탕으로 신의 존재를 옹호하며 생물학적 영역의 복잡성을 근거로 삼았다. 최근에 페일리를 비판한 대표적인 인물은 옥스퍼드의 동물학자 도킨스(Richard Dawkins)다. 다윈의 이론으로 신이 세상을 창조했거나 설계했다는 개념은 설 자리를 잃는다는 것이 그의 생각이다. 자연선택의 눈먼 힘이 모든 것을 설명할 수 있다는 것이다. 도킨스는 《눈먼 시계공Blind Watchmaker, 1987》에서 페일리의 견해에서 드러난 허점을 가차 없이 지적하면서 다윈주의, 특히 신다윈주의로 통합되어 수정된 이론이 더 우수한 설명을 제시한다고 말했다. 페일리가 받아들인 정적 세계관이 다윈의 이론에 의해 폐물이 되었다는 것이다.

도킨스는 유창한 말솜씨와 너그러운 태도로 페일리의 업적을 이야기하면서 페일리가 '생명의 기계 작용을 해부하듯 묘사한 아름답고 경건한 표현들'에 경의를 표하고 있다. 그는 페일리가 그토록 매료되고 감동받았던 생물학적 '시계'의 경이로움을 결코 무시하지 않으면서도 신에 대한 페일리의 설명이 '열렬한 순수함과 당시 최고 수준의 생물학적 지식을 토대로 했지만 찬란할 정도로 완전히 잘못된 생각'이라고 평했다. '자연 속의 시계공은 눈먼 물리력밖에 없다.' (Dawkins, 1986, p. 5) 도킨스가 보기에 페일리는 그 시대의 전형적인 인물이었다. 다윈에 앞서 살았던 만큼 그의 생각도 전적으로 이해할 수 있다. 그러나 이제는 누구도 그와 같이 생각할 수 없다. 페일리는 한물갔다.

다윈주의의 등장은 가장 대표적인 종교적 쟁점이다. 1세기 이상 영국 일반대중과 학계의 종교관에서 큰 역할을 해온 신의 존재에 관한 논증이 뿌리째 흔들린 것이다. 물론 그 논증을 더 적절한 형태로 수정하는 것은 어렵지 않았다.

이는 19세기 후반부에 진행되었는데, 많은 기독교 저술가들은 진화를 신의 수단으로 볼 수 있다고 역설했다. 일회성 사건이 아닌, 장기간에 걸쳐 이루어졌다고 보이는 과정이 신의 섭리에 의한 수단이라는 것이다.

성경 해석과 관련된 종교적 쟁점도 있었다. 과학과 종교에 관한 논쟁 중 상당수가 성경 해석의 문제를 둘러싼 것이었다. 예를 들어 코페르니쿠스 논쟁은 성경이 지구중심적 우주관을 적극적으로 장려하는가, 아니면 그런 해석이 보편화될 만큼 오랫동안 자리잡고 있었을 뿐인가를 묻게 했다. 다윈주의에 관한 논쟁도 비슷한 쟁점을 불러왔다.

창세기를 문자 그대로 해석하여 받아들이는 문화권의 기독교인에게 다윈주의는 특히 우려할 만했다. 직해적 해석은 19세기 전반부 영국과 미국에서 널리 전파되었던 프로테스탄티즘을 통해 확산되었다. 물론 두 나라 모두에서 프로테스탄트 학자들이 심층적 의미의 해석법을 내놓았다. 창세기의 창조 이야기에 관한 더 정교한 해석이 있는데도 일반대중은 '상식적인' 성경 해석법에 따라 세상과 인류가 단 엿새 만에 창조되었다고 생각했다. 다윈주의는 기존의 성경 해석 모델 전반과 창세기에 대한 해석법에 의미심장한 도전장을 던졌다. 창세기에서 말하는 6일간의 창조는 문자 그대로 하루 24시간 기준으로 이해해야 하는가? 하루는 무한대의 시간인가? 그리고 그 이야기 속의 사건들 사이에 오랜 시간 간격이 있었다고 생각해도 괜찮은가? 아니면 창세기의 창조 이야기는 고대 바빌로니아 신화가 반영된, 역사 문화적 요인이 가미된 이야기로 간주해야 하며, 따라서 모든 생명 특히 인류의 기원에 관한 과학적인 설명으로 받아들일 수 없는 것인가? 이와 관련하여 촉발된 많은 논쟁들은 지금까지도 계속되고 있다.

다윈의 이론이 전통 기독교 신학에 던진 세 번째 난제는 인류의 지위에 관한 것이었다. 대부분의 기독교인에게 인류는 신의 형상대로 만들어졌기 때문에 다른 피조물과 구별되는 신의 창조 사업의 절정이었다. 전통적인 해석에 따르면 인류는 창조된 질서에 속하면서 신과의 특별한 관계에 힘입어 그보다 높은 곳에 있다. 그런데 《종의기원》에서는 은연중에, 《인간의 유래》에서는 분명하게 이러한 견해에 도전한 셈이다. 인류는 아주 오랜 시간에 걸쳐 자연 질서로부터 출현한 것이기 때문이다.

다윈이 자신의 진화론에서 불안하게 여긴 점이 있다면 인류의 지위와 정체성에 관한 함의였다. 다윈은 그가 제안한 자연선택이라는 메커니즘이 어떤 불변의 또는 보편적인 진보의 법칙을 수반하는 것이 아님을 《종의 기원》의 모든 판본에서 일관되게 강조했다. 게다가 그는 진화가 '완전함을 지향하는 내재적이고 필연적인 경향'을 나타낸다는 라마르크(Lamarck)의 이론을 단호히 거부했다. 따라서 이제는 진화 과정의 순수한 관찰자가 아니라 참가자로 간주되는 인류는 절대 진화의 '목표'나 '정점'이라 할 수 없다는 결론에 도달한다.

이는 다윈이나 그 시대의 사람들이 쉽게 받아들일 만한 개념이 아니었다. 《인간의 유래》 결론에서는 고양된 언어로 인류를 묘사하지만, 그런데도 역시 인류의 '비천한' 생물학적 기원을 주장하고 있다.

인간이 비록 자신의 노력으로 얻은 자리는 아니지만 유기체 계급의 맨 꼭대기에 오른 것을 자랑스럽게 느낄 만도 하다. 그리고 원래부터 그 자리에 있었던 것이 아니라 거기까지 올라갔다는 사실 때문에 먼 미래에 더 높은 운명을 맞을 것이라는 기대를 품을 수도 있다. 그러나 여기서 우리의 관심사는 희망이나 두려움이 아니라 오직 진실이다. 이성이 허락하는 범위에서 진실을 탐구한다. 그리고 나는 최선을 다해 증거를 제시했다. 우리는 아무리 고귀한 자질을 가진 인간이라 할지라도…… 육체에는 비천한 기원을 나타내는 지워지지 않는 흔적이 남아 있음을 인정해야 한다. (Darwin, 1871, p. 405)

다윈설 지지자 대부분은 인류 역시 동물이며 진화 과정의 일부임을 인정하는 것이 진화론적 세계관의 당연한 귀결이라고 생각한다. 다윈주의에서는 '종 차별(speciesism)'의 배후에 자리한, 인류의 위치에 관한 절대론적 가정을 비판한다. 라이더(Richard Ryder)가 도입한 다소 거창한 용어인 '종 차별'은 오스트레일리아 윤리학자이자 현재 프린스턴 대학교 생명윤리학 교수인 싱어(Peter Singer, 1946~)에 의해 널리 알려졌다. 여하튼 다윈주의의 그와 같은 비판은 전통 종교 영역에서 해결하기 어려운 난제를 던져주었다. 종교적 근거에서든 비종교적 근거에서든 인류가 자연 속에서 특권적 지위를 누린다는 가정에서 많은 정치와 윤리 이론이 출발하기 때문이다.

그렇다면 기독교인은 다윈의 자연선택설의 도전에 어떻게 대응했는가? 《종의 기원》 출간 후 한 세기 반 동안 나타난 반응은 크게 네 개의 범주로 분류할 수 있다.

1. **젊은 지구 창조론(Young Earth Creationism)** 1800년 이전에 일반대중과 일부 학자들에게 호응을 얻은, 창세기를 '상식적 해석'의 선상에서 보는 입장이다. 이 관점에 따르면 지구는 약 6,000~1만 년 전 기본적인 형태로 창조되었다. 일반적으로 젊은 지구 창조론자들은 에덴동산 이전에는 어떤 종류의 생물도 없었고, 인류가 원죄를 짓고 쫓겨나기 전에는 죽음도 없었다는 식으로 창세기의 첫 두 장을 해석한다. 대부분의 젊은 지구 창조론자들은 히브리어 '욤(날)'이 24시간이라는 시간의 길이를 의미하므로 창세기의 창조 이야기에 제시된 시간의 틀 안에서 모든 생물이 동시에 창조되었다고 생각한다. 그리고 훨씬 더 큰 시간 척도와 멸종한 종의 존재를 가리키는 화석 기록은 '노아의 홍수' 시대의 것으로 추정한다. 늘 그런 것은 아니지만 종종 144시간에 걸친 창조와 대홍수를 내세우면

서 이러한 견해를 제시한다. 가장 대표적인 젊은 지구 창조론자로 창조과학회(Institute for Creation Research)의 설립자인 모리스(Henry Madison Morris, 1918~2006)를 들 수 있다. 창조과학회는 미국의 교회와 학교에서 진화론적 사고를 거부하는 중요한 변론자 역할을 해왔다.

2. **오랜 지구 창조론(Old Earth Creationism)** 오랜 역사를 자랑하며, 아마도 보수적인 프로테스탄트 사회에서 다수를 차지하는 견해일 것이다. 이 세상의 나이가 엄청 많다는 데 특별한 이의를 제기하지 않으며, '젊은 지구 창조론'을 적어도 두 가지 면에서 수정해야 한다는 의견이다. 첫째, 히브리어 '욤'은 영어의 while처럼 '부정(不定) 시간 단위'로 해석해야 하는지도 모른다. 문맥에 따라 구체적 의미를 갖는 불확정한 시간의 길이를 뜻할 수도 있다. 다시 말해 창세기의 창조 이야기에 나오는 '날'은 24시간이라는 특정 기간이 아니라 하나의 오랜 시간으로 해석해야 한다. 둘째, 창세기 1장 1절과 1장 2절 사이에 커다란 시간 간격이 있을지 모른다. 즉, 연속적인 이야기가 아니라 최초의 우주 창조 행위 시점과 지구상에 생명체가 출현한 시점 사이에 상당한 시간이 흘렀을 가능성이 있다. 1909년 처음 출판한 유명한 쇼필드 주석 성경(Schofield Reference Bible)에서 이러한 시각을 옹호했으나, 더 거슬러 올라가면 19세기 초 스코틀랜드 신학자 차머스(Thomas Chalmers, 1780~1847) 등도 이러한 생각을 품고 있었다.

3. **지적 설계(Intelligent Design)** 최근 몇 년간 미국에서 상당한 영향력을 확보한 이 운동에서는 생물권이 '환원불가한 복잡성(irreducible complexity)'을 지니고 있으며, 지적 설계를 가정하지 않고는 우주의 기원과 발달을 결코 설명할 수 없다고 주장한다. 지적 설계론에서는 생물학적 진화를 부정하

지 않는다. 다만 다윈주의를 비판하는 가장 근본적인 이유가 목적론에 있다. 즉 진화에 목적이 없다는 데 이의를 제기한다. 지적 설계론에 따르면 일반적인 다윈주의는 중대한 설명적 난제에 부딪히며, 이는 오직 각각의 종이 어떤 의도 아래 창조되었다는 개념을 통해서만 제대로 해결할 수 있다. 지적 설계 비판자들은 여기서 말하는 다윈주의의 난제가 과장되었다고 말한다. 향후 더 발전한 이론을 통해 응당 해결될 문제라는 것이다. 비록 지적 설계 운동에서는 정략적인 이유로 지적 설계자가 바로 신이라고 밝히진 않으나 분명 이론화 방식에서는 그와 같은 가정이 내재되어 있다. 이 운동을 대표하는 인물로 《다윈의 블랙박스Darwin's Black Box》의 저자인 베히(Michael Behe, 1952~)와 《지적 설계: 과학과 신학을 잇는 다리Intelligent Design: The Bridge Between Science and Theology》의 저자 뎀스키(William A. Dembski, 1960~)를 들 수 있다. 두 사람 모두 시애틀에 근거지를 둔 디스커버리협회(Discovery Institute)의 특별 회원이다.

4. **진화론적 유신론**(Evolutionary Theism) 마지막으로 살펴볼 이 접근법에서는 무기물에 생명을 불어넣어 존재하게 하고 생명의 복잡성을 창조하고자 신이 선택한 방법이 진화라고 주장한다. 다윈주의가 진화 과정에서 일어나는 무작위적 사건들을 중요시한 반면 진화론적 유신론에서는 그 과정이 신의 지시 아래 이루어진 것이라고 생각한다. 어떤 진화론적 유신론자들은 '계통 내부, 아마도 양자 단계에서 작용하는 신'의 개념에 기초하여 각 복잡성 단계를 설명해야 한다고 말한다. 반틸(Howard van Till, 1938~) 같은 이들은 '완전히 갖춰진 창조'를 주장하는데, 신은 최초의 창조 행위에서 생명의 출현과 복잡성을 위한 잠재력을 구현해놓아 신의 개입이 더는 필요하지 않다고 했다. 반틸에 따르면 신의 창조 행위는 '스스로 새 형태

를 획득할 수 없는 원재료에 새 형태를 부여하는, 이따금 개입이 아니라 다양한 물리적 구조와 생물 형태를 조직하거나 그런 구조와 형태로 스스로 변형할 수 있는 능력을 두루 갖춘 창조물로서 존재하게 한 것'으로 표현하는 것이 가장 바람직하다.(van Till, 1999, p. 175) 이러한 견해는 다소 변형된 형태로 피콕(Arthur Peacocke, 1924~2006)의 글을 비롯한 다른 여러 곳에서 드러난다.

물론 이와 같은 용어는 비판의 여지가 있다. 생물철학자 아얄라(Francisco Ayala, 1934~) 같은 이들은 '창조설'과 '지적 설계'라는 표현이 생물학적 진화를 수용하는 완전한 주류 방식으로 해석될 수 있음을 지적한다. 또 '진화론적 유신론'이라는 용어가 그 지지자들이 신의 만물 창조를 믿지 않음을 암시하는 데 쓰일 수도 있음을 지적하는 이들도 있다. 사실 진화론적 유신론은 창조가 과거에 단독으로 일어난 사건이 아니라 사건 겸 과정으로 이해해야 한다는 입장을 취하고 있다.

추가 참고도서 목록

Brooke, John Hedley. *Science and Religion: Some Historical Perspectives*. Cambridge, UK: Cambridge University Press, 1991.

Dawkins, Richard. *The Blind Watchmaker: Why the Evidence of Evolution Reveals a Universe Without Design*. New York: W. W. Norton, 1986.

Dennett, Daniel C. *Darwin's Dangerous Idea: Evolution and the Meaning of Life*. New York: Simon & Schuster, 1995.

Moore, James R. *The Post-Darwinian Controversies: A Study of the Protestant Struggle to Come to Terms with Darwin in Great Britain and America, 1870~1900*. Cambridge, UK: Cambridge University Press, 1979.

Roberts, Jon H. *Darwinism and the Divine in America : Protestant Intellectuals and Organic Evolution, 1859~1900*. Madison, WI: University of Wisconsin Press, 1988.

과학과 종교: 일반적인 주제

과학과 종교의 상호작용 모델 • 과학과 종교와 사물에 대한 설명 • 과학과 종교와 신의 존재 증명 • 과학과 종교에서의 검증과 반증 • 실재론과 과학 및 종교에서의 대안 • 창조 교의와 자연과학 • 신은 세상 속에서 어떻게 행동하는가? • 과학과 종교에서의 모델 사용 • 자연과학과 자연신학 • 과학과 종교에서의 이론적 변칙 • 과학과 종교에서의 이론 발전 • 다른 신앙에 나타난 과학과 종교의 상호작용

제1부에서는 과학과 종교의 대화에서 매우 큰 의미를 갖는 3대 논쟁을 살펴보았다. 각각의 논쟁은 이 대화에 의미심장한 물음을 제기했다. 이를테면 코페르니쿠스 논쟁과 다윈 논쟁의 핵심에는 성경 해석 문제가 있었다. 제2부에서는 지식에 근거한 과학과 종교의 상호작용에서 중요한 의미를 갖는 일반적인 주제를 살펴볼 것이다. 가령 과학은 과학적 신념을 증명해내지만 종교는 종교적 신념을 대개 극히 독단적으로 단언할 뿐이라는 통념을 어떻게 받아들일 것인가? 과학과 종교에서 말하는 '설명'은 각각 무슨 의미인가? 실재의 세계를 나타내고 경험하는 과정에서 과학과 종교는 모델 또는 아날로지(analogies)를 어떻게 활용하는가?

이제부터 과학과 종교의 대화와 관련 있는 12개의 일반적인 주제에 관심을 가질 차례다. 각 주제를 소개하고, 그에 관한 독자의 이해를 돕거나 중요한 점을 시사하는 논쟁과 담론을 함께 살펴볼 것이다. 그리고 우주론과 진화심리학 같은 더 구체적인 과학 연구 분야에 관한 자세한 내용이 제3부에 이어진다.

과학과 종교의 상호작용 모델

과학과 종교의 복잡한 관계를 어떻게 이해해야 하는가? 이는 분석하기 쉽지 않은 문제다. 자연과학 분야별로 방법과 접근법은 크게 달라진다. '종교'는 정의 내리기 힘든 용어로 정평이 나 있으며, 각 종교나 종교 내부에서도 상당한 차이가 있다. 따라서 과학과 종교의 관계를 일반화하려는 시도는 난관에 봉착하곤 하지만, 그런데도 대체로 가치 있는 노력으로 평가받는다. 과연 과학과 종교는 서로 적인가? 낯선 존재이거나 친구, 아니면 동반자인가?

과학과 종교의 관계에 접근하는 방식에 관한 대표적인 분류체계를 마련한 인물로 과학과 종교 연구의 개척자로 평가받는 바버(Ian Barbour, 1923~2013)가 있다. 바버가 1988년 처음 발표한 '과학과 종교의 관계 설명 방식' 유형론은 지금까지 이 분야에서 가장 널리 사용하는 분류체계다. 바버는 크게 네 가지 관계 유형, 즉 갈등과 독립, 대화, 통합을 정의한다. 바버의 4대 유형 이론을 자세히 살펴보고, 그와 관련하여 어떤 의문이 제기될 수 있는지 알아보자.

갈등Conflict

과학과 종교의 관계를 이해하는 지금까지의 방식 중에서 가장 큰 의미를 가졌던 것이 바로 '갈등' 또는 더 나아가 '전쟁' 모델이었다. 극단적인 대립을 시사하는 이 모델은 학문적 영역에서 힘을 잃었으나 일반대중에게는 여전히 지대한 영향력을 발휘하고 있다. "식민지 시대 미국에서 일어난 과학 대 신학의 전쟁은 주로 역사가들의 틀에 박힌 사고 속에 자리를 잡아왔다."(Numbers, 1985, p. 64) 이 강력한 모델은 19세기 후반에 출판된 영향력 있는 저서, 드레이퍼(John William Draper)의 《종교와 과학 간 갈등의 역사History of the Conflict Between Religion and Science, 1874》와 화이트(Andrew Dickson White)의 《과학과 기독교 신학 간 전쟁의 역사History of the Warfare of Science with Theology in Christendom, 1896》에 잘 드러나 있다. 오늘날 이 관점을 대변하는 가장 유명한 인물인 도킨스(Richard Dawkins)는 미국 인문주의협회(American Humanist Association)에서 "신앙은 천연두 바이러스에 비견할 만하지만, 그보다 더 근절하기 어려운 세상의 커다란 해악 중 하나"라고 말했다. 과학과 종교는 서로 완강히 대적하고 있다. 과학은 이성을 대표하며 종교는 미신을 대표한다.

그러나 이 모델은 반종교적인 과학자들의 전유물이 아니다. 생물학적 진화라는 개념에 적대적인 반응을 보이는 기독교와 이슬람교의 보수 집단에도 이 모델은 널리 퍼져 있다. 창조론자인 모리스(Henry M. Morris, 1918~2006)는 현대 진화론에 대한 비판적인 시각을 고수하는 《하나님에 대항하는 오랜 전쟁The Long War Against God, 1989》을 발표한 바 있다. 이 책의 감탄어린 서문을 쓴 보수적인 침례교 목사는 "현대 진화론은 하나님에게 대적하는 사탄과의 오랜 전쟁의 연장선에 있는 것"이라고 단언한다. 심지어 모리스는 사탄이 신을 권좌에서 몰아내고자 진화론의 개념을 만들어냈다고 상상하게 한다.

그러나 지금까지 이 범주로 분류했거나 대표적인 예로 간주했던 역사적 사건 상당수는 다르게 해석할 여지가 있다. 이를테면 갈릴레이 논쟁은 더 복잡하고 미묘한 사건이었다는 것이 밝혀졌는데도 여전히 '종교에 맞서는 과학'의 전형적인 사례로 거론된다. 다윈의 진화론 역시 다윈이 단호하게 부인하는데도 반종교적 이론으로 묘사된다. 1889년 영국성공회 신학자 무어(Aubrey Moore)는 "다윈주의가 적으로 변장한 채 친구로서 할 일을 해주었다."고 말하기도 했다. 대부분의 경우에 과학과 종교가 갈등 관계에 있는지 여부는 복잡한 해석 문제에 좌우된다.

독립Independence

다윈주의 논쟁을 겪은 많은 이들은 '전쟁' 또는 '갈등' 모델을 불신하게 되었으며 일단 이것은 역사적으로 의심스러워 보였다. 그리고 소위 '갈등론'이 과학이나 종교에 해를 끼쳐서는 안 된다는 인식이 높아졌다. 그리하여 두 분야를 완전히 상호 독립적인 것으로 봐야 한다는 주장이 힘을 얻었다. 과학과 종교는 저마다 규칙과 언어를 지닌 독립적이고 자율적인 학문 분야 또는 실재의 영역으로 간주해야 한다. 즉, 과학은 종교적 신앙에 관해 할 말이 별로 없고, 종교 역시 과학 연구에 관해 할 말이 별로 없다는 것이다.

이러한 견해는 미국국립과학원의 1981년 정책 선언문에 잘 나타나 있다. "종교와 과학은 서로 다르고 배타적인 인간 사고 영역이다. 이 둘을 동일선상에 놓을 경우 과학 이론과 종교 신앙 모두에 대한 오해를 불러일으킨다." 이는 굴드(Stephen Jay Gould)의 '겹치지 않는 교도권(NOMA)' 모델과도 상통한다. 이 모델의 바탕에는 과학과 종교가 서로 다른 방법론과 해석 영역을 갖고 있음을 상호 존중하고 인정한다는 인식이 자리잡고 있다.

나는 이 교도권들 간에 상호 존중 및 우호의 협약, 즉, NOMA 해법이 있음을 진심으로 믿는다. NOMA는 그저 외교적인 태도가 아니라 윤리적이고 지성적인 토대 위에서 원칙에 입각한 입장이다. 또한 NOMA는 양쪽에 똑같이 적용된다. 종교가 과학의 교도권에서 사실적 결론의 본질을 더 이상 제대로 밝힐 수 없다면, 과학자 역시 세상의 경험적 본질에 관한 우월한 지식을 바탕으로 도덕적 진실에 관한 더 높은 혜안을 지녔다고 주장할 수 없다. 이와 같은 상호 겸손한 태도는 이토록 다양한 열망이 존재하는 세상에서 현실적으로 중요한 결과를 가져온다. (Gould, 2001, pp. 9~10)

미국 신학자 길키(Langdon Gilkey, 1919~2004)는 이 견해를 약간 다르게 표현한다. 그는 1959년의 저서 《천지의 창조주Maker of Heaven and Earth》에서 신학과 자연과학은 실재에 접근하는 서로 독립적이고 다른 방식이라고 주장한다. 자연과학에서 '어떻게'라는 질문을 던진다면 신학에서는 '왜'라고 묻는다. 전자가 2차적 원인, 즉 자연 영역 내의 상호작용을 다루는 반면, 후자는 1차적 원인, 즉 자연의 궁극적 기원과 목적을 다룬다.

독립 모델은 많은 과학자들과 신학자들의 환영을 받는다. 각자의 고유 영역, 굴드의 표현대로라면 '교도권'에서 서로 다른 교도권을 억지로 관련짓지 않으면서 원하는 것을 자유롭게 믿고 생각할 수 있기 때문이다. 그러나 바버가 지적하듯이 이 모델은 부득이 실재를 구획화한다. "우리가 경험하는 인생은 별개의 구획으로 깔끔하게 나뉘지 않는다. 온전한 전체를 이루고 상호연관된 형태를 경험한 다음 구체적인 분야로 나눠 다양한 측면을 연구하는 것이다." (Barbour, 1990, p. 16) 즉, 영역끼리 서로 겹치고 얽혀 완전히 분리되지 않는다.

대화Dialogue

과학과 종교의 관계를 조명하는 세 번째 방법은 이들이 적극적으로 대화하면서 상호 이해를 증진한다고 보는 것이다. 교황 요한 바오로 2세도 1998년 이렇게 말했다. "교회와 과학 공동체의 상호작용은 필연적이다. 독자노선을 걸을 수 없다." 그렇다면 상호작용은 어떤 형태로 이루어질까? 어떻게 서로를 보완할까? 요한 바오로 2세의 답은 분명했다. "과학은 종교에서 오류와 미신을 걷어낼 수 있고, 종교는 과학에서 맹신과 그릇된 절대 원칙을 걷어낼 수 있다. 즉 상대방을 더 넓은 세상, 과학과 종교의 공영이 가능한 세상으로 이끌 수 있는 것이다."

[그림 6.1] 요한 바오로 2세John Paul II
AP/PA Photos

이러한 견해는 미국 과학자들과 가톨릭 주교들로 구성된 '대화 모임(Dialogue Group)'에 의해 더욱 발전되었다. 그들은 "과학과 종교는 최근 부각되는 생명공학과 같은 복잡한 주제에 더 통찰력 있게 접근하도록 상호 보완할 수 있다."고 단언한다. 과학적 방법의 초윤리성에 따른 자연과학의 윤리적 한계가 과학적 논의를 다른 원천으로 보완할 필요성을 자각하는 것으로 이어졌다는 것이다.

이 대화에서는 참여자의 서로 다른 정체성을 존중하면서 공동의 전제와 가정을 탐구한다. 바버는 가능한 접근법 중 이 모델을 가장 만족스러운 것으로 여긴다. 폴킹혼(John Palkinghorne)이 최근에 내놓은 저서들도 맥락을 같이한다. 그는 이 두 교도권의 중요한 유사점을 지적한다. 이를테면 과학과 종교는 둘 다 '이론 위주'의 자료를 다루는 만큼 적어도 어느 정도의 개인적 판단을 수용한다. 또한 둘 다 '신뢰에 기초한' 가설, 예를 들어 우주가 합리적이고 일관성 있으며 질서정연하고 완전하다는 가설을 이용한다. 맥그래스(Alister E. McGrath)의 《과학적 신학Scientific Theology, 2001-2003》도 비슷한 주제에서 출발한다. 즉 자연과학과의 오랜 대화를 통해, 특히 실재를 연구하고 나타내는 방법과 관련하여 기독교 신학의 지적 엄격성을 강화하고자 한다.

통합Integration

과학과 종교의 상호작용에 관한 네 번째 해석은 케임브리지의 신학자 레이븐(Charles Raven, 1885~1964)의 저서에서 만날 수 있다. 《자연종교와 기독교 신학Natural Religion and Christian Theology, 1953》에서 레이븐은 종교적이든 과학적이든 인류의 모든 지식 탐구에 동일한 기본 방법을 적용해야 한다고 주장했다. "원자의 구조나 동물의 진화 문제를 연구하든 역사상의 한 시기나 한 성자의 종교적 체험을 연구하든, 그 주된 과정은 동일하다."(Raven, 1953, vol. 2, p. 10) 레이븐은 우주를 '영적' 요소와 '물질적' 요소로 나누려는 어떤 시도도 강력히 거부하면서 "우주 전체를 분할할 수 없는 하나로 다루는 단 하나의 이야기"를 할 것을 주문한다.(vol. 2, p. 10) 이러한 견해에 크게 공감한 바버 역시 과정철학을 이 통합 과정의 촉매로 본다. 피콕(Arthur Peacocke)의 후기 저서에서도 이와 비슷한 시각이 드러난다. 그는 진화를 신의 창조 방식이라고 해석했다.

바버는 이 4대 유형을 버니언(John Bunyan)의 고전 《천로역정The Pilgrim's Progress》과 비슷한 지식 탐구 여정의 단계로 제시한다. 지식 여행자는 처음에 갈등을 겪은 다음 독립을 거쳐 짧고도 불만족스러운 연애를 하다가 마침내 대화 또는 더 바람직하게 일종의 통합에서 만족스러운 안식처를 찾는다고 할 수 있다. 갈등과 독립 모델은 옳지 않으며, 대화와 통합의 관점에서 접근하는 것이 바람직하다고 바버는 말한다. 모든 가능성에 대한 신뢰할 만하고 편견 없는 설명을 원하는 사람이라면 바버의 견해에 약간의 불안감을 느낄 수 있다.

그렇다면 이런 단순 분류법은 어떤 문제가 있는가? 분명한 것은 역사의 복잡성을 제대로 다루는 데 미흡하다는 사실이다. 캔터(Geoffrey Cantor)와 케니(Chris Kenny)가 지적하듯이, 역사는 '극단적으로 단순화된 분류법으로 수용하기 어려운 일련의 복잡한 사건들'을 목도한다.(2001, p. 774) 이는 반박하기 어려운 지적이다. 바버의 4대 유형은 단순성 때문에 유용하나 그 단순성은 강점이자 약점이 될 수 있다.

게다가 이 모델은 개념의 조합 방식에 관심을 갖는 오로지 지적인 접근법이다. 과거 또는 현재의 현실 속에서 과학과 종교의 상호작용을 이해하는 데 중요한 역할을 하는 사회적 측면과 문화적 측면은 어떻게 할 것인가? 최근 학계에서는 과학과 종교의 상호작용을 분석할 때 오로지 지적 차원에 머무르는 접근법 대신 상호작용이 훨씬 더 풍부한 의미를 지니는 상징적 차원과 사회적 차원을 고려하는 경향이 두드러지고 있다.

게다가 종종 역사적 상황에 대한 면밀한 검토가 필요하다. 가령 갈릴레이 논쟁처럼 소위 과학과 종교의 갈등과 대립을 보여주는 사건들이 사실은 신앙과 과학 간의 근본적인 긴장 관계보다 교황의 정치와 교회의 권력 다툼, 인성 문제와 관련된 경우가 더 많다. 과학 역사가들은 과학과 종교의 상호작용이 주로 구체적인 역사적 상황에 좌우되며 과학 또는 종교별 주제는 부차적인 영향만 미칠 뿐임을 분명히 밝혀왔다. 이론적으로나 역사적으로 과학과 종교의 관계를 보편적으로 규정하는 패러다임은 없다. 19세기 말 진화론에 대해 기독교가 보여준 태도에서 이 점이 확연히 드러나고 있다. 아일랜드의 지리학자 리빙스턴(David Livingstone)이 주관했던 북아일랜드의 벨파스트와 미국 뉴저지주 프린스턴이라는 서로 다른 두 환경에서 다윈주의가 어떻게 받아들여졌는지 조명한 획기적인 연구에서 알 수 있듯이, 신학이나 과학적 근본 원리보다 주로 지역적 쟁점과 주민의 특성에 따라 결과가 도출되는 경우가 많았다.

그러나 바버가 제시한 이론적 틀은 그런 한계가 있는데도 과학과 종교를 연구하는 유용한 수단이다. 단, 바버의 이론은 가능한 접근법에 대한 유익한 설명을 제공하지만, 쟁점에 대한 엄격한 분석에서 그 틀을 지나치게 고집해서는 안 된다. 상세하고 정확한 지도라기보다 유용한 약도로 활용하는 것이 바람직하다.

이제 과학과 종교 관계를 탐구하면서 다뤄야 하는 구체적 쟁점들을 살펴볼 차례다. 우리가 첫 번째로 살펴볼 주제는 '설명(explanation)'의 개념이다. 설명은 과학이나 기독교 신학에서 어떤 역할을 하는가?

추가 참고도서 목록

Barbour, Ian G. *Issues in Science and Religion*. EnglewoodCliffs, NJ: Prentice-Hall, 1966.

Cantor, Geoffrey, and Chris Kenny. "Barbour's Fourfold Way: Problems with His Taxonomy of Science-Religion Relationships." *Zygon*, 36 (2001): 765-781.

Evans, John H., and Michael S. Evans. "Religion and Science: Beyond the Epistemological Conflict Narrative." *Annual Review of Sociology*, 34 (2008): 87-105.

Gould, Stephen Jay. "Nonoverlapping Magisteria" *Natural History,* 106 (1997): 16-22.

Livingstone, David N. "Darwinism and Calvinism: The Belfast-Princeton Connection." *Isis,* 83 (1992): 408-428.

과학과 종교와 사물에 대한 설명

인간은 사물의 이치를 깨닫길 갈망한다. 자연이라는 이름 아래 화려하게 수놓아진 직물에서 무늬를 찾아내고, 자연을 중심으로 벌어지는 일을 설명하며, 자신의 삶이 지닌 의미를 깊이 생각해보려고 한다. 과학계와 종교계 모두 관찰한 것을 이해하기 위해 경험의 모호성과 씨름하면서 관찰에 관한 '최선의 설명'을 얻으려 한다. 따라서 과학과 종교 모두 다 경험에 관한 해석을 내놓는다고 말할 수 있겠다. 과학이나 종교가 결국 해석에 불과하다는 뜻은 아니다. 둘 다 해석의 차원을 지니고 있음을 강조하려는 것이다. 그러므로 이 두 분야에서 경험의 복잡성을 어떻게 이해하는지 비교하는 것은 우리의 연구에도 상당한 의미가 있다.

그러면 과학이나 종교에서 말하는 '설명(explanation)'이란 무엇을 뜻하는가? 먼저 분명히 할 점은 '지식(knowledge)'과 '이해(understanding)'가 같은 개념이 아니라는 사실이다. 뭔가가 존재하거나 발생했음을 아는 것은 왜 그런지 이해하는 것과는 다르다. 'A가 존재함을 아는 것'과 '왜 A가 존재하는지 이해하는 것'은 전혀 별개의 문제며, 이는 인과관계를 설명하는 형태로 표현된다. A가 발생하여 B를 유발했다. 예를 들어 공룡의 멸종은 'K–T 사건'으로 설명할 수 있다고 한다. 이는 백악기가 끝나가는 6,500만 년 전에 소행성이 지구와 충돌한 사건이다. 그로 인해 생성된 먼지층이 지구를 둘러싸고 기후 조건을 크게 바꿔놓았다. 일반적으로 'K–T 사건'이라는 생소한 용어는 소위 '백악기–제3기 대멸종 사건'이라는 길고 복잡한 명칭을 줄여 부를 때 쓰인다.

과학은 관찰한 것을 설명한다. 그럼 그 '설명'을 어떻게 이해할 것인가? 최근 몇 년간 설명에 관해 특히 중요한 세 가지 이론이 등장했다.

1. 험프리(Paul Humphery)의 인과관계 설명 모델이다. 만약 A가 B를 유발했다고 말할 수 있으면 A는 B에 대한 설명으로 간주할 수 있다.
2. 립턴(Peter Lipton)의 설명의 품질(explanatory loveliness) 속성 이론이다. 설명에 대한 인과관계 개념을 '최상의 설명을 이끄는 추론(inference to the best explanation)'이라는 틀에 포함시킨다. 립턴은 인과관계 설명의 중요성을 부정하지 않지만, 이는 '최상의' 설명을 탐구하는 전체 과정에 속하는 특별한 사례로 본다.
3. 프리드먼(Michael Friedman)과 키처(Paul Kitcher)가 제시한 설명 통합(explanatory unification) 이론이다. B에 대한 새로운 인식을 가능하게 하는, 즉 B의 특별한 속성을 이해할 수 있는 더 폭넓은 참조 체계를 A가 제공한다면 A는 B를 설명한다고 말할 수 있다.

세 접근법 모두 나름의 장점이 있으나, 요즘에는 '최상의 설명을 이끄는 추론' 방식이 모두 수용할 수 있다는 의견이 보편적이다.

최근 몇 년간 과학철학 분야에서 '최상의 설명을 이끄는 추론' 개념에 대한 관심이 높아졌다. 이는 예전의 실증주의적 과학 방법론과 확실한 거리를 두는 입장이다. 과학은 증거와 추론을 통해 이론에 관한 확실한 증거를 제시할 수 있으며 그래야만 한다고 생각하는 실증주의적 견해는, 과학과 종교의 관계를 조명하는 대중적인 이론에서 가끔 만날 수 있다. 도킨스의 글에서 드러나는 주장에는 상당한 문제점이 있음이 확인되었다. 무엇보다도 과학 자료는 여러 가지로 해석될 여지가 있으며, 각각의 해석은 이를 뒷받침하는 증거가 있다. 그러나 실증주의는 증거에 대한 단 하나의 명백한 해석이 존재하며 올바른 정신을 지닌 관찰자라면 이를 알아낼 수 있다는 입장이다.

많은 설명 중 최상의 설명을 어떻게 가려낼 것인가는 매우 중요한 문제가 되었다. 미국의 실용주의 철학자 퍼스(Charles Peirce, 1839~1914)는 이 문제에 일찍이 눈을 떴다. 하버드의 저명한 천문학자 아들이자 과학자였던 퍼스는 1903년 '실용주의와 귀추법에 관한 강의(On Pragmatism and Abduction)'에서 과학적 사고가 다음과 같이 특정 형태의 '귀추법적 추론'을 특징으로 한다고 밝혔다.

C라는 의외의 사실이 관찰된다.
하지만 만약 A가 사실이라면 C는 당연한 일이 된다.
그러므로 A가 사실이라고 생각할 만하다.

핸슨(Norwood R. Hanson, 1924~1967) 역시 과학 지식의 진보를 연구하면서 이런 견해를 드러냈다. 그는 1961년 〈과학 발견의 논리가 있는가?Is There a Logic of Scientific Discovery?〉라는 논문에서 다음과 같은 3단계 과정을 제안했다.

1. 기존의 사고방식에서는 예외에 속하는 '놀랍거나 경이로운 현상'이 관찰된

다. 그와 같은 '경이로움'은 관찰한 내용이 기존의 이론적 설명과 상충하는 데서 비롯되었을 수 있다.

2. 어떤 가설이나 가설의 모음 H를 적용할 경우 그 현상이 놀랍지 않다는 사실을 깨닫는다. 관찰된 내용은 H를 가정할 때 예상되는 것이며, 그러면 H는 그 관찰에 대한 설명이 될 것이다.
3. 그러므로 H가 옳다고 주장할 만한 이유가 충분하다.

이처럼 핸슨도 퍼스처럼 경이롭거나 놀라운 관찰이 과학 탐구 정신의 근본적인 동기라고 본다. 그와 같은 관찰이 경이롭거나 예외적이지 않은 타당한 이론적 관점이 있는가?

따라서 최근 과학철학 담론에서 과학 발전사에 있었던 지난 사건들을 분석하고 현재 시점에서 과학적 방법을 적용할 때 '최상의 설명을 이끄는 추론'이 부상한 것은 놀라운 일이 아니다. 헴펠(Carl Hempel)의 연역적-법칙적 설명(deductive-nomological explanation)을 비롯한 과거의 과학적 방법 모델은 점차 폐기되거나 '최상의 설명을 이끄는 추론'의 틀에 수용되고 있다.

이와 같은 자연과학 접근법의 중요성은 유명한 역사적 사례에서도 잘 드러난다. 다윈은 오랫동안 축적된 자연사 관찰 내용에 대한 최상의 설명으로 '자연선택'이라는 새로운 개념을 제시했다. 그는 기존의 설명들 중에서도 페일리(William Paley, 1743~1805)와 같은 옛 종교 변증론자들이 내세운 '특수 창조' 개념이 지닌 문제점과 결함을 염두에 두고 특히 자연계의 4대 속성에 주목해야 한다고 생각했다. 변증론적 이론도 관찰 내용에 대한 설명을 제공하긴 하지만 시간이 갈수록 더욱 복잡하고 억지스러워 보였다. 다윈은 더 나은 설명이 있어야 한다고 생각했다. 자연선택을 입증하는 '증거'는 없었지만, 축적된 관찰 결과로 보건대 그에 관한 최상의 설명은 자연선택인 듯했다. 이는 앞서 다윈 논쟁을 다루면서 살펴본 내용이지만(pp. 54~55 참조), 여기서 한 번 더 정리해보는 것이 좋겠다.

1. 뚜렷하거나 그럴듯한 기능이라곤 없는 '흔적 구조(rudimentary structure)'를 지닌 생물이 많다. 이를테면 포유동물 수컷의 젖꼭지, 뱀의 골반과 뒷다리 흔적, 날지 못하는 많은 새가 지닌 날개 등이다. 종의 개별 설계의 중요성을 강조한 페일리의 이론으로 이러한 현상을 어떻게 설명할까? 도대체 왜 신은 불필요한 것을 설계했는가? 다윈의 이론은 이러한 물음을 쉽고 깔끔하게 설명해주었다.
2. 멸종한 것으로 알려진 종들이 있다. 다윈 이전에도 확인된 멸종 현상은 '대재앙설'(성경의 노아 이야기에 나오는 '대홍수')로 설명했으나 다윈의 이론은 더 멋진 설명을 내놓았다.
3. 비글호 탐사 항해를 통해 다윈은 전 세계에서 생물들이 지리적으로 고르게 분포되어 있지 않음을 확인했다. 특히 섬에 서식하는 갈라파고스제도의 핀치 같은 특이한 개체군이 깊은 인상을 주었다. 앞서 말했듯이 특수 창조설로도 이를 설명할 수 있었지만, 그 설명은 억지스럽고 설득력이 없어 보였다. 다윈의 이론은 이와 같은 특별한 개체군의 출현을 훨씬 더 그럴듯하게 설명했다.
4. 어떤 생물이 여러 가지 형태를 띠는 것은 특정한 필요 사항에 적응한 결과인 것 같았다. 다윈은 진화 압력에 대한 반응으로 생물 형태가 출현하고 선택된다는 것이 최상의 설명이라고 생각했다. 페일리의 특수 창조설에 따르면, 생물 형태는 신이 특정한 필요 사항을 염두에 두고 설계한 것이다.

앞서 살펴본 대로, 자연 질서의 속성은 페일리의 이론으로 설명할 수 있었지만 장황하고 부자연스러워 보였다. 처음에는 비교적 간단명료했던 이론이 난제와 긴장이 쌓이면서 무너지기 시작했다. 관찰 결과를 더 만족스럽게 설명해줄 이론이 나와야 했다.

다윈은 자신의 자연선택론이 생물학적 자료에 대한 유일한 설명이 아님을 분명히 했다. 그러나 각 생물이 개별적으로 특수하게 창조되었다는 주장과 같은 이론보다 훨씬 더 설득력이 있다고 믿었다. "개별적인 창조 행위설로 납득하기 어려운 사실들에 한줄기 빛이 내렸다."(Darwin, 1859, p. 203) 다윈의 이론은 약점과 미진한 점이 많았지만, 그는 설명적 우월성 덕분에 그런 문제점이 용납될 수 있으리라 확신했다. 다윈은 해결에 필요한 모든 문제를 충분히 다뤘다고 생각하지 않았으나, 통용되는 설명들 가운데 자신의 것이 최상이라 자신했다. 《종의 기원》 제6판에서 그는 자신의 관점에 대해 제기된 이론상의 이의에 다음과 같이 대응했다.

[그림 7.1] 1890년 마젤란해협의 군함 비글호. ©Bettmann/CORBIS

잘못된 이론은 앞서 제시한 여러 부류의 사실들을 자연선택설처럼 만족스럽게 설명할 수 없을 것이다. 자연선택설이 위험한 증명 방법이라는 이의가 최근 제기되었다. 하지만 이는 일상생활의 흔한 사건을 판단하는 데 쓰이는 방법으로 가장 위대한 자연철학자들 역시 종종 사용해왔다. (Darwin, 1872, p. 421)

다윈은 엄격한 증거의 부재를 인정하면서도 이미 자연과학 분야에서 보편화된 수용 및 타당성 기준에 따라 자신의 주장이 옹호될 수 있다고 믿었다. 이론의 설명력 자체가 진실성을 나타내는 확실한 이정표라고 생각했다.

그렇다면 관찰된 내용에 대한 설명들 가운데 무엇이 최상의 것인지 어떻게 판단할까? 서로 경쟁하는 귀추법들 중에서 '최상의 것'을 고르는 데 적합한 기준은 무엇인가? 이를테면 최상의 설명은 가장 그럴듯한 것(과학 자료에 의해 가장 잘 입증되는 것) 아니면 가장 괜찮은 것(과학 자료를 가장 잘 이해할 수 있게 해주는 것)인가?

이러한 물음은 '과학 이론의 통합' 개념과 갈수록 밀접하게 연관되고 있다. 한때 서로 다른 것으로 간주되어 하나의 설명에 포함되지 않았던 일련의 현상들을 하나로 묶을 수 있어야 성공적인 설명으로 인정받는다. 통합의 측면에서 성공적인 설명은 서로 무관하다고 여겼던 현상들 사이에서 관계나 연관성을 찾아낸다. 설명 통합의 예로 데카르트의 대수와 기하 통합, 뉴턴의 천체와 지상운동 이론 통합, 맥스웰의 전기와 자기 통합, 신다윈주의의 다윈설과 멘델 이론 통합, 아인슈타인의 물리학 통일성 증명을 들 수 있다. 그러나 모든 통합 시도가 성공한 것은 아니다. 양자 이론과 상대성 이론의 통합은 아직도 먼 이야기다.

그렇다면 이것은 종교에서 말하는 설명과 어떤 관계가 있는가? 과학의 설명에 관한 낡은 실증주의 관점에서는 두 분야 사이에 공통점이 거의 없다고 보았다. 그러나 과학적 방법에서 구심점 역할을 하는 '최상의 설명을 이끄는 추론'에 대한 인식이 높아지면서 새로운 이해의 가능성이 열렸다. 예컨대 종교철학자 미첼(Basil Mitchell, 1917~2011)은 이 문제와 관련하여 기독교 전통 속에 보편화된 개념을 제시한다.

종교적 신앙 체계에서, 그리고 이 체계에 접근하는 개인의 태도에서 설명 또는 설명에 대한 요구 비슷한 것이 있음을 어느 정도 인정해야 할 것이다. 어쩔 줄 모르면서 "이 모두가 무엇을 위한 것이고 무엇을 의미하는가?" 하고 묻는 사람은 표면상 '이 덧없는 삶의 변화와 가능성'에 관한 설명을 원하는 것이다. 이 모든 것의 목적이 신의 섭리에 있다고 믿게 된다면 그는 설명을 찾아낸 듯 보이리라. (Mitchell, 1973, pp. 100~101)

스윈번(Richard Swinburne, 1934~) 역시 자연계에서 관찰되는 현상이 지닌 복잡한 패턴에 대한 최상의 설명은 신이라고 주장한다. 신의 존재는 일상적인 경험세계의 관찰로부터 합당하고 확실하게 추론할 수 있다는 것이다.

그러나 종교의 목적이 사물의 이치를 설명하는 데 있다고 섣불리 말할 수 없다. 궁극적으로 종교의 관심사는 실재에 대한 설명보다 영혼의 구원이라고 많은 이들이 지적한다. 기독교의 경우 신약에서 강조하는 것은 세상에 대한 설명적 해석이 아니라 나사렛 예수의 삶과 죽음, 부활을 통한 인간 존재의 변화다. 복음은 자연계에 대한 설명이 아니라 구원, 인간 상태의 변화에 관한 이야기다.

플랜팅가(Alvin Plantinga, 1932~)는 기독교에서 설명이 일차적으로 중요한 문제가 아니라고 주장하는 종교철학자 중 한 사람이다. 그는 어째서 설명 가능성이 그토록 중요하게 간주되어야 하느냐고 묻는다.

신앙의 설명이 다소 부실하다는 것이 왜 신앙을 폄하하거나 낮은 지식 수준으로 치부하는 근거가 되는가? 신앙이 애당초 설명적 가설로 제시된 것이 아니라면 설명의 부실이 믿음을 반대하는 이유가 되어야 하는가? (Plantinga, 2000, p. 370)

종교철학자인 필립스(D. Z. Phillips, 1934~2006)도 신에 대한 믿음의 설명적 요소에 큰 비중을 두지 않는다. 종교는 설명을 요구하거나 제시하지 않는다.

그러나 기독교 신앙에서 설명을 강조하지 않더라도 종교가 설명력을 갖추고 있음은 분명하다. 신약에서는 신앙을 통한 인류의 변화 가능성을 강조한다. 이 변화가 주로 구원과 속죄의 언어로 묘사되지만, 인간 정신 및 인간 정신과 실재의 만남에까지 확장된다고 볼 수 있다. 사도 바울은 '현세에 동화되지 말고 오히려 정신을 새롭게 하여 여러분 자신이 변화되게 하라.'(로마서 12:2)고 권고한다. 이는 기독교 신앙이 인류가 세상을 이해하고 살아가는 방식에 진정한 변화를 가져올 수 있음을 시사한다.

이런 변화한 세계관을 아우구스티누스(Augustinus of Hippo, 354~430)는 신의 은총에 의해 '마음의 눈이 치유되는 것'이라고 표현한다. "이 생애에서 우리가 할 일은 하나님을 볼 수 있도록 마음의 눈을 치유하는 것이다." 교회 사제의 말씀과 성사로 마음의 눈이 지식으로 충만해지고 강력해질 수 있겠지만, 이는 근본적으로 그리고 분명하게 인간이 도움 없이 할 수 있는 범위 밖의 일을 해내는 신의 은총 행위로 이해해야 한다고 성 아우구스티누스는 주장한다. 클레이턴(Phillip Clayton, 1956~)은 심혈을 기울여 쓴 《물리학에서부터 신학에 이르는 설명Explanation from Physics to Theology》에서 종교의 '의미 차원'이 갖는 중요성을 부각시킨다. 저마다 다른 차원의 여러 설명을 찾아낼 수 있더라도 현상론적으로 접근하면 종교적 전통 속에서 설명의 필요성이 드러난다.

지금까지 살펴본 대로 종교적 설명과 과학적 설명 간에 중요한 유사점이 분명 존재한다. 특히 오늘날 자연과학의 기본 원리로 널리 인정받는 '최상의 설명을 이끄는 추론'은 기독교 변증론에서도 중요한 듯 보인다. 기독교적 관점의 자연신학에서 이 개념이 갈수록 중요해지는 까닭도 아마 여기에 있을 것이다. 이 문제는 14장에서 다시 다루도록 한다.

그에 앞서 과학과 신앙의 관계에 대한 담론에서 자주 언급되는 또 하나의 일반적 주제를 살펴볼 차례다. 물의 화학식이 H_2O라고 표시되는 것처럼 신의 존재가 증명될 수 있을까? 다음 장에서는 신앙과 증명, 증거에 관한 중요한 물음을 만나게 된다.

추가 참고도서 목록

Clayton, Philip. *Explanation from Physics to Theology: An Essay in Rationality and Religion*. New Haven, CT: Yale University Press, 1989.

Dear, Peter R. *The Intelligibility of Nature: How Science Makes Sense of the World*. Chicago: University of Chicago Press, 2006.

Lipton, Peter. *Inference to the Best Explanation*, 2nd edn. London: Routledge, 2004.

McGrath, Alister E. *A Fine-Tuned Universe: The Quest for God in Science and Theology*. Louisville KY: Westminster John Knox, 2009.

Prevost, Robert. *Probability and Theistic Explanation*. Oxford: Clarendon Press, 1990.

Swinburne, Richard. *The Existence of God*, 2nd edn. Oxford: Clarendon Press, 2004.

과학과 종교와 신의 존재 증명

아인슈타인의 상대성 이론이든 기독교의 신의 존재론이든 과학과 종교에서 가장 흥미로운 쟁점 중 하나가 이론에 대한 '증명'의 본질이다. 필자가 과학을 공부하기 시작한 1960년대에는 과학이 완전한 확신과 함께 발견을 증명한다고 믿는 분위기였다. 이를테면 물의 화학 구조는 H_2O라고 증명할 수 있었다. 이제는 한물 간 과학과 종교 간 '전쟁' 모델의 신봉자들은 이런 측면에서 과학과 종교를 비교하곤 한다. 증거의 척도에서 과학과 종교가 양극단에 놓이는 것이다. 그다지 정통한 편은 아니지만 이 모델을 강력하게 옹호하는 도킨스에 따르면, '과학은 증거에 입각하여 사실을 증명하는 반면 종교는 증거로부터 도망치려 하며, 신앙은 아무런 증거도 없는, 오히려 증거에 맞서는 맹목적 믿음'이다.(Dawkins, 1989, p. 198)

7장에서는 '설명'이 자연과학과 기독교 신학에서 차지하는 위치를 살펴보았다. 자연과학의 관심사는 자연계에서 지금까지 관찰한 것을 어떻게 이해하느냐 하는 것이다. 관찰한 현상을 어떤 '큰 그림'에서 가장 잘 이해할 수 있는가?

앞 장에서 확인한 대로 여기에는 '최상의 설명을 이끄는 추론' 과정이 필요하다. 그러나 이는 언제나 잠정적 판단으로 간주된다. 더 많은 증거 수집과 고찰을 통해 언제든지 수정될 수 있는 것이다. 저명한 심리학자 제임스(William James, 1842~1910)는 이를 '작업가설(working hypothesis)'이라 불렀다. 현재의 증거에 근거하여 어떤 과학 이론을 수용했지만, 내일은 새로운 증거나 기존 증거에 관한 수정된 해석을 토대로 전혀 다른 이론을 받아들일 수도 있다.

화학자이자 유명한 과학철학자 폴라니(Michael Polanyi, 1891~1976)가 지적했듯이 자연과학자들은 나중에 틀렸다는 사실이 드러날 수도 있는 뭔가를 지금은 일단 믿어야 하는 상황에 놓인다. 하지만 현재의 믿음 중 어느 것이 오류로 판명날지는 확실히 알 수 없다.

현재의 실험 관찰 자료에 관한 최상의 설명을 과학 이론화 과정을 통해 얻을 수 있다. 그런데 현재 알려진 사실보다 더 나은 설명이 있다고 생각하거나 현재 알려진 것을 다른 시각으로 바라보게 하는 새로운 정보가 등장할 때 근본적인 이론의 변화가 일어난다. 우리는 미래를 알지 못해 어떤 이론이 '옳은지' 여부에 관해 절대적 입장을 취할 수 없다. 오늘날의 이론들 중 어느 것이 후세대에게 흥미로운 실패로 간주되어 폐기될지 모른다. 그런데도 과학자들은 옳다고 생각하며 탐구에 매진한다. 나중에 그 이론이 불충분하거나 틀렸다고 판명날 수도 있다는 것을 알면서도 말이다.

이와 같은 과학 이론의 잠정성은 과학과 종교 간 '전쟁' 모델에 집착하는 낡은 실증주의의 근간을 뒤흔든다. 대개의 경우 '이것이 사실임을 과학이 증명했다.'가 아니라 '현재 대부분의 과학자들은 이것을 사실이라 믿고 있다.(하지만 더 많은 증거가 수집되면 마음이 바뀔 수도 있다.)'고 말해야 하는 것이다. 이는 결코 자연과학에 대한 비판이 아니라 과학적 방법에 대한 올바른 이해다. 과학사를 살펴보면 예전에는 정설이었으나 오늘날에는 명백한 오류로 판명난 과학 이론들을 쉽게 만날 수 있다.

이 점이 얼마나 중요한지 알아보기 위해 질문을 던져보자. 다윈의 진화론은 옳은가? 후학들의 수정을 거친 다윈설은 현재 방대한 생물학적 자료에 대한 최상의 설명으로 여겨진다는 것이 가장 알맞은 답변이리라. 그러나 더 많은 자료가 쌓이면서 쿤(Thomas Kuhn)이 말한 '패러다임 전환(paradigm shift)', 즉 다윈설에서 아직 알려지지 않은 새로운 이론으로 급격한 전환이 일어날 수도 있다. 다윈설을 열렬히 옹호하는 도킨스는 이 점을 분명하게 밝히고 있다.

[그림 8.1] 폴라니Michael Polanyi

> 다윈이 20세기 말의 승자였을지언정 새로운 사실의 등장으로 21세기의 후손들이 다윈설을 폐기하거나 원형을 알아볼 수 없을 정도로 수정할 가능성도 있음을 인정해야 한다. (Dawkins, 2003, p. 81)

그렇다면 종교적 신앙 특히 자연계와의 상호작용에 기초한 신앙은 어떤가? 여기서 가장 흥미로운 질문은 신의 존재에 대한 믿음이 과학 이론과 유사한 방식으로 증명될 수 있느냐 하는 것이다. 신의 존재에 관한 증명에서 자연과학과 특히 관련 있는 세 가지 범주가 있다. 우주론적 증명과 목적론적 증명, 칼람(Kalam) 증명이 그것이다. 칼람 증명을 하나의 범주 또는 증명으로 볼 것인지 보편적인 우주론적 증명의 범주에 넣을 것인지 논란이 있긴 하다. 서유럽의 기독교 철학이 아니라 이슬람 사회를 모태로 한 것인 만큼 여기서는 하나의 증명으로 간주하고 따로 살펴보고자 한다.

우주론적 증명

중세의 신학자 아퀴나스(Thomas Aquinas, 1225~1274)는 신의 존재를 믿는 일련의 이유를 제시했는데, 이를 흔히 '다섯 가지 길(Five Ways)'이라 부른다. 그중 하나가 소위 '운동에 의한 증명(argument from motion)'이다. 세상에서 관찰되는 변화와 운동은 그것을 일으킨 최초의 원인이 있음을 가리킨다. 세상의 변화를 가져온 '부동의 원동자'가 있어야 한다. 이 '최초 원인' 증명을 오늘날에는 '우주론적 증명(cosmological argument)'이라고 일컫는다. 아퀴나스가 제시하는 증명은 다음과 같다.

1. 세상 속에서 운동과 변화가 관찰된다.
2. 움직이거나 변화하는 모든 것은 다른 무언가에 의해 변화되고 있다.
3. 일어난 어떤 사건의 원인이 무한 소급될 수 없으므로 인과관계의 사슬은 최초의 원인에서 끝나야 한다.
4. 이 최초 원인, 즉 '부동의 원동자'가 신이라는 데 의심의 여지가 없다.

최근에는 이 증명이 좀더 뚜렷하게 우주론적 관점에서 다시 서술되었고, 따라서 우주론적 증명이라는 명칭이 널리 사용되고 있다. 우주론적 증명은 흔히 다음과 같은 문장으로 전개된다.

1. 우주에 있는 모든 것은 다른 무언가에 의존하면서 존재한다.
2. 각 부분에 해당하는 것은 우주 자체에도 해당한다.
3. 따라서 우주는 지금까지, 그리고 앞으로도 존재하는 한 다른 무언가에 의존하면서 존재한다.
4. 그러므로 우주는 신에 의존하면서 존재한다.

근본적으로 이 증명에서는 우주라는 존재가 설명이 필요한 어떤 것이라고 가정한다. 이러한 유형의 증명은 현대의 우주론 탐구, 특히 우주의 기원에 관한 '빅뱅' 이론과 직접적인 연관성을 갖는다. 곧 살펴볼 칼람식 우주론적 증명도 그러하다.

칼람 증명

오늘날 흔히 '칼람' 증명이라 일컫는 이 증명은 중세 초기에 번성했던 아랍의 한 철학 학파에서 유래했다. 이 증명의 기본 체계는 다음 네 가지 명제로 정리할 수 있다.

1. 시작이 있는 모든 것은 반드시 원인이 있다.
2. 우주의 존재에는 시작이 있다.
3. 따라서 우주가 존재하기 시작한 데에는 틀림없이 원인이 있다.
4. 그 유일한 원인이 신일 수 있다.

앞서 말했듯이 이를 우주론적 증명의 변형으로 보는 학자들도 있지만, 어떤 이들은 나름의 특징을 지닌, 따로 다룰 가치가 있는 증명으로 간주한다.

이 증명 체계는 명확하며 의미를 더 부연할 필요가 없다. 무언가가 존재하는 데 시작이 있었다면 당연히 원인이 있었을 것이다. 이러한 유형의 증명이 '빅뱅' (pp. 207~208 참조) 개념과 관련이 있다면 우리의 관심사와도 분명 관련이 있다. 현대 우주론에서는 우주에 시작이 있었음을 강력히 주장한다. 우주가 어느 한 시점에 존재하기 시작했다면 거기에는 틀림없이 원인이 있었을 것이다. 그리고 그 원인이 신이 아니라면 무엇이겠는가?

칼람 증명에 관한 논쟁은 최근 몇 년간 활발하게 진행되어왔다. 대표적인 옹호자 중 한 사람인 크레이그(William Lane Craig, 1949~)는 이 증명의 주요 내용을 다음과 같이 정리한다.

> 존재하기 시작한 모든 것에는 존재의 원인이 있고, 우주의 존재에 시작이 있으므로 우주를 존재하게 한 원인이 있다는 결론이 내려진다.…… 온 우주를 초월하여 우주가 생겨나게 한 원인이 존재한다. (Craig & Smith, 1993, p. 63)

이 증명을 둘러싼 논쟁은 세 가지 물음을 중심으로 나오는데, 그중 하나는 과학적인 문제고 나머지 둘은 철학적인 문제다.

1. 원인 없이 시작될 수 있는 것이 있을까? 스코틀랜드의 위대한 경험주의 철학자 흄(David Hume, 1711~1776)은 뭔가 새롭게 출현하는 것을 떠올릴 때 꼭 그 존재의 원인을 제시하지 않아도 된다고 말했다. 하지만 이 주장에는 상당한 문제점이 있다.
2. 우주에 시작이 있다고 말할 수 있을까? 어떤 차원에서는 대단히 철학적인 물음이지만 다른 차원에서 보면 과학적인 물음이기도 하다. 우주의 팽창률에 관한 관찰 자료와 '빅뱅'의 우주 배경 복사를 증거로 탐구할 만한 주제다.
3. 우주의 원인이 있었다고 생각할 수 있다면 그 원인이 곧 신이라 말할 수 있을까? 여기서 주목할 만한 증명의 형식은 다음과 같다. 원인은 그것에서 비롯된 사건보다 먼저 존재해야 한다. 따라서 우주라는 존재의 시작을 가져온 원인이란 우주 이전에 존재한 무언가를 일컫는다. 그것이 신이 아니라면 무엇이겠는가?

전통적인 칼람 증명이 우주의 기원에 관한 '빅뱅' 이론에 의해 새로운 생명력을 얻은 것은 분명하다. 여기서 비롯된 철학적인 논쟁은 앞으로 계속될 것이다. 한편 우주가 '설계되었다'고 말할 수 있느냐에 관한 논쟁도 이와 비슷하다. 이에 관해 살펴보자.

목적론적 증명

종종 '설계론(argument from design)'이라고도 부르는 '목적론적' 증명은 신의 존재에 관한 철학적 증명 중 가장 널리 논의되어왔다. 토마스 아퀴나스는 자연 질서 내에 분명하게 드러나는 설계라는 표현으로 이 증명의 틀을 마련했다. 그냥 존재하는 것은 없다. 만물은 어떤 목적을 염두에 두고 설계된 것처럼 보인다. '목적 지향'을 의미하는 '목적론적'이라는 용어는 분명히 목적 지향적인 자연의 속성을 가리키는 데 널리 쓰이고 있다. 이처럼 아퀴나스는 '자연 만물이 그 목적을 향하게 만든 지적 존재', 즉 신이 있다는 결론을 내렸다.

바로 자연의 이러한 측면이 자연과학과 관련하여 자주 논의되어왔다. 예를 들어 자연법칙에서 분명히 드러나는 자연의 질서는 어떤 목적을 위해 '설계되었다'는 표시처럼 보인다. 이러한 접근법은 페일리의 《자연신학 또는 자연의 모습에서 수집한 신의 존재와 특성에 대한 증거Natural Theology or Evidences of the Existence and Attributes of the Deity, Collected from the Appearances of Nature, 1802》에서 훌륭하게 전개되었다. 19세기 전반 영국의 대중적인 종교사상에 지대한 영향을 준 이 책은 다윈도 읽었다고 알려져 있다. 페일리는 뉴턴의 자연의 규칙성 발견, 특히 '천체역학' 관련 연구에서 깊은 감명을 받았다. 분명 온 우주는 규칙적이고 이해 가능한 원리에 따라 움직이는 하나의 복잡한 기계장치처럼 보였다.

세계를 하나의 기계장치로 보는 뉴턴의 세계관에 따라 페일리는 바로 시계라는 메타포를 떠올렸고, 세상사에서 이토록 분명하게 드러나는 정교한 메커니즘을 누가 만들었는가라는 물음을 던졌다. 그의 대표적인 주장 중 하나는 이 메커니즘이 '고안(contrivance)'을 암시한다는 것이다. 바야흐로 산업혁명이 시작되는 시대에 저술 활동을 펼쳤던 페일리는 '시계와 망원경, 양말 제조기, 증기기관' 같은 기계에 대한 영국 식자층의 높은 관심을 변증론에 활용하고자 했다.

[그림 8.2] 페일리William Paley
국립 초상화 미술관, 런던

페일리의 주장은 전반적으로 잘 알려져 있다 (p. 51 참조). 19세기 초 영국에서는 산업혁명이 진행되는 가운데 기계는 산업 분야에서 갈수록 중요한 역할을 하게 되었다. 페일리에 따르면 그렇게 복잡한 기계 기술이 아무런 목적 없이 우연히 생겼다는 주장은 진지하게 받아들이기 어려운 것이다. 메커니즘은 고안, 즉 목적의식과 설계, 제작 능력을 전제로 하며, 인체와 온 세계가 수단과 목적이 어우러지는 방식으로 설계되고 만들어진 것이라 할 수 있다. 페일리가 인간이 만든 기계장치와 자연 간의 유사성만 주장하는 것은 아니다. 그의 논증은 주체성에서 힘을 얻는다. 즉 자연이 하나의 메커니즘이며 지적으로 설계된 것이다. 페일리는 '고안된', 다시 말해 뚜렷한 목적을 염두에 두고 만들어진 생물학적 구조에 관한 증거가 자연 속에 있다고 주장한다. 그는 심혈을 기울여 자연 속 기계장치, 이를테면 극히 복잡한 인간의 눈이나 심장을 묘사한다. 이는 무엇을 입증하는가? "시계가 지닌 고안의 암시, 설계의 표시 하나하나가 자연의 작품에서도 드러난다." 차이점이라면 자연에서 훨씬 더 위대한 수준의 고안을 보여주는 것이라고 그는 말한다.

'설계론'은 스코틀랜드 철학자 흄에게 여러 가지로 비판의 대상이 되었다. 흄의 비판에서 중요한 내용을 간추리면 다음과 같다.

1. 세계로부터 설계를 관찰했다고 해서 그 세계를 창조한 신을 곧바로 추론할 수는 없다. 설계의 관찰이 설계자의 존재를 추론하게 만든다는 주장과 그 설계자가 다름 아닌 신이라는 주장은 별개다. 설계론은 증명의 연결고리에 취약점을 갖고 있다.
2. 우주의 설계자가 있다는 주장은 무한회귀로 빠질 수 있다. 설계자를 설계한 것은 누구인가? 아퀴나스는 원인의 무한회귀를 분명히 거부했으나, 그런 거부가 독자들에게 당연히 옳다는 평가를 받으리라 생각하고 논점의 타당성을 엄격히 입증하지 않았다. 그러나 흄의 생각은 달랐다.
3. 설계론에서는 기계라는 비유를 이용한다. 이 증명은 시계처럼 설계를 거쳐 만들어진 것이 분명한 기계와의 비교를 통해 설득력을 얻는다. 하지만 이러한 비유가 적합한가? 왜 우주를 식물이나 다른 생명체에 비유할 수 없는가? 식물은 설계된 것이 아니라 그냥 자란다. 이 점은 페일리의 증명과 관련하여 중요한 의미를 갖는다. 설계처럼 보이는 것이 자연적으로 발생한 것이라는 다윈주의 관점에서는 더욱 그렇다.

최근 몇 년간 미세조정 및 인류 발생 현상에 관한 연구가 활기를 띠는 등 신의 존재 합리성에 관한 담론이 새로운 국면으로 접어들었다. 중요한 변화 중 하나는 신의 존재에 관한 연역적 접근법 대신 귀추법 또는 추론 중심의 접근법이 힘을 얻는다는 것이다. 자연계의 인과관계로부터 신의 존재를 연역해낼 수 있다고 주장하기보다 신이 자연계에 대한 '최상의 설명'이라고 말하는 이들이 많다. 이 점은 7장에서 이미 다루어 본 장만 따로 읽은 독자라면 7장도 함께 살펴보면서 보충하는 것이 유익할 것이다.

과학과 종교에 관한 연구에서 일반적으로 다루는 다음 주제는 본 장의 내용과 직접적인 관련이 있다. 과학적 믿음이나 종교적 신앙은 그 옳음을 입증할 수 있는가? 만약 그럴 수 없다면 적어도 잘못된 믿음이 틀렸다는 것만이라도 입증할 수 있는가?

추가 참고도서 목록

Craig, William Lane. *The Cosmological Argument from Plato to Leibniz*. London: Macmillan, 1980.

Davidson, Herbert. *Proofs for Eternity, Creation and the Existence of God in Medieval Islamic and Jewish Philosophy*. Oxford: Oxford University Press, 1987.

Manson, Neil A. *God and Design: The Teleological Argument and Modern Science*. London: Routledge, 2003.

McGrath, Alister E. *Dawkins' God: Genes, Memes and the Meaning of Life*. Oxford: Blackwell Publishing, 2004.

Swinburne, Richard. *The Existence of God*, 2nd edn. Oxford: Clarendon Press, 2004.

과학과 종교에서의 검증과 반증

8장에서는 과학 및 종교적 논법에서 증거가 어떤 위치에 있는지 살펴보았다. 이는 믿음을 확증하는 것이 가능한지, 그리고 어떻게 확증할 수 있는지에 대한 물음으로 자연스레 이어진다. 이와 관련하여 특히 중요한 두 가지 접근법이 20세기에 등장했다. 자연과학에서는 경험에 의한 확증이 가능한 형태로 개념을 나타낼 수 있다고 주장한 '검증주의(verificationism)'와, (타당한 이론을 확증하는 것이 검증주의자들이 생각했던 것만큼 쉽지 않더라도) 결함 있는 접근법이라면 그 오류가 쉽게 드러나게끔 개념을 나타낼 수 있다고 생각한 '반증주의(falsificationism)'가 그것이다. 이 중요한 논쟁의 배경이 되는 '빈 학파(Vienna Circle)'는 20세기에 등장하여 큰 영향력을 떨친 철학파로 오스트리아 수도 빈에서 시작되었다.

일반적으로 빈 학파는 1924년부터 1936년까지 철학자 슐리크(Moritz Schlick, 1882~1936)를 중심으로 철학자와 물리학자, 수학자, 사회학자, 경제학자들이 모여 형성된 그룹을 말한다. 이들이 탐구한 핵심 명제 중 하나는 믿음의 타당성이 경험에 의해 입증되어야 한다는 것이다. 흄(David Hume)의 저술에 바탕을 둔 이러한 시각은 분명 경험주의적 논조를 띤다. 따라서 이 학파는 인류의 학문 분야 중 가장 경험주의적이라 여겨지는 자연과학의 방법 및 기준을 각별히 높이 평가한 반면 경험으로부터 벗어나려는 시도로 여겨지는 형이상학을 상대적으로 낮게 평가했다. 실제로 빈 학파의 업적 중 하나는 '형이상학'에 상당히 부정적인 의미를 부여한 것이다.

빈 학파에게 실재의 세계와 직접 연결되거나 관련되지 않은 명제는 어떤 가치도 없으며 단지 과거의 무익한 논쟁의 지속일 뿐이었다. 명제에 쓰이는 용어는 경험과 직접적으로 관련이 있어야 했다. 그러므로 모든 명제는 실제 경험 세계와 직접적으로 관련하여 진술할 수 있어야 했다.

빈 학파는 그런 관점을 기호 논리(symbolic logic) 형태를 이용해 발전시켰는데, 기호 논리는 19세기 말에 등장하여 20세기 초 영국 철학자이자 논리학자 러셀(Burtrand Russell, 1872~1970)이 매우 효과적으로 사용했다. 용어와 문장의 상호 관계는 논리를 적절히 사용함으로써 명확히 규명할 수 있다. 슐리크도 말했듯이, 그와 같은 논리 원칙을 엄격하게 적용하면 철학적 엄격성이 떨어지는 어리석은 실수를 막을 수 있을 것이다. 슐리크는 논리적 엄격성으로 없앨 수 있는 논법 오류의 기본적인 예를 제시했다.

내 친구가 모레 죽었다.
이 탑은 높이가 100미터이자 150미터이다.

빈 학파가 제안한 강령은 기본적으로 다음 두 부분으로 나뉜다.

1. 모든 의미 있는 명제는 오로지 관찰 용어로만 이루어진 명제로 환원되거

나 그런 명제에 의해 명료하게 정의될 수 있다.

2. 그런 환원 명제는 논리적 용어로 진술될 수 있어야 한다.

이 강령을 실천하려고 한 시도 중 가장 중요한 것은 카르나프(Rudolph Carnap, 1891~1970)의 저술, 특히 1928년 내놓은 《세계의 논리적 구조The Logical Structure of the World》를 꼽을 수 있다. 카르나프는 논리적 구조를 통해 경험으로부터 세상을 추론하는 방법을 보여주고자 했다. 그의 표현을 빌리면 이는 경험에서 얻은 명제에 논리 방법을 적용함으로써 '실재'를 '주어진 바(所與)'로 환원하겠다는 시도였다. 따라서 지식을 얻을 수 있는 단 두 가지 원천은 감각에 의한 지각과 논리적 분석 원리다. 명제는 전자로부터 얻어지고, 전자를 참조하여 타당성이 입증된다. 그리고 명제를 구성하는 용어 및 다른 명제와의 관계는 후자에 의해 결정된다.

검증 원리Verification Principle

수학 명제와 논리 명제가 빈 학파에게 문제가 될 조짐은 처음부터 있었다. '2+2=4'라는 명제가 경험과 어떤 관련이 있는가? 이를 무의미한 명제로 치부한 사람들이 있는가 하면, 대다수는 이를 '분석 명제(analytic statements)', 즉 정의 또는 규약에 의해 '참'임이 입증되므로 타당성 증명에 경험적 증거가 필요 없는 명제로 간주해야 한다고 주장했다.

이 문제를 해결하고자 카르나프는 오늘날 '검증 원리(principle of verification)'라고 일컫는 것을 제시했다. 일반적으로 이 원리는 검증 가능한 명제만 유의미하다고 규정한다. 그러므로 자연과학이 지식 이론 측면에서 우위를 차지하며, 철학은 단지 경험적 분석에 의해 확정된 것을 명확히 하는 도구로 간주된다. 카르나프에 따르면 철학은 '경험 과학의 명제 및 개념에 대한 논리적 분석'에

있다.(Carnap in Ayer, 1959, p. 133)

[그림 9.1] 에이어A. J. Ayer Topfoto

이러한 견해는 영어권에서 에이어(A. J. Ayer, 1910~1989)에 의해 대중화되었는데, 특히 그의 명저 《언어, 진실과 논리Language, Truth and Logic, 1936》에 잘 나타나 있다. 이 책이 2차 대전 중에 읽히고 평가받은 점도 있지만, 이 한 권의 저서는 적어도 전후 20년간 철학적 과제를 제시한 것으로 널리 인정받고 있다. 여기서 에이어는 단호하고 철저하게 검증 원리를 적용하면서 형이상학적이거나 종교적이라고 여겨지는 모든 것을 '무의미한' 것으로 간주하고 거부했다.

논리 실증주의(logical positivism)는 자연과학의 방법에서 출발한 철학적 접근법이며, 우리의 탐구에서도 중요한 의미를 갖는다. 즉 논리 실증주의가 종교에 대해 무엇을 시사하는지 살펴볼 필요가 있다. 앞의 분석에서 예상할 수 있듯이 논리 실증주의에서는 종교적 명제가 검증이 불가하다는 이유로 무의미한 것으로 일축한다. 카르나프는 종교적 명제가 비과학적이라고 단언했다. '신'이나 '초월성' 또는 '절대자'에 관해 말하는 문장들은 경험 속에서 이를 입증할 수 없으므로 무의미하다는 것이다. 에이어는 종교적 명제가 그런 발언을 하는 사람의 정신 상태에 관한 간접적인 정보를 제공할 수 있음을 인정했다. 그렇지만 종교적 명제들을 외부 세계에 관한 의미 있는 명제로 간주할 수는 없다는 것이다.

그렇다면 신학자들은 이러한 도전에 어떻게 대응했는가? 각광받은 방법 중 하나는 1955년부터 1965년까지 상당히 인기를 누렸던 '종말론적 검증(eschatological verification)' 개념이다. 이는 유의미성의 조건으로 검증이 요구된 것에 대한 직접적인 답변이다. '종말론적(eschatological)'이라는 용어는 '마지막 일들'

이라는 뜻의 그리스어 'ta eschata'에서 유래했다. 이 관점은 영국의 종교철학자 힉(John Hick, 1922~2012)에 의해 발전했다. 그는 같은 길을 여행하며 같은 경험을 하는 두 사람의 비유를 들었다. 한 사람은 그 길이 새 예루살렘(천국)으로 향한다고 믿지만 다른 사람은 그렇게 생각하지 않는다. 그렇다면 누가 옳은가? 그리고 이 문제는 어떻게 해결할 수 있을까? 이 물음에 대해 힉은 현재의 시점에서는 알 길 없는 '종말점 검증(end point verification)' 개념을 제시한다.

여정 중에 두 사람을 갈라놓은 것은 경험적 문제가 아니다. 그들은 길에서 마주칠 세세한 일들이 아니라 오직 최종 목적지에 대해서만 서로 다른 기대를 갖고 있다. 그리고 언젠가 마지막 모퉁이를 돌 때 그들 중 한 사람이 내내 옳았고, 다른 사람은 틀렸음이 분명해질 것이다. 즉 두 사람 간의 문제가 경험적이었을지라도 이는 처음부터 실재하는 문제였다. 그들은 길에 대해서만 다르게 느낀 것이 아니다. 현실 상황과 관련하여 한 사람은 옳은 생각을 지녔고 다른 사람은 그렇지 않았기 때문이다. 길에 대한 상반된 해석이 완전히 반대되는 주장을 낳는다. 그 진위가 미래의 핵심적 시점에서 소급하여 결정된다는 별난 특성을 지녔지만……. (Hick, 1964, pp. 260~261)

그러나 이 문제는 1960년대 이후 그다지 관심을 받지 못했다. 특히 논리 실증주의에서 제시한 검증 원리에 심각한 한계가 있음이 드러났기 때문이다. 이를 테면 '1865년 6월 18일 오후 5시 15분, 버킹엄 궁전의 앞뜰에 여섯 마리의 거위가 앉아 있었다.'라는 명제를 살펴보자. 이는 검증 가능한 뭔가를 주장한다는 점에서 분명 유의미하지만, 우리는 이를 확증할 수 없다. 과거에 관한 다른 명제에서도 비슷한 문제가 발생한다. 에이어의 관점으로 보면 이러한 명제는 외부 세계와 관련되지 않아 참 또는 거짓으로 판단할 수 없다. 그러나 이와 상반되게 우리의 기본적인 직관에 의하면 그런 명제가 의미 있는 단언이라고 여겨진다.

한편 원자보다 작은(subatomic) 입자처럼 엄밀히 말해 우리의 눈으로 '관찰'할 수 없는 이론적 실체와 관련된 문제가 있다. 이는 논리 실증주의에 큰 난제가 되었고, 일부 대표적인 옹호자들은 이 문제에 대한 견해를 수정하기도 했다. 렌젠(Victor F. Lenzen, 1890~1975)은 1938년의 논문 〈경험 과학의 절차Procedure of Empirical Science〉에서 어떤 실체는 그 자체를 관찰할 수 없고 경험적 관찰로부터 추론해야 한다고 주장했다. 예를 들어 전기장에서 기름방울의 반응을 관찰하면 어떤 물질의 음전하 입자인 전자의 존재를 추론할 수 있다. 보이지 않아 '검증 불가'하지만 관찰 증거로부터 그 존재를 합리적으로 추론할 수 있다. 이는 최초의 검증 원리에서 크게 후퇴한 것이다. 게다가 역설적이게도 논리 실증주의에서 그토록 칭송했던 자연과학 이론의 발전이 그와 같은 후퇴에 부분적으로 기여했다.

이처럼 검증주의는 심각한 한계를 지녔다. 그런 문제점에 대한 대응으로 발전한 라이벌 이론에 대해 알아보는 것도 유익할 것이다. 흔히 '반증주의'라고 하는 접근법을 살펴보기로 하자.

반증: 포퍼

20세기 과학철학에 기여한 대표적인 인물 중 하나로 오스트리아 철학자 포퍼(Karl Popper, 1902~1994)를 꼽을 수 있다. 포퍼에게 과학 지식의 진보는 하나의 진화 과정, 즉 서로 경쟁하는 수많은 추측이나 가설들이 일정한 질서에 따라 가장 엄격한 반증 시도를 거치는 과정이다. 그에 따르면 오류 제거 과정은 진화생물학의 자연선택 과정과 비슷하다. 포퍼는 과학 지식이 가설(추측)과 오류 제거(논파) 간의 상호작용을 통해 발전한다고 주장한다.

> 그는 빈 학파의 검증 원리가 융통성이 없어 결국 많은 타당한 과학 명제가 배제되었다고 생각했다.
>
> 검증 가능 기준에 대한 나의 비판은 늘 다음과 같았다. 옹호자들의 의도와 달리 명백한 형이상학적 명제를 배제하지 못하고, 오히려 가장 중요하고 흥미로운 과학 명제, 즉 보편적 자연법칙인 과학 이론을 배제했다. (Popper, 1963, p. 281)

[그림 9.2] 포퍼Karl Popper
UPP/Topfoto

그는 검증주의가 또 다른 이유로 잘못된 방향으로 나아갔다고 확신했다. 프로이트 이론과 마르크스주의 같은 수많은 '의사과학(pseudo-science)'이 실제로 전혀 '과학적'이지 않는데도 과학 행세를 하도록 허용했다는 것이다.

포퍼는 원래 '유의미한' 명제로부터 형이상학을 제거하는 데 관심을 가졌지만, 곧 그가 '의사과학'이라 이름 붙인 것에 대한 비판에 주력하게 된 듯하다. 그는 마르크스주의자나 프로이트 이론 지지자 같은 의사과학자들의 눈에는 거의 모든 것이 자신들의 주장을 뒷받침하는 것으로 보인다고 생각했다.

> 내가 이러한 이론에서 너무 위험하다고 느낀 것은 끊임없는 관찰 증거에 의해 '검증'되거나 '확증'되었다는 주장이다. 눈만 뜨면 주변의 모든 것이 검증 사례로 보인다. 마르크스주의자라면 신문의 모든 페이지에서 계급투쟁을 입증하는 증거를 발견하고, 정신분석학자라면 프로이트파 또는 아들러파 할 것 없이 자신의 이론이 임상적 관찰을 통해 매일, 심지어 매시간 검증된다고 자신 있게 말할 것이다. 그 이론이 언제나 들어맞고 언제나 '검증'된다는 사실이 지지자들을 감동시켰

다. 그러나 강점으로 보이는 것이 실은 약점이며, 이와 같은 '검증'은 증명으로 간주하기에 수준이 떨어진다는 사실을 깨닫게 되었다. (Popper, 1983, pp. 163)

1920년경 포퍼는 아인슈타인의 상대성 이론에 대한 유명한 과학 저술을 읽게 되었다. 그는 자신의 이론이 틀렸음을 증명하려면 무엇이 필요한가를 아인슈타인이 정확하게 진술한 데서 깊은 인상을 받았다. "만약 중력 퍼텐셜에 의한 스펙트럼 선의 적색 편이가 존재하지 않는다면 일반 상대성 원리는 무너질 것이다."라고 아인슈타인은 분명히 밝혔다.

포퍼는 이러한 태도와 관점이 마르크스주의자나 프로이트 심리학자와 확실히 다르다고 보았다. 이데올로기에 몰두하여 이를 확증할 증거에 눈독을 들이는 이들과 달리 아인슈타인은 자기 이론을 반증할 만한 것을 찾고 있었다! 그런 증거가 나타나면 그는 자신의 이론을 접을 생각이었다.

사실 여기에는 상당히 과장된 면이 있었다. 적색 편이가 너무 작아 당시의 기술로 관찰할 수 없다면? 또는 다른 효과의 간섭 때문에 판별하기 애매해진다면 일반 상대론에서는 태양광선의 경우 백만 분의 2.12라는 극소량의 광속 감속 때문에 중력 적색 편이가 생긴다고 예측했다. 그런 적색 편이는 당시에 관찰되지 않았다. 이 문제는 1917년과 1919년 노벨상 심사에서 심각하게 논의되기도 했다. 오늘날 알려진 것처럼 1920년대 기술로는 그 효과를 관찰할 수 없었고, 1960년대가 되어서야 최종 확인이 이루어졌다. 아인슈타인 자신이 내세운 기준으로는 그의 이론을 확증할 수 없었다.

그러나 포퍼는 문제의 원리가 중요하다고 느꼈다. 이론은 경험과 비교하는 시험을 거쳐 검증되거나 반증되어야 한다.

나는 경험을 통해 시험할 수 있는 체계만이 경험적이거나 과학적이라고 인정할 것이다. 이는 어떤 체계의 검증 가능성이 아니라 반증 가능성이 판단의 기준이 되어야 함을 의미한다.…… 경험 과학 체계가 경험에 의해 논파될 수도 있어야 한다. (Popper, 1961, pp. 40~41)

여기서 포퍼는 논리 실증주의의 일부 기본적 테마를 받아들여, 특히 실재하는 세계의 경험이 기초적 역할을 한다는 데 동의했음을 알 수 있다. 이론 체계는 세상에서 관찰된 내용과 비교하는 시험을 받을 수 있어야 한다. 그러나 논리 실증주의에서는 이론적 명제 검증 조건을 명시할 필요성을 역설했으나, 포퍼는 체계 반증 조건을 명시할 수 있는 것이 더 중요하다고 주장했다.

포퍼의 견해는 1950년대와 1960년대 종교철학에 큰 영향을 미쳤고, 이른바 '반증' 논쟁과 특별한 관련이 있다. 철학자 플루(Anthony Flew, 1923~2010)는 1950년 발표한 논문 〈신학과 반증Theology and Falsification〉에서 종교적 명제는 경험에서 얻은 그 무엇으로도 반증할 수 없어 유의미하지 않다고 주장했다. 사실 포퍼의 마르크스주의와 프로이트 심리학 비판에 동조하는 그는 관찰적 증거나 경험적 증거를 입맛에 맞게 해석할 여지가 있다고 생각했다.

플루는 소위 우화를 통해 그의 우려를 설명한다. 두 탐험가가 정글 속 개간지를 발견한다. 둘 중 한 명은 눈에 띄지 않지만 개간지를 돌보는 정원사가 있다고 주장한다. 이를 부정하는 탐험가는 다양한 감각 시험을 통해, 이를테면 정원사가 개간지를 보러 오는지 지켜보거나 과연 정원사가 있는지 알아보기 위해 경찰견과 전기 울타리를 이용하는 방법을 써보자고 제안한다. 하지만 어느 실험으로도 정원사를 발견하지 못한다. 두 번째 탐험가는 이것이 정원사가 없음을 증명한다고 주장한다. 그러나 첫 번째 탐험가는 다음과 같은 한정으로 이러한 반대를 일축한다. '그러나 정원사는 분명 있어. 냄새도 안 나고 소리도 내지 않을 뿐이야.'(Flew, 1955, p. 96)

결국 플루에 따르면 정원사 개념은 '천 개의 한정에 의한 죽음'(1955, p. 97)을 맞이한다. 이 정원사는 볼 수도, 들을 수도, 냄새를 맡을 수도, 만질 수도 없다. 그러니 실은 정원사가 없다고 결론을 내려도 무방하지 않을까? 플루는 분명 그렇게 결론을 내렸다. 종교적 명제는 반증 가능하게끔 형성될 수 없다는 사실에 입각해서 말이다.

그러나 반증에 대한 요구는 앞선 검증에 대한 요구와 마찬가지로 최초의 생각보다 훨씬 더 복잡한 것으로 드러났다. 예를 들어 자연과학은 플루의 절대적 요구를 충족시킬 수 없다. 이론을 전개하는 과정에서 플루가 그토록 거부했던 수정, 즉 '한정'을 적용하기 때문이다. 일반적으로 조정과 수정, 한정이라는 미묘하고 복잡한 과정을 통해 변칙적 자료가 이론에 수용되었다.

포퍼는 과학에서 형이상학을 제거하는 데 특히 관심을 기울였다. 그리고 반증 가능성을 요구함으로써 형이상학적 명제를 배제할 수 있다고 생각했다. 그러나 의미 있는 반증 기준을 마련하려는 시도는 그가 생각했던 것보다 훨씬 어려운 일임이 드러났다. 이른바 '조항부가역설(tacking paradox)'에서 이를 확인할 수 있다. '모든 백조는 하얗다.'와 같이 반증 가능한 이론인 T가 있다. T는 반증 가능하므로 그로부터 관찰 명제인 O, 이를테면 '모든 백조가 하얗다는 것이 관찰된다.'를 얻을 수 있다. 관찰이 현실과 맞지 않은 것을 발견하면 T는 틀린 것이다.

지금까지는 괜찮다. 그러나 '조항부가역설'에 의해 이 간단한 도식이 상당히 복잡해진다. 간단하게 설명하면 이 역설에서는 형이상학적 명제인 M, 이를테면 '제우스 신은 배고프다.' 또는 '절대자는 파란색이다.'를 '덧붙인다.' 이제 이론 T′를 다음과 같이 정의해보자.

$$T' = T \& M$$

새 이론은 원래의 명제와 새 형이상학적 명제의 결합이다. T가 반증 가능하므로 T'도 반증 가능하다. 검은 백조를 관찰하면 그 이론이 거짓임이 확인되기 때문이다.

다음과 같이 두 부분으로 구성된 이론이 있다고 가정하자.

1. 모든 백조는 하얗다.
2. 절대자는 파란색이다.

만약 검은 백조가 관찰된다면 이 이론은 틀렸음이 입증된다. 두 부분 중 하나가 틀렸기 때문이다. 이처럼 '조항부가역설'은 반증 가능한 이론에 임의의 형이상학적 가설을 추가할 수 있다는 당황스러운 사실을 가리킨다. 이는 포퍼의 관점이 갖는 설득력을 크게 떨어뜨린다. 임의의, 즉 검증 및 반증 불가한 형이상학적 명제를 덧붙였다는 사실은 여기서 중요하지 않다.

이 장에서 살펴본 문제들은 과학 이론이나 종교적 신앙을 확증하는 것이 생각보다 훨씬 어렵다는 점을 분명히 보여준다. 관찰된 변칙 사례 하나가 어떤 이론을 무너뜨리는 결정적 증거가 될 수도 있다. 또는 그 이론을 확장한다면 수용 가능한 것일 수도 있다. 슬프게도 과학철학만으로 이런 가능성 중 어느 것이 옳은지 판단할 수 없다. 7장의 이론적 변칙에 대한 탐구에서 알 수 있듯이, 어떤 변칙이 나타나면 아무리 전망이 밝은 이론이라도 포기해야 한다고 주장하는 쪽은 극단적으로 단순화한 실증주의 과학철학파뿐이다.

지금까지 과학과 종교의 상호작용에서 제기되는 일반적인 쟁점들을 살펴보면서 확증의 방법과 범위에 집중해왔다. 이제 과학적 신념과 종교적 신앙의 관심사가 무엇인가라는 중요한 주제를 살펴볼 차례다. 이는 인간의 정신에서 만들어낸 것인가, 아니면 외부의 실재에 의해 형성된 것인가? 다음 장에서는 과학과 종교에서 실재론이 차지하는 위치와 대안에 대해 알아보자.

추가 참고도서 목록

Ayer, A. J. *Probability and Evidence*. New York: Columbia University Press, 2006.

Baker, Gordon P. *Wittgenstein, Frege, and the Vienna Circle*. Oxford: Blackwell, 1988.

Davis, Stephen T. "Theology, Verification and Falsification." *International Journal for Philosophy of Religion*, 6 (1975): 23-39.

Plantinga, Alvin. *God and Other Minds*. Ithaca, NY: Cornell University Press, 1967, pp. 156-168.

Misak, C. J. *Verificationism: Its History and Prospects*. London: Routledge, 1995.

Sarkar, Sahotra. *The Emergence of Logical Empiricism: From 1900 to the Vienna Circle*. New York: Garland Publishing, 1996.

CHAPTER 10

실재론과 과학 및 종교에서의 대안

종종 과학과 종교의 대화는 인간 정신이 제한적이지만 상당한 수준으로 인식하고 표현할 수 있는, 외계에 대한 공동의 입장이 있음을 전제로 한다. 일반적으로 '실재론(realism)'이라는 용어는 외적 실재가 존재하며 인간 정신은 실재를 모방하거나 표현할 수 있다고 단언하는 철학군을 가리킬 때 쓰인다. 그렇다면 왜 실재론은 자연과학에 지대한 영향을 미쳤는가? 여기에 제대로 답하려면 다음과 같은 질문이 필요하다. 자연과학이 이룬 설명의 성공은 철학적으로 어떤 의미를 갖는가? 그리고 신학적 주장과 관련하여 시사하는 것이 있다면 무엇인가? 그것이 이번 장에서 살펴볼 주제다.

자연과학이 설명과 예측에서 눈부신 성공을 거둠으로써 흔히 자연과학이 다루는 독립적 실재가 존재함을 입증했다고 생각한다. 비행기가 하늘을 난다. 이는 베르누이(Daniel Bernoulli)가 1738년 압력과 운동 에너지의 관계를 처음으로 밝힌 덕분이다. TV와 라디오가 작동한다. 여기에는 맥스웰(James Clerk Maxwell)이 1864년 처음으로 발표한 전자기복사 이론이 한몫했다. 현대 서구 생활양식의 필수 요소로 꼽히는 수많은 기술 발전은 세상을 설명하는 것으로 출발해 결국 세상을 바꾸게 할 이론을 내놓는 자연과학에 힘입었다고 할 수 있다.

이처럼 자연과학이 거둔 성공에 대한 가장 그럴듯한 설명은 무엇인가? 많은 이들이 과학 이론에서 설명하는 대상이 실제로 세상에 존재함을 믿을 수밖에 없다고 생각한다. 물리학자이자 신학자인 폴킹혼(John Polkinghorne, 1930~)은 이렇게 말한다.

> 과학의 성공과 관련하여 과학이 실존하는 실재를 더욱 단단히 움켜쥐고 있다는 설명이 자연스레 설득력을 갖는다. 과학적 노력의 진정한 목표는 물리적 세계의 구조에 대한 이해인데, 이러한 이해는 결코 완전할 수 없고 항상 개선의 여지가 있다. 그런 지식을 나타내는 언어는 실재 세계로부터 얻어진 것이다.
>
> (Polkinghorne, 1986, p. 22)

이론이 통하는 이유는 그 이론이 실재와 연관성을 갖기 때문이다. 자연과학의 이론적 주장이 옳지 않다면 지금까지 거둔 경험적 성공은 전부 우연의 일치인 셈이다. '과학적 실재론과 바탕이 되는 이론이 옳지 않다면 관찰의 세계에서 그 이론이 옳은 듯 보이는 까닭을 설명할 길이 없다.'(Devitt, 1984, p. 108)

이런 까닭에 자연과학자들은 실재론, 적어도 폭넓은 의미의 실재론을 지향하는 편이다. 자연과학이 거둔 성공은 아무튼 실존하는 실재를 밝히거나 우주 질서의 근본이 되는 뭔가에 맞물렸음을 뜻한다고 많은 이들이 생각한다. 이는 매우 중요한 의미를 갖는다. 특히 인간 정신에 의해 구성된 개념이 아닌 독립적으로 존재하는 신을 추구하는 신학자들이 자연과학의 실재론으로부터 어떤 교훈을 얻을 수 있는가라는 물음이 제기된다. 이와 관련하여 이번 장에서는 실재론의 특징과 그 대안에 대해 살펴보도록 하자.

실재론Realism

'실재론'이라는 용어는 인간 정신의 외계에 해당하는 실재 세계가 존재하며 이를 인간 정신이 부분적으로나마 이해하고 표현할 수 있다는 데 일반적으로 동의하는 철학군을 말한다. 실재론은 바로 실험적 방법의 성공으로부터 설득력을 갖는다. 이 실험적 방법에서는 관찰된 행동을 대상으로, 실재론적 관점에서 볼 때 최상의 설명으로 보이는 패턴을 밝혀낸다. 과학철학자 레드헤드(Michael Redhead)는 이렇게 말한다.

물리학자는 비사색적이고 직관적인 연구와 대화, 사고방식 때문에 연구 대상에 대해 실재론자가 되기 쉽다. 이들은 연구 대상과 그 속성, 상호관계에 대한 가설 단계의 의견을 내놓지만, 자신들이 하려는 일과 어느 정도 성공을 거둔 일은 바로 '실재를 다루는 것'이라는 규정이 이들의 일반적인 입장이다. (Redhead, 1995, p. 9)

따라서 과학적 실재론은 적어도 부분적으로 경험적 테제(these)이다. 반복적인 관찰과 실험을 통해 실재 세계와 직접 만나면서 개연성과 확증을 얻기 때문이다. 세상이 어떻다거나 어떠해야 하는가를 다루는 형이상학적 주장이 아닌, 어떤 과학적 방법이 현실 속에서 성공을 거둔 까닭을 설명하는 데 목적이 있는 집중적이고 한정된 주장으로 간주해야 한다.

철학자 퍼트넘(Hilary Putnam, 1926~2016) 등이 말한 대로 실재론은 과학 이론과 개념에 대한 설명 중에서 '과학의 성공을 기적으로 여기지 않는' 유일한 설명이다.(Putnam, 1975, p. 73) 과학 이론에서 채택한 이론적 실체가 실존하지 않고 그 이론이 일반 세계에서 대략적으로라도 참이 아니라면, 과학이 응용 및 예측 차원에서 거둔 분명한 성공은 기적일 수밖에 없다. 과학의 성공을 근거로 실재론을 옹호하는 입장은 다음과 같이 정리할 수 있다.

1. 자연과학의 성공은 우연이나 기적에 의한 것이라고 볼 수 없을 만큼 크다.
2. 이와 같은 성공에 대한 최상의 해석은 과학 이론이 실재를 참되게, 또는 참에 가깝게 설명한다는 것이다.
3. 과학적 실재론은 성공을 통해 타당성을 확보한다.

앞서 말한 대로 실재론은 하나의 철학군을 가리키는 명칭이다. 과학과 종교의 대화에서 특히 관심을 끄는 실재론은 이른바 '비판적 실재론(critical realism)'이다. 인식아(認識我, knower)의 어떤 사색도 없이 실재가 인간 정신에 직접 영향을 미친다고 주장하는 '소박 실재론(naive realism)'과, 인간 정신이 수학 공식, 멘탈 모델(mental model)과 같은 도구를 자유자재로 사용하면서 실재를 최대한 표현하고 수용하려고 노력한다는 '비판적 실재론'은 구별되는 경우가 많다. 두 실재론 모두 인간 정신이 소위 외계에 대한 참조 없이 자유롭게 관념을 구성한다고 주장하는 비실재론 또는 반실재론과 뚜렷한 대조를 이룬다.

'비판적 실재론'의 핵심은 인간 정신이 지각 과정에 적극적으로 작용한다는 것이다. 즉 외부의 지식을 스키마(schema)라고 부르는 '심리 지도(mental map)'를 사용해 능동적으로 구성한다. 종교심리학자 제임스(William James, 1842~1910)가 1878년 주장한 이 개념은 그후 널리 받아들여졌다.

인식아는 진실의 행위자이자 공동작인(co-efficient)일 뿐 아니라 자신이 기록하는 진실의 생성에 일조한다. 심리적 관심과 가설, 가정 등이 인간 활동, 즉 세상을 크게 변화시키는 활동의 기초가 될 때 그 선언 대상인 진실의 형성에 기여한다. (James, 1976, p. 21)

최근에는 신약 연구가 라이트(N. T. Wright, 1948~)가 이 관점에 관한 유익한 설명을 내놓았다.

'인식(knowing)' 과정을 설명하는 방법 중 하나로 인식 대상의 실재가 인식아와 다른 것임을 인정하고(실재론), 다른 한편으로 이 실재에 접근하는 길이 인식아와 인식 대상 간의 적절한 대화(비판적)라는 나선형 통로뿐임을 온전히 받아들인다. (Wright, 1992, p. 35)

이러한 견해는 관찰자로부터 독립적인 세계가 존재한다는 관념과 배치되지 않는다. 인식아가 인식 과정에 개입한다는 점, 그런 개입이 실재론적 세계관에 어떤 식으로든 표현되어야 한다는 점을 인정하는 것이다.

그렇다면 실재론의 대안은 어떤가? 대표적인 대안으로 일컬어지는 관념론과 도구주의에 대해 알아보자.

관념론Idealism

인류의 세계관을 바라보는 또 다른 관점인 관념론에서는 물리적 객체가 세상에 존재함을 인정하지만, 인간은 사물의 본질이 아니라 오로지 자신의 눈에 보이거나 자신이 경험한 대로만 알 수 있다고 주장한다. 가장 잘 알려진 관념론자인 독일의 위대한 철학자 칸트(Immanuel Kant, 1724~1804)는 사물 자체가 아니라 그 모양이나 표현을 다뤄야 한다고 말한다. 이처럼 칸트는 '관찰의 세계(현상)'와 '사물의 본질' 사이에 명확한 선을 그으면서 후자는 결코 직접적으로 알 수 없다고 주장한다. 인간은 질서를 부여하는 인간 정신의 활동을 통해 사물의 형상을 인식할 수 있다는 것이다. 그러나 정신으로부터 독립적인 실재를 인식할 수는 없다.

이러한 관점을 특히 강하게 피력하는 '현상론(phenomenalism)'에서는 정신 외적

(extra-mental) 실재를 직접적으로 알 수 없으며 오로지 그 '모양'이나 '표현'을 통해서만 인식한다고 주장한다.

[그림 10.1] 칸트Immanuel Kant
도블러G. Doebler 그림, 라브J. L. Raab 목판
akg-images

자연과학에서는 이런 관점이 상대적으로 드문 편이지만, 유명한 물리학자 마흐(Ernst Mach, 1838~1916)를 비롯한 여러 중요한 인물들이 이를 옹호했다. 마흐는 감각을 통해 즉시 인식되는 것이 자연과학의 관심사라고 생각했다. 그는 1866년 쓴 글에서 과학은 오로지 겉으로 보이는 '현상의 상호 의존성'을 탐구하는 것이라 했다. 이런 생각 때문에 결국 원자 가설에 대해 극히 부정적인 입장을 취했다. 원자는 지각할 수 없는 순전히 이론적인 개념이라는 것이다. 즉 원자는 '실재'가 아니라 관찰자가 여러 관찰된 현상 간의 관계를 이해하는 데 유익한 '허구'의 관념일 뿐이다.

마흐의 주장에 토대가 된 칸트주의의 틀을 적용하면 현상의 세계에서 '사물의 본질' 세계로 이동하는 것은 불가능하다. 우리는 경험의 세계 너머로 나아갈 수 없다. 그러나 마흐는 어떤 관찰과 다른 관찰을 잇는 다리 역할을 하는 '보조개념(auxiliary concept)'의 사용을 허용했다. 다만 그 개념은 실재가 없으므로 실존하는 실체로 여기지 않음을 전제로 한다. 이는 '오로지 우리의 상상과 이해 속에 존재하는 사고의 산물'이라는 것이다.

마흐의 견해는 상당히 중요하며 '가설적 개체'나 '이론적 용어', '관찰 불가능'과 같은 과학적 표현과 연계하여 자주 논의되었다. 기본적인 쟁점은 무엇인가 존재한다고 주장하려면 먼저 그것을 볼 수 있어야 하는가다. 자연과학의 관심사는 오로지 실험 관찰을 보고하는 것이라고 주장한 마흐는 그런 관찰에서 연상할 수 있는, '관찰되지 않는' 또는 '이론적인' 개체(이를테면 원자)의 독립적 실재를 옹호하는 것은 과학이 할 일이 아니라고 여겼다.

비슷한 견해를 가진 과학철학자로 프라센(Bas van Fraassen)을 들 수 있다. 그는 세상을 말 그대로 충실하게 설명하는 것이 과학의 목적이라고 여기는 실재론자와 그가 명명한 '구성적 경험론자(constructive empiricist)'를 구별했다. 구성적 경험론자는 어떤 이론을 수용한다고 해서 그 이론의 참됨을 적극 옹호하는 것이 아니라 그 이론이 관계된 현상을 적절히 유지하고 있음을 믿는 것이라고 생각한다.

[그림 10.2] 반 프라센Bas von Fraassen

> 경험론자가 되려면 관찰 가능한 실제 현상의 영역 밖에 있는 존재를 믿고, 자연 속에서 어떤 객관적 양상도 인정하지 않아야 한다. 경험론적 과학관에서 바라본 과학은 경험적 세계, 관찰 가능한 실제 세계에 대한 진실만 추구하는 것이다.…… 그러려면 관찰 가능한 실제 세계의 저편에 있는 실재에 관한 진실을 찾으면서 관찰 가능한 자연의 순리 속 질서(regularity)를 설명하라는 요구를 무용지물로 간주하고 단호히 거부해야 한다. (van Fraassen, 1980, pp. 202~203)

'자연의 법칙' 또는 전자와 같은 이론적 개체를 논하는 것은 과학적 담론에 근거하지 않고 불필요한 형이상학적 요소를 도입하는 셈이다.

도구주의Instrumentalism

도구주의에서는 과학적 개념과 이론이 단지 유익한 도구일 뿐이며 그 개념과 이론의 참이나 거짓 여부, 즉 얼마나 정확하게 실재를 묘사하느냐가 아니라 얼마나 효과적으로 현상을 설명하고 예측하느냐에 따라 가치가 평가된다고 주장한다. 이 개념과 이론은 관찰 불가한 실재에 대한 참된 묘사가 아니라 단지 관찰 결과를 체계화하는 데 유익한 방법이다. 과학 이론은 관찰된 데이터 모음으로부터 예측을 이끌어내기 위한 규칙이나 원칙, 계산장치라고 보는 것이 가장 바람직하다.

도구주의 관점은 기체의 운동 모델에 관한 나겔(Ernest Nagel)의 설명에서 분명하게 드러난다. 이 모델은 기체의 분자가 당구공처럼 비탄력적인 구형 물체와 유사하다고 가정한다. 나겔에 따르면 이런 모델은 관찰 결과를 이해하는 데 쓸모 있는 수단일 뿐이다.

> 기체가 빠르게 움직이는 분자들로 구성된 조직이라는 이론은 관찰되었거나 관찰 가능한 것에 대한 설명이 아니다. 그보다 어떤 목적을 위해 관찰 가능한 기체의 압력과 온도 등을 상징적으로 표현하는 법에 관한 규칙에 가깝다. 이를테면 기체에 대한 경험적 데이터가 수집되어 그것에 대한 표현과 통합되었을 때 기체의 온도를 일정량 높이는 데 필요한 열량을 계산할 수 있는, 즉 구체적인 기체의 열량을 계산할 수 있는 방법을 알려준다. (Nagel, 1979, p. 129)

과학적 개념은 분명히 자연세계 관찰에 토대를 두지만 그런 관찰과 동일시하거나 환원할 수는 없다. 영국 철학자 툴민(Stephen Toulmin, 1922~2009)도 이와 비슷한 견해를 밝혔다. 그에 따르면 과학자들은 전자와 같은 개체의 '존재'나 '실재'를 언급하지 말고 그런 표현이 실존하는 개체를 가리키는 데 쓰이지 않음을 인정해야 한다는 것이다. 이는 심층 연구 활성화라는 목적 아래 관찰 결과를 체계화하는 방법일 뿐이다.

그러나 역사를 살펴보면 시간이 흐르면서 도구주의적 과학관이 결국 실재론적 관점으로 바뀌는 경우를 흔히 볼 수 있다. 코페르니쿠스(후대에 와서는 케플러)의 태양계 이론이 한 예다. 처음에는 많은 과학자들과 비과학자들이 코페르니쿠스의 태양중심 체계론을 일종의 계산장치처럼 간주했다. 그 이론을 실제로 확인하는 데 너무 많은 장애물이 있다고 생각했기 때문이다. 독일 신학자 오지안더(Andreas Osiander, 1498~1552)는 코페르니쿠스의 〈천체의 회전에 관하여On the Revolution of the Heavenly Bodies, 1543〉에 붙인 유명한 서문에서 이 이론은 천문학적 계산에 도움이 되는 효과적인 가설이지만 꼭 실재와 일치하는 것은 아니라고 말했다.

천문학자의 의무는 신중하고 능숙한 관찰을 통해 천체 운동의 역사를 정립한 다음 그런 운동의 원인이나 그에 대한 가설을 연구하고 구상하는 것이다. 진정한 원인에 도달할 방법이 전혀 없기에 이러한 가설은 기하학적 원리를 토대로 미래와 과거의 운동을 정확하게 계산할 수 있게 해준다. 이 책의 저자는 이러한 의무를 훌륭하게 수행했다. 이 가설이 참이거나 개연성을 가질 필요도 없다. 관찰 결과에 부합하는 계산법을 제공하면 그것으로 충분하다.

그러나 태양계에 대한 태양중심 이론을 입증하는 관찰적 증거가 늘어나면서 도구주의적 관점은 실재론적 관점으로 교묘하게 바뀌었다. 갈릴레이와 뉴턴에 의해 물리학이 발전하고 망원경의 발명으로 새로운 관측 데이터를 얻어내면서 태양중심 체계론은 도구주의적 관점이 아니라 실재론적 관점에서 해석하기 시작한 것이다. 그저 태양계 연구에 편리한 방법이나 유익한 수학적 계산을 가능하게 하는 규칙에 그치지 않았고 실재하는 것이었다. 태양계는 실제로 태양이 중심에 있었다.

신학과 실재론

이와 같은 논쟁은 신학과 어떤 관련이 있는가? 사실 과학철학 관점들과 비슷한 견해를 신학에서도 만날 수 있다. 비실재론의 대표주자인 급진적 성공회 종교철학자 큐핏(Don Cupitt, 1934~)은 자신의 웹사이트(www.doncupitt.com/realism/aboutnonrealism.html)에서 "객관적이고 영원한 진실이라는 개념을 버리는 대신 모든 진실을 인간이 즉흥적으로 만든 것으로 간주해야 한다."고 주장한다. 인간은 실재에 응답하는 것이 아니라 실재로 간주하고 싶은 것을 만들어내는 것이며, 실재는 우리가 응답하는 대상이 아니라 우리가 만든다는 것이다. "우리가 모든 세계관을 형성하고 모든 이론을 만든다.…… 우리가 그들에게 의지하는 것이 아니라 그들이 우리에게 의지한다."(Cupitt, 1985, p. 9)

그러나 전반적으로 자연과학을 연구하는 신학자들은 실재론적 관점이 신학에 미치는 긍정적 효과를 인정하는 편이다. 예를 들어 토런스(Thomas F. Torrance, 1913~2007)는 엄격한 신학적 실재론을 주창하면서 신학은 사물의 실재에 관한 설명을 제공한다고 말한다. "신학과 모든 과학 연구는 지적 대상과 지적 주체 간의 상관성을 다룬다."(Torrance, 1985, p. xii) 바버(Ian Barbour, 1923~2013)와 피콕(Arthur Peacocke, 1924~2006), 폴킹혼 모두 인식 과정에서 인식아의 능동적 역할을 강조한 제임스의 견해에 바탕을 둔 비판적 실재론을 받아들였다. 맥그래스(Alister McGrath, 1953~)는 약간 다른 유형의 비판적 실재론을 발전시켰다. 그는 실재의 층리(stratification)에 주목한 바스카(Roy Bhaskar)의 관점에 동의한다. 모든 지식 분야나 과학은 본디 각자의 본성(kara physin)에 따라 실재를 설명할 의무가 있다.

이러한 논의들을 살펴보면 실재론 자체와 신학적 담론에서 잠재적 가치를 더 탐구할 필요가 있음을 깨닫게 된다. 안타깝게도 여기서 자세히 논할 수는 없다. 이제 과학과 종교의 관계를 평가할 때 자주 논의되는 좀더 신학적인 주제, 바로 '창조'의 개념을 다루도록 하겠다.

추가 참고도서 목록

Alston, William P. "Realism and the Christian Faith." *International Journal for Philosophy of Religion*, 38 (1995): 37-60.

McGrath, Alister E. *A Scientific Theology: 2-Reality*. London: Continuum, 2002.

Polkinghorne, John. *Reason and Reality*. London: SPCK, 1991.

Torrance, Thomas F. *Reality and Evangelical Theology: The Realism of Christian Revelation*, 2nd edn. Downers Grove, IL: InterVarsityPress, 1999.

Wright, Crispin. *Realism, Meaning and Truth*, 2nd edn. Oxford: Blackwell, 1993.

창조 교의와 자연과학

세상이 창조되었다는 개념은 여러 종교, 특히 기독교와 유대교의 기초가 되는 중요한 사상이다. '창조(creation)'와 '창조설(creationism)'을 구분할 필요가 있는데, 이 두 용어는 특히 대중 토론과 미디어 프로그램에서 혼동하여 사용하곤 한다. 창조 신앙은 모든 대표적인 종교에서 만날 수 있다. 기독교의 경우 신이 만물을 창조하고 지속시킨다는 일반적인 믿음이 존재한다. 예를 들어 영국의 학자인 폴킹혼은 2008년 《타임스The Times》 지에 쓴 글에서 창조는 '과학이 탐구하는 우주의 풍요로운 역사와 놀라운 질서의 배후에 신성한 창조주의 정신과 목적이 자리한다.'는 믿음이라고 설명했다. 따라서 이는 연대기적 교의가 아니라 존재론적 교의에 해당한다. 우주의 기원과 발달에 관한 메커니즘과 시간의 틀을 자세히 설명하기보다 만물이 궁극적으로 신에게 의지함을 확언하는 것이다.

어떤 유형의 생물학적 진화도 부정하는 이들을 일컫는, 비난 섞인 의미로 '창조설'이라는 용어가 널리 쓰이면서 이는 정당한 신학적 개념인 창조에도 걸림돌이 되었다. '창조'라는 용어는 다양한 해석이 가능하다. 그중에는 생물학적 진화를 수용하는 해석도 있고 그렇지 않은 해석도 있다. 소위 '창조설' 운동에서는 일반적인 창조 신앙에 구체적인 시간 척도와 과정을 추가하면서 여기에 일차적인 중요성을 부여한다. 반면에 대부분의 기독교에서는 시간 척도와 과정을 만물의 기원이 결국 신에게 있다는 좀더 보편적인 믿음의 부차적인 개념으로 간주한다. 예를 들어 젊은 지구 창조설(Young Earth Creationism)에서는 자연적인 항성과 화학적, 생물학적 진화 과정을 거쳐 신의 창조 활동이 이루어진 것이 아니라 약 6,000년 전 6일간 비자연적인 신성한 사건에 의해 창조가 이루어졌다는 구체적인 믿음이 보편적인 창조 신앙을 보완해야 한다고 주장한다.

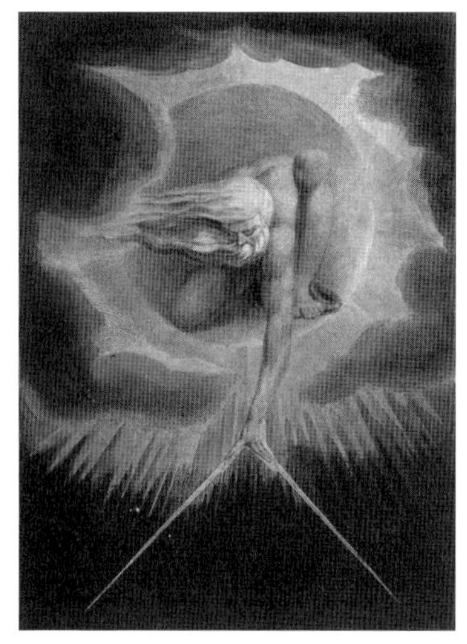

[그림 1.1] 블레이크William Blake, 〈태고의 나날들Ancient of Days〉, akg-images/Erich Lessing

신의 존재를 옹호하는 입장에서 창조 신앙이 갖는 중요성에 대해서는 8장에서 살펴보았다. 창조 개념과 우리가 다루는 주제와의 관련성을 더 자세히 살펴보면 분명 흥미로운 탐구가 될 것이다. 이번 장에서는 창조 개념이 서구문화의 자연과학 발전에 얼마나 큰 영향을 미쳤는지 살펴보자.

세상이 창조되었다는 개념은 가장 보편화된 기본적인 종교사상이며 전 세계의 수많은 종교에서 나타난다. 고대 근동 지방에서는 창조주와 혼돈(chaos)의 힘이 충돌하는 형태의 종교가 등장했다. 창조 교의의 대표적인 유형은 유대교와 기독교, 이슬람교에서 만날 수 있다. 먼저 기독교적 관점에서 이 교의의 기본적인 내용을 짚어본 다음 그것이 과학과 종교에 무엇을 시사하는지 알아보려고 한다.

'창조주로서의 신'이라는 테마는 구약성경에서 큰 의미를 갖는다. 아마도 구약에서 강력하게 전달하는 주제 중 하나가 자연은 신성이 아니라는 개념일 것이다. 창조를 다루는 창세기에서는 신이 달과 해, 별을 만들었음을 강조한다. 그러나 이 대목의 중요성이 쉽게 간과되곤 한다. 고대에 이 천체의 개체들을 신성으로 숭배했는데, 구약에서는 신이 그들을 창조했다고 단언함으로써 그들이 신에게 종속되었고, 근본적으로 어떤 신성도 지니고 있지 않다는 메시지를 전달한다.

구약성경의 창세기 첫 두 장에 실린 창조에 관한 이야기는 자주 주목을 받아왔다. 그러나 창조 개념은 구약에 담긴 지혜와 예언의 글 밑바탕에도 자리하고 있다. 예를 들어 아마도 구약에서 가장 포괄적으로 창조주를 묘사하는 욥기 38장 1절~42장 6절은 세상을 창조하고 지속시키는 신의 역할을 강조한다. '창조주' 개념은 서로 관련이 있지만 명확히 다른 두 맥락에서 등장한다고 볼 수 있다. 첫 번째는 이스라엘의 개인 및 집단 숭배에서 신에 대한 찬양을 반영하며, 두 번째는 세상을 창조한 신이 이스라엘을 속박에서 해방시키고 지금까지도 지속시키고 있음을 강조한다.

특히 우리는 '질서를 부여하는 창조'라는 구약의 테마와 매우 중요한 질서라는 테마가 우주의 토대에 자리잡고 그 토대를 근거로 입증되는 방식에 주목할 필요가 있다. 구약에서는 혼돈의 힘과 겨뤄 승리를 거두는 것으로 창조를 묘사하는 데 관심이 모아졌다. 이처럼 신에 의한 질서 정립은 일반적으로 두 가지 방법으로 표현된다.

1. 창조는 무형의 혼돈에 질서를 부여한다. 이 모델은 특히 도공이 점토를 빚어 명확한 질서를 지닌 구조를 만드는 이미지와 연결된다.(창세기 2:7)

2. 창조는 흔히 용이나 (베헤못, 레비아탄, 나하르, 라합, 타닌, 얌 등 다양한 명칭으로 불리는) 다른 괴물로 묘사된 혼돈의 힘과 충돌하며, 이 혼돈의 힘은 정복할 대상이다.(이사야 27:1 / 51:9~10)

구약에서 혼돈의 힘과 겨루는 신의 이미지는 우가리트 및 가나안의 신화와 비슷한 부분이 있다. 그러나 중요한 대목에서 큰 차이점도 드러나는데, 구약에서는 혼돈의 힘을 신성으로 간주하는 것을 금한다. 창조는 서로 다른 여러 신들이 미래의 우주를 다스리기 위해 서로 겨루는 것이 아니라 하나님이 혼돈을 다스리고 세상에 질서를 부여하는 것으로 이해하고 있다.

신의 창조 활동에 관한 세 가지 관점

그렇다면 창조의 개념을 어떻게 구상화할 수 있는가? 기독교에서 대표적인 세 가지 방식으로 신의 창조 활동을 이해해왔다. 각 방식을 간략하게 정리하고, 우리의 주제와 어떤 관련이 있는지 알아보자.

1. **발산**(Emanation) 이 용어는 초기 기독교 저술가들 사이에서 신과 세상의 관계를 설명하는 데 널리 쓰였다. 이 개념은 철학적 뿌리가 플라톤 철학의 전통에 있어 현대의 독자들이 이해하는 데 어려움이 따른다. 그것을 설명하자면 창조는 태양이나 불과 같은 인위적 기원에서 빛이나 열을 발산하는 것과 유사하다. 니케아 신조의 '빛에서 나오는 빛'이라는 성구에서 암시된 창조의 형상은 신의 창조적 에너지가 넘쳐흐르면서 세상이 창조되는 모습이 연상된다. 빛이 태양에서 나와 태양의 속성을 반영하는 것처럼 창조된 질서는 신에게서 나온 것이므로 신성을 나타낸다. 이 모델에 따르면 신과 창조물은 자연적으로나 기질적으로 연결된다.

그러나 이 모델에는 주목할 만한 약점이 있다. 첫째, 태양에서 빛을 발하거나 불에서 열을 내뿜는 이미지는 의식적 판단에 따른 창조가 아닌 비자발적인 발산을 암시한다. 기독교 전통에서는 먼저 신이 창조의 결정을 내린 다음 창조가 이루어졌음을 일관되게 강조하는데, 발산 모델에서는 이를 제대로 표현할 수 없다. 이는 두 번째 약점인 비인격성과 연결된다. 창조의 행위와 그에게서 탄생한 창조물에 자신의 개성을 드러내는 신이라는 개념을 이 이미지에서는 제대로 전달하지 않는다. 그러나 창조주와 창조물 간의 긴밀한 관계를 명확하게 드러내어 창조주의 개성과 본질을 창조물 가운데서 발견할 수 있다는 기대를 품게 만든다. 즉 신의 아름다움이 창조된 자연 속에 반영될 것이다.

2. **건축**(Construction) 많은 성구에서 신은 신중한 결정 아래 세상을 세운 뛰어난 건축가로 묘사된다.(시편 127:1) 이는 창조에 목적과 계획, 신중한 의도가 있음을 알리는 강력한 형상이다. 특히 창조주와 창조물 모두 주의를 환기한다는 면에서 중요하다. 창조주의 능력을 부각시킬 뿐 아니라 창조물에 나타난 아름다움과 질서도 감상할 수 있게 한다. 그것의 본질적 특성과 창조주의 독창성과 사려 깊음에 대한 증거의 의미를 갖기 때문이다. 그러나 여기에는 창조가 이미 존재하는 재료를 사용해 이루어진 것처럼 보인다는 약점이 있다. 이미 존재하는 무언가에 모양과 형태를 부여하는 것이 창조라면 이것은 무에서부터 창조를 주장하는 교의와 일말의 긴장감을 형성하게 된다. 건축가적인 신의 형상은 이미 수중에 있는 재료를 짜맞춰 세상을 만들었다는 것을 암시하는 듯하며, 여기에는 분명 결함이 있다. 그러나 이런 사소한 문제가 있는데도 이 모델은 마치 예술가의 개성이 예술작품에 전해지거나 서려 있듯이 창조주의 개성이 어떤 식으로든 자연세계에 표현되었다는 통찰을 보여준다. 특히 질서화, 즉 문제의 재료

에 일관성과 짜임새를 부여했다는 개념을 확고히 뒷받침한다. 기독교의 맥락에서 복잡한 창조 관념이 다른 어떤 의미를 내포하든 이 모델은 질서화라는 기본 주제, 구약의 창조 이야기에서 특히 중요한 부분을 차지하는 개념을 분명하게 포함한다.

3. **예술적 표현**(Artistic expression) 교회 역사의 여러 시대에 걸쳐 많은 기독교 저술가들은 창조를 '신의 수공품'으로 묘사하면서 그 자체로도 아름다울 뿐 아니라 창작자의 개성까지 드러내는 예술작품과 비교했다. 창조주인 신의 '예술적 표현'으로 창조를 보는 이 모델은 18세기 북미의 신학자였던 에드워즈(Jonathan Edwards)의 글에 특히 잘 드러나 있다. 이러한 이미지는 앞의 두 모델의 약점으로 비친 비개성적인 면을 보완한다는 점에서 유익하다. 예술가인 신이 아름다운 것을 창조하면서 자신의 개성을 표현한다는 의미를 전달하기 때문이다. 그러나 약점이 될 만한 구석도 있다. 이를테면 이미 존재하는 돌덩이로 석상을 만드는 조각가처럼 이미 존재하는 재료를 사용하는 창조의 개념으로 흐르기 쉽다. 그러나 소설을 쓰는 작가나 선율과 화음을 창조하는 작곡가처럼 무로부터 유를 만드는 창조에 대해 생각할 여지도 있다. 또한 이 모델은 창조물에서 신의 자아표현을 찾을 수 있다는 기대를 품게 하며, 자연신학에 신학적 신빙성을 더하는 역할을 한다.

창조를 바라보는 관점들의 영향을 종합적으로 정리한 스코틀랜드 신학자 토런스는 신이 세상을 창조했다는 교의가 "경험적이고 우발적인 세상의 실재를 확립했고, 오로지 우발성을 초월해야 실재에 도달할 수 있다는 헬레니즘 및 동양의 오랜 사상을 타파했다."(Torrance, 1985, p. 4)고 말한다. 초기 기독교에서는 자연 질서가 혼돈과 불합리, 또는 근본적인 악(상호 연관된 것으로 간주되곤

하는 세 개념)을 특징으로 하는 데 반대하면서 자연 질서는 신의 창조를 통해 직접 물려받은 선함과 합리성, 질서를 간직하고 있음을 단언했다.

창조와 자연의 법칙

'자연 속 규칙성'이라는 테마는 자연과학의 핵심 주제로 간주된다. 실제로 자연과학은 '세상 속에서 설명 가능한 규칙성'에 대한 인식을 토대로 한다. 달리 말하면 세상과 인간 정신의 속성에는 자연 속 패턴을 식별하게 해주는 뭔가가 있으며, 그 패턴에 대한 설명을 발전시키고 평가할 수 있다. 자연과학과 종교의 대표적인 유사점 중 하나는 세상이 규칙성과 이해 가능성을 특징으로 하는 근본적인 확신이다. 이러한 질서와 이해 가능성에 대한 인식은 과학과 종교 모두에서 큰 의미를 갖는다. 물리학자인 데이비스(Paul Davies)가 말한 대로 "르네상스 시대 유럽에서는 오늘날 우리가 일컫는 과학적 탐구 방법의 역할을 이성적인 신에 대한 믿음이 담당했다. 이성적인 신이 창조한 질서는 자연을 면밀하게 연구함으로써 식별할 수 있었다."(Davies, 1992, p. 77)

이러한 인식은 기독교의 창조 교의에서 출발한 것으로 중세와 르네상스 시대의 극히 종교적인 세계관을 반영한다. 그 시대에는 경제와 정치, 과학 활동에도 기독교 신학의 주제가 스며들어 있었다. 이와 같은 자연과학의 기본 전제, 즉 신이 질서 있는 세상을 창조하고 그 질서는 역시 '신의 형상과 모양대로' 창조된 인류가 식별할 수 있다는 가정은 당시에 쓰인 글들에 내밀하고도 뚜렷하게 드러나 있다.

우리는 앞서 질서라는 주제가 구약성경에서 어떻게 중요한 의미를 갖는지, 그리고 이후의 신학적 고찰에 어떻게 수용되었는지 알아보았다. 기독교 신학과 도덕적 추론의 구심점이 되는 질서 개념에 관한 수준 높은 탐구 중 하나로 꼽히는 오도노반(Oliver O'Donovan)의 《그리스도의 부활과 도덕적 질서Resurrection and

Moral Order》에서는 '창조'와 '질서'라는 두 신학적 관념이 서로 긴밀한 관계에 있다고 주장했다.

'창조'는 우리가 인지하는 세상을 구성하는 원재료뿐 아니라 그 구성에 드러난 질서와 일관성의 측면에서 이해해야 한다. 이 세상이 '창조되었다'고 말하는 것은 곧 질서에 관한 이야기기도 하다. 사도행전의 서두를 보면 창조된 질서의 윤곽을 '하늘과 땅'이라는 표현으로 그려내기에 앞서 '나는 창조주인 하나님이 계심을 믿는다.'고 밝힘으로써 이 세상이 질서를 지닌 완전체임을 말한다. 창조주가 있음으로 말미암아 창조주가 명한 창조가 이루어지고 오로지 그의 창조물로서 존재하는 세상이 있다. 즉 세상의 존재는 신을 가리킨다. (O'Donovan, 1986, pp. 31~32)

오도노반의 분석에서 세 가지 요점을 이끌어낼 수 있다.

1. 창조 관념은 세상 속에 질서와 일관성이 있음을 확언한다.
2. 세상 속 질서나 일관성은 신 자신의 속성을 표현하거나 반영한다고 볼 수 있다.
3. 따라서 창조는 신을 가리킨다. 질서나 일관성을 탐구하면 그와 같은 질서나 일관성을 부여한 존재를 이해하게 되기 때문이다.

오도노반은 스코틀랜드 철학자 흄에 의해 대변되는 그런 식별 가능한 '질서'는 사실 객관적 실재가 아니라 인간 정신에 의해 만들어진 것이라는 견해를 부정한다. 흄에 따르면 '질서' 관념은 질서를 좋아하는 인간 정신의 산물이며, 자연 속에 객관적으로 존재하는 것이 아니다. 반면 오도노반은 만들어진 것이 아니라 식별되는 것이라고 주장했다.

우리가 살펴봤듯이 기독교의 창조론은 질서의 개념과 밀접하게 관련돼 있다. 앞서 우리는 세상의 설명 가능한 규칙성 관념에 주목하면서 이를 '질서를 부여하는 창조' 개념과 연결했다. 호킹(Stephen Hawking)을 비롯한 많은 이들이 말한 대로 신의 존재와 세상의 규칙성, 질서는 쉽고도 자연스레 상관성을 갖게 된다. 호킹은 1985년 《아메리칸 사이언티스트American Scientist》에 게재한 편지에서 이렇게 말했다. "물리 법칙을 관장하는 존재가 있다고 말하는 것은 우리의 모든 지식과 완전히 들어맞는다." 저명한 이론화학자 컬슨(Charles A. Coulson)은 자연 속에 질서와 불변성이 있다는 '증명 불가한 가정'을 설명하는 데 종교적 신념의 중요성을 언급한 적이 있다. 이제 우리는 세상 속에서 발견되는 질서를 묘사하고 해석하는 매우 중요한 방법 중 하나인 '자연법칙'의 개념을 살펴보도록 하자.

우주의 질서라는 테마는 뉴턴의 연구에서 중요한 역할을 했는데, 그는 세상의 규칙성과 예측 가능성이 창조 기원에서 직접적으로 비롯된 결과라고 주장했다. 앞서 소개한 대로 포프가 뉴턴에게 바친 유명한 비문은 그런 견해를 잘 보여준다.

> 자연과 자연의 법칙은 밤의 어둠 속에 숨어 있었네.
> 신께서 '뉴턴이 있어라!' 하시니 모두 환히 비추었네.

우주는 무질서하지 않으며 관찰과 설명이 가능한 규칙성을 띠며 움직인다. 이는 뉴턴의 운동 법칙에 부합하는 체제는 미리 결정된 대로 움직이며, 따라서 상당히 정확하게 예측할 수 있다는 보편적인 생각, 흔히 '시계 장치 같은 우주'의 이미지로 대변되는 관점으로 발전했다.

'자연법칙'이라는 표현은 18세기 초부터 체계적으로 사용된 듯하다. 일반적인 관점에서 볼 때 세상은 한 신성한 입법자에 의해 질서를 얻었고, 그 입법자는 바람직한 창조의 방식을 규정했다는 믿음을 반영한다. 이처럼 '자연법칙'은 관찰 가능한 세상의 속성을 설명하는 데 그치지 않고 세상을 움직이게 한 신성한 결정을 반영했다. 이 보편적인 믿음은 서구문화가 광범위하게 탈종교화되면서 과학계 내외에서 쇠퇴하기 시작했다. '자연법칙'이라는 표현은 종교적으로 헤아리기 어려운 의미를 지닌 개념으로 남아 있다.

그렇다면 '자연법칙'이 과연 무엇을 말하는지 궁금해진다. 과학계에서 통용되는 '자연법칙'의 속성과 개념은 데이비스(Paul Davies, 1992, pp. 72~92)가 정리했다. 일반적으로 자연법칙은 다음과 같은 속성을 지닌다.

1. **보편적이다.** 물리 법칙은 모든 장소와 시간에서 유효해야 한다. '우주 어디서나, 우주 역사의 어떤 시대나 틀림없이 적용되어야' 한다.
2. **절대적이다.** 관찰자의 속성, 이를테면 사회적 지위, 성별, 성적 취향 등에 좌우되지 않는다. 어떤 체계는 시간이 흐르면서 그 상태가 바뀌고 일련의 우연적인 동기와 연관될 수 있다. 다양한 시점에서 그 상태 사이의 상관성을 규정하는 법칙은 시간이 흐르더라도 바뀌지 않는다.
3. **영원하다.** 물리적 세상을 나타내는 데 쓰이는 수학적 구조에 바탕을 두기 때문이다. 우리가 막연하게 일컫는 '수학적 실재(mathematical reality)'와 관찰된 물리적 세상과의 놀라운 상관성은 큰 의미를 갖는다. 지금까지 알려진 근본적인 법칙은 모두 수학적 형태를 지닌다.
4. **전능하다.** 무엇도 그 범위에서 벗어날 수 없다.

이러한 속성은 기독교와 같은 유신론 종교에서 믿어온 신의 특징과도 매우 흡사하다.

'자연법칙'이 자연에 부여된 것이라는 흄의 견해는 일반적으로 과학계에서 수용 불가한 주장이다. 이 관점에 따르면 규칙성은 실재 세계의 특징이 아니라 질서를 부여하는 인간 정신의 산물이다. 과학계에서는 통계적 규칙성을 비롯한 규칙성이 세상에 내재된 특성이며, 부여되는 것이 아니라 인류의 탐구에 의해 밝혀지는 것이라고 생각한다. 자연과학자들로부터 고른 지지를 받은 데이비스는 이렇게 말한다. "자연법칙이 인간 정신의 형상화와 비슷하다는 것은 터무니없는 주장이다. 자연 속에 규칙성이 존재하는 것은 객관적인 수학적 사실이다.…… 과학자로서 우리는 자연에 실재하는 규칙성과 연계성을 밝히는 것이지, 이를 자연에 기록하는 것이 아니다."(Davies, 1992, p. 81)

이 담론에 대한 기독교적 접근법에서는 세상의 질서가 인간 정신에서 그 질서를 인식하는지 여부와 상관없이 세상 속에 존재하며, 이러한 질서는 창조 교의와 관련된 것으로 볼 수 있다는 견해에 초점을 둔다. 많은 자연과학자들이 17~18세기에 '자연법칙'을 바라보는 관점을 제공했던 신학적 틀을 벗어던졌지만, 자신의 연구가 갖는 종교적 측면을 인지한 자연과학자들이 그런 인식을 새롭게 재정립하지 못할 이유는 없다.

그러나 창조 교의는 과학과 종교의 대화에 또 다른 중요한 물음을 던진다. 이 장에서 이미 언급한 대로 창조 관념은 신이 만물을 만들었다는 보편적인 믿음뿐 아니라 신이 세상을 다스리고 있다는 인식을 나타낸다. 그렇다면 신이 세상에 어떻게 관여하는가라는 물음이 자연스레 생겨난다. 다음 장에서는 자연 속에서의 신의 행위를 탐구하는 여러 관점을 살펴보자.

추가 참고도서 목록

Fretheim, Terence E. *God and World in the Old Testament: A Relational Theology of Creation*. Nashville, TN: Abingdon Press, 2005.

Gunton, Colin E. *The Triune Creator: A Historical and Systematic Study*. Edinburgh: Edinburgh University Press, 1998.

McGrath, Alister E. *The Open Secret: A New Vision for Natural Theology*. Oxford: Blackwell, 2008.

Polkinghorne, John. *Science and Creation: The Search for Understanding*. London: SPCK, 1988.

Poole, Michael. "Creationism, Intelligent Design, and Science Education." *School Science Review*, 90 (2008), 123-129.

Ward, Keith. *Religion and Creation*. Oxford: Oxford University Press, 1996.

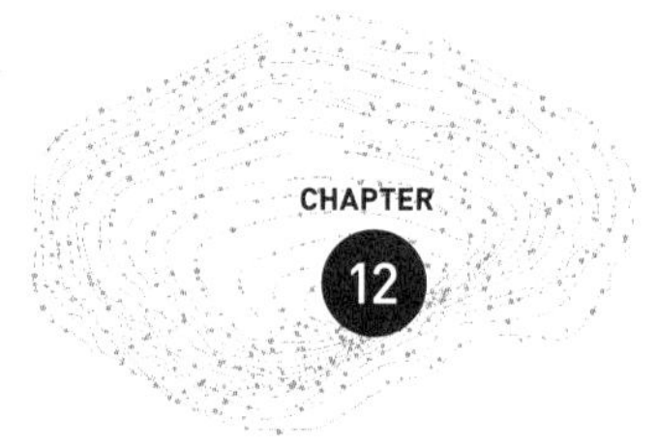

신은 세상 속에서 어떻게 행동하는가?

과학사상과 종교사상의 접점 중 하나는 신이 세상 속에서 어떻게 행동하는가에 관한 인식이다. 신은 자연법칙의 테두리 안에서 움직이는가? 또는 뭔가 특별한 목적을 이루고자 자연법칙을 어기거나 초월할 수 있는가? 이 장에서는 지난 몇 백 년간 큰 영향력을 발휘해온 중요한 물음에 대한 탐구를 크게 세 가지 입장으로 나누어 살펴보려 한다. 더불어 최근에 등장하여 잠재적 가치를 인정받은 새로운 견해도 소개한다.

이신론: 신은 자연법칙을 통해 행동한다

4장에서 알아본 것처럼 뉴턴의 이론에서 강조한 우주의 기계적 규칙성은 소위 '이신론' 운동의 등장과 밀접한 관련이 있다. 이신론을 간단명료하게 정리하면 신은 합리적이고 체계적으로 세상을 창조했고, 창조된 세상은 신의 합리적 본성을 물려받았다. 그리고 자신이 계속 머무르거나 개입하지 않더라도 세상이 스스로 발전하고 작동할 수 있는 능력을 부여했다. 18세기에 특히 큰 힘을 발휘한 이신론에서는 세상을 하나의 시계처럼, 신을 시계공처럼 생각했다. 신은 앞으로 자신이 지속적으로 관여하지 않더라도 세상이 제 기능을 할 수 있도록 일종의 자립형 설계로 세상을 창조했다. 페일리(William Paley)가 창조주의 존재를 옹호하면서 그 유명한 시계와 시계공의 이미지를 사용한 것도 놀라운 일이 아니다.

그렇다면 이신론은 신이 세상 속에서 어떻게 행동한다고 보는가? 가장 간단하게 답하면 신은 세상 속에서 행동하지 않는다. 마치 시계공처럼 신은 '자연법칙'에 드러나는 우주에 규칙성을 부여하고 작동 메커니즘을 구현했다. 우주라는 시스템이 작동하도록 동력을 제공하고 그 동력을 제어할 법칙을 마련해 신이 더는 할 일이 없다. 세상은 하나의 커다란 시계처럼 완전한 자율성과 자립성을 갖추었다. 신의 어떤 조치도 필요하지 않다.

그렇다면 뉴턴주의 세계관에서는 신을 완전히 배제할 수 있는가 하는 물음이 생긴다. 신이 더는 할 일이 없다면 과연 신적 존재가 필요한가? 세상 속에 자립의 법칙이 있다면 전통적인 개념인 '섭리', 즉 세상이 존재하는 모든 범위에서 머무르고 행동하는 신의 보살핌과 다스림은 필요하지 않다.

이처럼 뉴턴주의 세계관은 신이 분명 세상을 창조했으나 더는 신의 개입이 필요하지 않다는 견해를 발전시켰다. 운동량 보존의 법칙과 같은 것이 발견되면서 신은 피조물이 계속 존재하는 데 필요한 모든 메커니즘을 부여한 것처럼 보였다. 천문학자 라플라스(Pierre-Simon Laplace, 1749~1827)는 신에 의해 행성의 운동이 지속된다는 주장에 관한 유명한 논평에서 "나에게는 그런 가설이 필요하지 않다."고 밝혔다.

아퀴나스와 그의 영향을 받은 현대 사상가들은 더 능동적인 관점에서 접근하면서 제2원인의 개념을 주로 이용했다.

아퀴나스: 신은 제2원인을 통해 행동한다

세상에 대한 신의 행동을 탐구하는 또 다른 관점은 중세의 대표적인 신학자 아퀴나스(Thomas Aquinas, 1225~1274)에서 출발한다. 아퀴나스 사상의 핵심은 제1원인과 제2원인을 구별하는 데 있다. 아퀴나스에 따르면 신은 세상 속에서 직접 행동하는 것이 아니라 제2원인을 통해 행동한다.

이 개념은 아날로지를 통해 가장 효과적으로 설명할 수 있다. 출중한 재능을 지닌 피아니스트가 있다고 하자. 그녀는 아름다운 피아노 연주를 들려줄 수 있다. 그러나 그 연주는 그녀에게 제공된 피아노의 품질에 좌우된다. 그녀가 아무리 뛰어난 연주자라 해도 제대로 조율되지 않은 피아노로는 형편없는 연주를 할 것이다. 여기서 피아니스트는 이를테면 쇼팽 녹턴 연주의 제1원인이고, 피아노가 제2원인이다. 둘 다 필요한 요소며, 그 둘은 서로 다른 역할을 한다. 제1원인이 소기의 효과를 얻을 수 있느냐는 역시 제2원인에 좌우된다.

아퀴나스는 세상 속 악의 존재와 관련된 문제를 다룰 때 이 제2원인을 적용한다. 고통과 고뇌는 신의 직접적인 행동이 아니라 매개체인 제2원인이 지닌 약점과 과실에서 비롯된다. 즉 신은 제1원인으로, 세상에 일어나는 온갖 작용을 제2원인으로 간주했다.

아퀴나스가 그의 사상 중 많은 부분에서 참조했던 아리스토텔레스는 제2원인이 스스로 작용할 수 있다고 생각했다. 자연의 사물은 본질적으로 제2원인의 역할을 맡을 수 있다. 이는 기독교와 이슬람교를 통틀어 중세시대의 신학자들이 받아들일 수 없는 주장이었다. 이슬람의 저명한 학자 알가잘리(al-Ghazali, 1058~1111)는 자연이 전적으로 신에게 종속되어 있으며, 따라서 제2원인이 어떤 독립성을 갖는다는 것은 옳지 않은 주장이라고 말했다. 신은 사물의 직접적인 원인이다. 번개 맞은 나무에 불이 붙었다면 그 불은 번개가 아니라 신이 일으킨 것이다. 이처럼 신은 유일하게 다른 원인을 일으킬 수 있는 제1원인이다. 과학사가들이 보기에 흔히 '기회 원인론'이라고 하는 신적 인과론은 자연과학의 발전에 도움이 되지 않는다. 자연 속에서 일어나는 일의 규칙성과 외견상의 '법칙성'을 평가절하하기 때문이다.

아퀴나스에 따르면 신은 부동의 원동자, 즉 모든 행동의 제1원인이며 이 원인이 없으면 아무것도 일어날 수 없다. 이처럼 제2원인에 대한 유신론적 해석에서는 신이 세상 속에서 하는 일을 다음과 같이 설명한다. 신은 세상 속에서 제2원인을 통해 간접적으로 행한다. 우리는 위대한 인과관계의 사슬을 찾아낼 수 있으며, 이 사슬은 결국 세상만사의 시작이자 제1운동자인 신으로 거슬러 올라간다. 그러나 신은 세상에서 직접 행동하는 것이 아니라 자신이 시작하고 인도하는 사건의 사슬을 통해 행동한다.

아퀴나스의 견해는 신이 일련의 과정을 시작하고 그 과정은 신의 인도 아래 발전한다는 생각으로 이어진다. 신은 자연 질서의 범위에서 제2원인에게 신권을 위임한 것이다. 이를테면 신은 인간의 내면 의지를 움직여 병자가 도움을 받게 할 수도 있다. 여기서 신이 의도한 행동은 신에 의해 간접적으로 행해진 것이다. 그러나 아퀴나스의 주장대로라면 이 행위는 신이 의미 있는 방법으로 '일으킨' 것이라 할 수 있다.

[그림 12.1] 아퀴나스Thomas Aquinas
요스 반 헨트Justus van Gent 그림, 1476년경
파리 루브르 박물관, akg-images/Erich Lessing

이 접근법은 상당히 효과적이었으며, '빅뱅' 및 생물학적 진화 과정에 신이 개입했음을 확신하려는 이들이 받아들였고 다듬었다.

영국의 종교사상가 패러(Austin Farrer,

1904~1968)의 생각도 이와 관련이 있다. 흔히 '이중 작용(double agency)'이라는 용어로 대변되는 패러의 이론에 따르면 세상만사에는 하나 이상의 세상 속 동인이나 사물이 담당하는 원인(제2원인)의 역할, 그리고 그 사건의 제1원인이 되는 신의 명확한 역할이 존재한다. 따라서 피조물인 원인과 결과 간에 체계적 결합이 일어나며, 그런 원인과 결과 모두 궁극적으로 신의 작용에 의존한다. 여기서 효능이 서로 다른 두 가지 질서를 구별할 수 있다. 피조물인 원인과 결과 간의 '수평적' 질서와 신이 수평적 질서를 세우고 유지하는 데 적용하는 '수직적' 질서다.

한편 이와 연관성을 가지면서 중요한 대목에서 현격한 차이를 드러내는 접근법을 '과정철학' 운동에서 만날 수 있다.

과정신학: 신은 설득을 통해 행한다

일반적으로 과정철학의 기원은 영국계 미국인 철학자 화이트헤드(Alfred North Whitehead, 1861~1947)의 저술, 특히 그의 대표작인 《과정과 실재Process and Reality, 1929》에 있다고 본다. '실체'와 '본질'이 같은 개념으로 표현되는 전통 형이상학의 정적 세계관에 맞선 화이트헤드는 실재를 하나의 과정으로 이해했다. 하나의 완전한 유기체인 세상은 정적이 아니라 동적이다. 즉 일어나는 것이다. 실재는 '실제 존재(actual entity)'나 '실제 경우(actual occasion)'로 구성되며 생성과 변화, 사건을 특징으로 한다.

화이트헤드가 사용했던 용어를 빌리면 이 모든 '존재'나 '경우'는 어느 정도 자유롭게 발전하고 주변에서 영향을 받을 수 있다. 바로 여기서 생물학적 진화론이 영향을 미친 것 같다. 샤르댕(Pierre Teilhard de Chardin, 1881~1955)처럼 화이트헤드는 창조의 범위 내에서 총괄적인 지휘와 인도 아래 발전하는 것이 가능하다고 생각한다. 이러한 발전 과정의 배경에는 영구적인 질서가 자리잡고 있는데, 이는 성장에 필수적인 구성 원칙이다. 화이트헤드에 따르면 신은 과정 속에 존재하는 질서의 배경이라 할 수 있다. 화이트헤드는 신을 하나의 '존재'로 간주하지만, 불멸성으로 다른 존재들과 구별된다고 본다. 다른 존재들은 한시적이지만 신은 영구적이다. 따라서 각 존재는 두 가지 원천, 즉 과거의 존재와 신으로부터 영향을 받는다.

따라서 어떤 존재는 인과관계가 아니라 영향과 설득을 통해 특정한 행동을 한다. 각 존재는 서로 '양극성(dipolar)', 즉 정신 및 물리적 영향을 주고받는다. 신도 마찬가지다. 과정의 범위 내에서 설득의 방법으로만 행동한다. 신은 과정의 '규칙을 따른다.' 신이 다른 존재들에게 영향을 주는 것처럼 신 역시 그들로부터 영향을 받는다. 화이트헤드가 《과정과 실재》 중 '신과 세계'에 관한 글에 쓴 유명한 표현을 빌리면 '이해하는 동료 수난자'라 할 수 있다. 신은 세상으로부터 영향을 받는다. 이러한 화이트헤드의 사상은 과학과 종교의 관계라는 맥락에서 바버(Ian R. Barbour)를 비롯한 많은 학자들에 의해 더욱 발전했다.

이처럼 과정철학에서는 신의 전능함을 전체 세상–과정의 범위 내에서 설득하거나 영향을 주는 것으로 새롭게 정의한다. 이와 같은 견해는 악이라는 문제와 관련하여 신과 세상의 관계를 효과적으로 설명한다. 자유의지에 기초하여 도덕악을 설명하는 전통적인 입장에서는 인류가 자유롭게 신을 거역하거나 무시할 수 있다고 주장하는 데 비해 과정신학에서는 이 세상을 구성하는 각 요소가 자신에게 영향을 주거나 자신을 설득하려는 신의 시도를 외면할 자유를 누린다고 말한다. 반드시 신에게 응답해야 하는 것은 아니라는 것이다. 따라서 신은 도덕악과 자연악에 대한 책임으로부터 벗어난다.

자유의지에 기초해 신을 옹호하는 입장은 도덕악, 인간의 판단과 행동에서 비롯된 악과 관련해서 설득력을 갖는다. 비록 설득의 범위에 대해서는 논쟁이 있지만 말이다. 그러나 자연악의 경우는 어떤가? 지진과 기아를 비롯한 여러 가지 자연재해는? 과정철학에 따르면 신은 자연에게 자신의 의지나 목적을 따르도록 강제할 수 없다. 그저 내부로부터 설득과 흡인의 방법으로 과정에 영향을 주려고 시도할 뿐이다. 각 존재는 어느 정도의 자유와 창의성을 누리며 신은 이를 침해할 수 없다.

[그림 12.2] 화이트헤드Alfred North Whitehead Topfoto

신이 설득의 방법으로 행동한다는 관점은 특히 악에 관한 물음에 답을 제시한다는 장점을 갖는다. 신이 통제하는 것이 아니므로 세상사의 결과에 대해 신을 탓할 수 없다. 그러나 과정철학 비판자들은 그 대신 너무 많은 것을 내주었다고 지적했다. 신의 초월성에 관한 전통 관념을 포기했거나 과정 속에 존재하는 신의 수위성(primacy)과 영속성의 관점에서 이를 재해석했다는 것이다. 결국 신의 초월성은 신이 다른 존재보다 오래 살고 더 나은 존재라는 것에 불과하다.

화이트헤드의 기본적인 사상은 하트숀(Charles Hartshorne, 1897~2000)과 오그던(Schubert Ogden, 1928~), 콥(John B. Cobb, 1925~)을 비롯한 많은 학자들에 의해 한층 더 발전했다. 하트숀은 신에 관한 화이트헤드의 생각을 다양한 방향으로 수정했는데, 특히 과정철학에서는 신을 어떤 존재라기보다 인격체로 봐야 한다고 주장했다. 이러한 견해로 그는 과정철학을 겨냥한 가장 격렬한 비판에 부딪히기도 했다. 신의 완전성 관념을 위태롭게 한다는 것이다. 신이 완전하다면 어떻게 변할 수 있는가? 변화란 불완전함을 인정하는 것이 아닌가? 하트숀은 완전성의 개념을 변화에 대한 수용성의 관점에서 재정의하고, 이는 신의 우월성에 배치되지 않는다고 했다. 신이 다른 존재로부터 영향을 받을 수 있다 하여 그 존재와 같은 수준으로 격하되는 것은 아니다. 신은 다른 존재들로부터 영향을 받지만 그들을 초월한다.

과정철학의 대표적인 초기 저술 중 하나인 하트숀의 《신론Man's Vision of God, 1941》에서는 신에 대한 '고전파'와 '신고전파'의 입장을 자세히 비교해놓았다. 고전파는 아퀴나스의 글에 드러난 신의 본질과 속성에 관한 견해를, 신고전파는 하트숀이 발전시킨 사상을 가리킨다. 하트숀이 과정철학의 형성에 중요한 역할을 했던 만큼 그가 정의한 신의 속성을 표 형식으로 정리해 그가 비판했던 고전파의 입장과 비교해보면 유익할 것이다.[표 12.1]

[표 12.1] 신에 대한 고전주의적 견해와 신고전주의적 견해

고전파(아퀴나스)	신고전파(하트숀)
창조는 자유로운 의지에 따라 무로부터 행해진다. 신을 제외하고 그 무엇도 필연적으로 존재할 이유는 없다. 신의 창조 결정에 따라 창조가 이루어진다.	신과 창조물 모두 필연적으로 존재한다. 이 세상은 신의 어떤 행동에 따라 존재하는 것이 아니다. 다만 그 존재의 본질을 이루는 미세 요소는 우연성을 띤다.
신은 자신의 의지에 따라 무엇이든 할 수 있는 힘을 지녔다. 단, 논리적으로 모순되지 않아야 한다. 이를테면 네모난 삼각형을 만들 수는 없다.	신은 세상 속에 존재하는 여러 동인 중 하나이며 여느 동인만큼 힘을 지녔다. 이 힘은 절대적이지 않으며 제한적이다.
신은 무형이다. 따라서 창조된 질서와 확연히 구별된다.	세상은 신이 구체화한 것으로 볼 수 있다.
신은 시간을 초월하며 시간의 질서에 구속되지 않는다. 따라서 신이 변화한다거나 세상사 또는 세상 경험으로부터 영향을 받는 것은 터무니없는 생각이다.	신은 시간의 질서와 관련된다. 끊임없이 이러한 관련을 통해 더 풍요롭고 복합적인 경험에 도달한다.
신은 절대적 완전 상태에 있으므로 더 완전한 상태에 있다고 말할 수 없다.	임의의 시점에서 신은 세상의 다른 어떤 동인보다 더 완전하다. 신은 세상과의 관계를 통해 향후 발전 단계에서 한층 더 높은 완전성에 도달할 수 있다.

하트숀이 2차 대전 이후에 본격적으로 등장한 완성된 과정철학 용어를 사용하지 않았지만, 그는 이 초기 저술에서 기본적인 개념을 확립했다고 할 수 있다.

분명히 과정철학에서는 '세상 속에서 일어나는 신의 행동'을 '과정의 범위에 속한 영향력 행사'로 볼 수 있는 틀을 제공하면서 이 주제를 무리 없이 설명한다. 그러나 이 접근법은 전통적 유신론자들에게 근심거리가 된다. 그들은 과정신학에서 제시하는 신의 개념에 대해 비판적이다. 전통적 유신론자가 보기에 과정철학에서 말하는 신은 구약이나 신약에서 묘사하는 신의 모습과 별로 닮지 않았다.

다른 견해들: 불확정성, 하향 인과성, 정보

지금까지 살펴본 세 가지 이론은 신의 작용에 관한 신학 및 철학적 담론에서 자주 접한다. 그러나 최근 이들을 보완하는 다른 접근법들이 등장했다. 새로운 시각들이 아직 폭넓은 공감대를 얻진 못했으나 상당히 흥미롭고 중요한 내용이라 잠시 살펴보도록 하자.

그중 하나는 코펜하겐 양자역학 모델에서 출발한 것으로 불확정성의 개념이 세상 속 신의 행동을 탐구할 수 있는 방법을 제시한다는 주장이다. 무작위로 일어난 듯 보이는 사건들이 사실은 신의 작용에서 비롯된 것이다. 이 견해는 분명한 장점을 지녔다. 대부분의 철학자들은 인간이든 신이든 어떤 동인에게 진정한 자유가 있음을 믿으려면 미리 결정되지 않은 열린 미래가 필요하다고 생각한다. 코펜하겐 양자역학 이론에서는 불확정성과 같은 관념을 수용하므로 자연의 존재, 특히 생물체의 자율성을 인식하거나 간섭하지 않으면서 신의 작용이 이루어질 수 있음을 암시한다. 신은 '불확정성의 결정자'다.

그러나 매력적으로 보이는 이 이론에는 문제가 있다. 물론 비결정론적인 코펜하겐 양자이론 해석이 주를 이루지만, 봄(David Bohm, 1917~1992)과 같이 결정론적 시각을 가진 이들도 있다. 그런 경우 불확정적 양자결합과 같이 신의 작용 개념을 보호할 장치를 제공하지 않는다. 게다가 양자변동이 세상 속 신의 '행동'을 의미 있게 설명할 만한 누적된 힘을 가졌다는 징후도 없다.

한편 '하향 인과성' 관념에 주목한 이들도 있다. 이 관념은 다소 모호하고 불분명하게 설명된다. 요컨대 우리는 자연계 특히 인간의 정신이 여러 인체 구성요소에 대해 작용하는 방식에서 '톱다운', 즉 '하향 인과성'을 확인할 수 있다. 인간의 정신이 신체를 제어하는 방식은 신이 우주를 지배하는 방식과 비슷하다고 할 수 있을까?

이는 꽤 알려 있는 주장이지만 현재로서는 검증하는 데 어려움이 있다. 신의 작용과 인간의 자유의지 간 상호작용을 정신적 인과성으로부터 밝혀낼 수 있다는 주장은 분명 매력적이다. 이를테면 우리의 정신은 뉴런에서 보낸 과정을 시작할 때 뉴런의 특성이나 속성을 어기거나 무시할 수 없다. 분명한 문제점 중 하나는 '정신(mind)' 개념과 사람 두뇌의 관계가 아직 완전히 규명되지 않았다는 것이다. 다른 신체 부위를 제어하는 것이 실은 정신이 아니라 두뇌라는 사실이 밝혀진다면? 그러면 이 접근법의 효용이 크게 떨어질 것이다.

신의 작용에 관한 세 번째 견해는 신을 정보의 원천으로 여기는 것이다. 폴킹혼과 피콕은 신의 행동을 '순수한 정보의 입력'으로 이해해야 한다고 말한 적이 있다. 말하자면 신은 무용수에게 자유로운 동작을 어느 정도 허용하는 안무가거나 오케스트라가 아직 미완성된 교향곡의 변주를 시도하게 해주는 작곡가와 같다. 그렇다면 일견 보존 법칙을 어기지 않고서도 정보를 전송할 수 있는 듯하다. 그러나 어떤 시스템에 정보를 입력하는 것은 에너지나 물질의 재구성을 의미하며, 결국 다른 전통적인 관점과 동일한 난관에 봉착한다는 비판을 받는다.

신의 세상 속 행동을 다룬 이 장에서는 신을 작곡가나 지휘자에 비유하는 다양한 아날로지가 등장했다. 분명 그런 아날로지의 사용에 관심을 더 가질 필요가 있다. 그런 아날로지는 어디서 나오며 어떻게 검증되는가? 다음 장에서는 과학과 종교에서 사용하는 모델을 자세히 살펴볼 것이다.

추가 참고도서 목록

Carroll, William E. "Creation, Evolution, and Thomas Aquinas." *Revue des Questions Scientifiques*, 171 (2000): 319-347.

Clayton, Philip. *Mind and Emergence: From Quantum to Consciousness*. Oxford: Oxford University Press, 2004.

McLain, F. Michael, and W. Mark Richardson(eds). *Human and Divine Agency: Anglican, Catholic, and Lutheran Perspectives*. Lanham, MD: University Press of America, 1999.

Tanner, Kathryn. *God and Creation in Christian Theology: Tyranny or Empowerment?* Qxford: Blackwell, 1988.

Tracy Thomas F. (ed). *The God Who Acts: Philosophical and Theological Explorations*. University Park, PA: Pennsylvania State University Press, 1994.

과학과 종교에서의 모델 사용

과학과 종교의 관계에서 매우 흥미로운 요소 중 하나는 복잡한 실체, 이를테면 원자핵이나 신을 설명하기 위해 '모델', 즉 '아날로지'를 사용하는 것이다. 이 장에서는 과학과 종교에서 '시각적 보조 도구'를 개발하고 전개하는 여러 방법을 살펴보려 한다. 이론물리학자인 폴킹혼은 과학과 종교의 중요한 유사점 중 하나가 당장 시각적 확인이 불가한 실체를 나타낼 필요가 있다는 것이라고 했다.

우리는 습관적으로 직접 관찰할 수 없는 실체에 대해 말하곤 한다. 유전자나 전자를 실제로 본 사람은 없다. 물론 X선 촬영 사진의 적절한 해석으로 크릭과 왓슨이 DNA 나선 구조를 밝혀냈고, 거품 상자 내 비적의 적절한 해석으로 약 4.8×10^{-10}esu의 정전기 및 10^{-27}g의 질량을 가진 음전하의 존재를 알아냈지만 아무도 신을 본 적이 없다. 물론 기독교에서는 '아버지의 품 안에 계신 외아들로서 하나님과 똑같으신 그분이 하나님을 알려주셨다.'(요한복음 1:18)는 놀라운 사실을 전한다. (Polkinghorne, 1991, p. 20)

사실 대부분의 종교에서는 신과 용서, 영생 등 당장 관찰 불가한 실체에 관해 얘기한다. 그처럼 이론적이거나 관찰 불가한 실체를 설명할 방법과 그 실체의 정확한 존재론적 상태에 관한 물음은 과학과 종교 영역 모두에서 매우 흥미롭고 중요한 주제다.

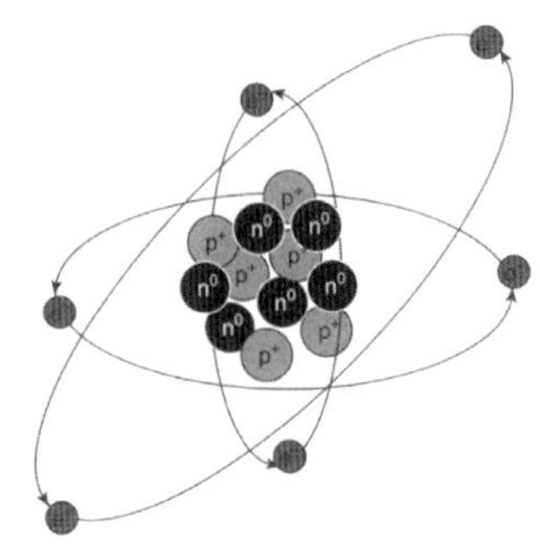

[그림 13.1] 러더퍼드Ernest Rutherford가 1910년 제시한 탄소 원자에 대한 태양계 모델

일반적으로 자연과학에서는 복잡한 계통의 특정 요소를 설명할 목적으로 '모델'을 개발하고 사용한다. 모델이란 복잡한 계통을 단순화하여 나타내는 방법으로 최소한 그 계통의 일부 속성에 대한 이해를 돕는다. 예를 들어 1910년 12월 러더퍼드(Ernest Rutherford)는 태양계에 착안한 단순한 원자 모델을 개발했다. 원자는 하나의 중심체(핵)를 갖는데, 여기에 전체 원자의 질량이 사실상 집중되어 있다. 행성이 궤도를 그리며 태양의 둘레를 도는 것처럼 전자가 이 핵의 주위를 돈다. 행성의 궤도는 태양의 중력에 의해 결정되지만, 전자의 궤도는 음전하의 전자와 양전하의 핵 사이에 일어나는 정전기 인력에 의해 결정된다. 눈으로 보기에 간단하고 이해하기 쉬운 이 모델은 그 시대에 알려진 원자의 성질 중 일부를 설명하는 이론적 틀을 제시했다.

모델은 작성 초기에 반영하지 않았던 더 복잡한 계통 속성을 포함하도록 발전할 수 있다. 과학 모델 발전의 전 범위에서 이와 동일한 패턴을 발견할 수 있는데, 기본적으로 다음과 같은 특징을 지닌 패턴이 나타난다.

1. 어떤 계통의 성질이 확정되고 일부 패턴이 확인된다.
2. 모델이 개발된다. 이 계통의 가장 중요한 속성을 설명하는 데 목적이 있다.
3. 단순화한 모델의 여러 약점이 드러난다.
4. 따라서 약점을 보완하기 위해 모델이 더 복잡해질 수 있다.

자연과학에서 모델을 사용할 때 두 가지 심각한 오류가 일어날 수 있다. 첫째, 모델을 설명 대상인 계통과 동일시하는 오류다. 이는 올바르지 않다. 원자는 태양계의 축소판이 아니다. 러더퍼드 모델은 단지 원자에 대해 그런 식으로 생각해볼 경우 일부 속성을 이해할 수 있음을 드러냈을 뿐이다. 어떤 계통을 마음에 그릴 수 있게 해주는 표현이 제시되면 이는 설명과 해석을 돕는다. 이러한 모델은 모델링 대상인 계통과의 연관성을 인정하고 진지하게 고려하되 문자 그대로 받아들여서는 안 된다.

둘째 오류는 모델의 어떤 속성이 모델링 대상 계통에 반드시 존재한다고 가정하는 것이다. 앞서 강조한 대로 모델은 아날로지와 비슷하다. 모델과 그 대상 계통은 서로 닮은 점이 있지만 그렇지 않은 면도 있다. 특정 영역에서 공통점이 있다 하여 모든 면에서 공통점이 존재하는 것은 아니다. 이러한 오류의 전형적인 예가 19세기 말 물리학계에서 일어났다. 빛이 파로 이루어졌다는 것이 당시의 통념이었는데, 이 이론은 앞서 실시한 일련의 실험, 특히 회절(diffraction) 현상 연구를 통해 확립되었다. 빛은 하나의 파 현상이라 소리 같은 다른 파 현상과 비슷한 성질을 갖는다는 것이 일반적인 생각이었다.

소리의 매우 흥미로운 속성 중 하나는 이동 매체가 필요하다는 것이다. 유리 용기 안에 음원이 들어 있는 상태에서 공기를 빼내면 소리의 강도가 점점 줄어든다. 소리는 뭔가를 거치면서 이동해야 하므로 진공 상태에서는 이동할 수 없다. 빛과 소리의 여러 유사점에 주목했던 많은 물리학자들은 여기서도 상사

관계가 있다고 생각했다. 소리의 이동에 매체가 필요하다면 빛도 그러할 것이다. 그리하여 '발광성 에테르'라는 용어가 이 매체를 가리키는 데 쓰였다. '발광성'은 글자 그대로 '빛을 낸다'는 뜻이다.

1887년 '에테르 이동', 즉 지구에 상대적인 에테르의 움직임을 감지하고자 마이컬슨–몰리 실험(Michelson–Morley experiment)이 계획되었다. '발광성 에테르'가 진짜 존재한다면 그 이동을 감지할 수 있을 것이다. 그러나 모든 시도는 실패로 끝났다. 얼마간의 시간이 흐른 후에야 이 부정적인 실험 결과의 의미를 제대로 파악할 수 있었다. 지구의 움직임과 상관없이 에테르가 온전히 정지된 상태에 있거나 아예 에테르라는 존재가 없었던 것이다. 결국 어떤 실험으로도 '발광성 에테르'의 존재를 입증할 수 없다는 것을 받아들여야 했다. 여기서만큼은 빛과 소리가 근본적으로 달랐다.

과학적 아날로지의 발전을 보여주는 매우 흥미로운 사례 중 하나가 다윈의 '자연선택' 개념이다. 다윈의 글을 읽어보면 그는 분명 목축업자가 더 우수하거나 혁신적인 품종을 생산하는 데 적용하는, 흔히 '인위선택'이라고 일컫는 과정을 자연 속에서도 발견할 수 있다고 생각했다. 다윈은 아날로지를 이용하여 자연에서도 그와 비슷한 과정이 일어난다고 주장했다.

그러나 이 아날로지에는 오해의 소지가 있었다. 자연이 선택 과정에서 능동적인 역할을 수행한다, 즉 자신이 원하는 결과를 의도적으로 선택한다는 식으로 생각한 이들이 많았던 것이다. 다윈 스스로 이러한 혼동에 원인을 제공했는데, 특히 《종의 기원》에서 그는 '자연선택'을 말할 때 고도로 의인화된 표현을 쓰곤 했다. 다윈이 종종 '자연의 선택 능력'이라고 일컬었던 자연선택은 '행위'처럼 묘사되면서 자연 속에서 일어나는 작용이라는 암시를 주었다. "긴 세월 동안 작용하면서 각 생물의 모든 체질과 구조, 습관을 면밀하게 점검하여 불량 요소를 배제해온 이 힘에 어떤 한계가 있을까?"(Darwin, 1859, p. 469) 다윈은 자연적 메커니즘 견해가 그때까지 인류가 고안했던 어떤 이론보다 월등히 우수하다고 주장하면서 '가시적 힘'과 '능력'을 강조했다.

이처럼 아날로지는 정보를 제공하는 것 못지않게 오해를 불러일으킬 수 있다. 다윈이 구사한 표현 때문에 적어도 일부 독자들은 자연이 현명하게 능동적으로 각 진화 발전을 평가하면서 생존할 종을 선택한다는 식으로 진화론을 해석하게 되었다. 이는 과학 모델이나 아날로지에서 흔히 발생하는 문제다.

지금까지 간단하게 살펴본 대로 모델은 자연과학에서 중요한 역할을 한다. 특히 주목할 점은 다음과 같다.

1. 모델은 복잡하고 추상적인 개념을 효과적으로 시각화하는 방법으로 간주된다. 특히 우리가 곧 다룰 양자이론에서도 상당한 효과를 발휘한다.
2. 복잡한 실체와 인간 정신 사이의 '중간물' 역할을 한다.
3. 모델이 반드시 '존재하는' 것일 필요는 없다. 다만 모델링하려는 대상은 실재하고 독립적인 존재여야 한다.
4. 모델과 모델링 대상 사이에 상당한 유사점이 있다는 믿음을 전제로 모델이 선택되거나 작성된다.
5. 따라서 모델은 모델링 대상과 동일하지 않으며 동일시해서도 안 된다.
6. 특히 모델의 모든 속성이 모델링 대상 실체와 부합한다고 가정해서는 안 된다.

그렇다면 종교에서는 어떤가? 일견 과학과 종교 사이에는 큰 유사점이 있는 듯하다. 과학과 종교의 목표는 익숙한 언어와 이미지로 파악하기 어려운 복잡한 실체에 대해 논하는 것이다. 신학이란 '신에 관해 얘기하는 것'이라고 편리하게 정의내릴 수 있다. 그러나 어떻게 인간의 언어나 일상의 사물 이미지로 신을 얘기하거나 설명할 수 있을까? 오스트리아 철학자 비트겐슈타인(Ludwig Wittgenstein)은 이 점을 신랄하게 지적했다. 인간의 언어로 커피 특유의 향을 설명할 수 없다면 신과 같은 난해한 대상을 어떻게 대할 것인가? 이 물음에 대한 답 중 하나는 아날로지와 메타포의 신학적 중요성, 즉 성경에서 '목자'나 '왕'의 이미지로 신을 묘사하듯이 이미지를 바탕으로 신에 대해 생각하고 말하는 방법에 주목하는 것이다. 먼저 신학에서 아날로지와 메타포가 어떻게 쓰이는지 살펴보도록 하자.

그런 물음에 대한 신학적 답변에서 가장 근본이 되는 개념은 '아날로지의 원리'일 것이다. 여기에 큰 영향을 미친 인물이 바로 위대한 스콜라 신학자 아퀴나스다. 아퀴나스에 따르면 신이 세상을 창조했다는 사실이 신과 세상 사이의 근본적인 '존재 아날로지'를 나타낸다. 따라서 창조된 질서에 속하는 것을 신에 대한 아날로지로 사용하는 것은 정당하다. 그렇다고 신의 지위를 피조물의 단계로 낮추는 것은 아니다. 다만 신과 피조물 사이에 유사점이 있으며, 따라서 그 피조물이 신에 대한 푯말 역할을 할 수 있음을 의미한다. 피조물에서 신과 비슷한 점을 찾을 수 있으나 피조물을 신과 동일시해서는 안 된다.

이러한 견해는 20세기에 중요한 전환기를 맞이한다. 영국의 종교철학자 램지(Ian T. Ramsey, 1915~1972)는 종교적인 글에서 모델이나 아날로지를 사용하기 마련이라고 말했다. 그에 따르면 이 모델들은 자립적이지 않으며 상호작용과 검증을 거친다. 성경에서는 신 또는 구원에 대한 하나의 아날로지, 즉 '모델'을 제시하는 것이 아니라 다양한 아날로지를 구사한다고 램지는 말한다. 아날로지나 모델은 우리가 신 또는 구원의 본질에 대해 알고 있는 것의 일부분을 나타낸다. 한편 아날로지는 서로 상호작용하고 수정하며 다른 아날로지의 한계를 알려주기도 한다. 어떤 아날로지나 비유도 모든 것을 아우르지 않는다. 그보다는 여러 아날로지와 비유가 모여 신과 구원에 관한 포괄적이고 일관성 있는 지식 기반을 형성한다.

이미지의 상호작용 사례를 보면 이 점을 더 명확하게 알 수 있다. 왕, 아버지, 목자의 아날로지를 살펴보자. 이 세 아날로지는 각각 권위의 개념을 전달하면서 우리가 신을 이해할 때 바탕에 권위가 자리하고 있음을 나타낸다. 그러나 왕은 종종 독단적으로 행동하며 항상 백성을 위하지는 않는다. 따라서 신을 왕에 비유하는 아날로지는 폭군이라는 잘못된 인상을 심어줄 수 있다. 그러나 성경에서는 자녀에게 쏟는 아버지의 애정(잠언 103:13~18)과 가축의 안위를 보살피는 선한 목자의 헌신(요한복음 10:11)에 비유하면서 그렇지 않다고 알려준다. 신은 사려 깊고 현명한 방식으로 권위를 행사한다.

바버(Ian G. Barbour)는 과학과 종교의 관계에 관한 영향력 있는 연구에서 종교 모델과 과학 이론 모델의 3대 유사점과 차이점을 지목했다. 그가 말한 유사점은 다음과 같다.

1. 과학과 종교의 모델은 원형과의 유사성을 지니고, 새로운 상황을 수용할 수 있도록 확장 가능하며, 개별적인 단일체로서 이해 가능하다.
2. 과학 모델과 종교 모델은 문자 그대로 실재를 묘사한 것이지만, 그저 '유용한 허구'로 간주해서는 안 된다. "우리가 직접적으로 접근할 수 없는 실재의 속성을 뚜렷한 목적 아래 상징적으로 나타낸 것이다." (Barbour, 1974, p. 69)
3. 모델은 유기적 이미지의 기능을 한다. 즉 우리가 개인적 삶과 세상 속에서 발생하는 일들의 패턴을 체계적으로 인식하고 해석할 수 있게 해준다. 과학에서는 관찰 데이터를, 종교에서는 개인과 집단의 경험을 대상으로 한다.

또한 바버는 과학과 종교의 맥락에서 사용하는 모델의 세 가지 차이점도 제시했다. 종교의 속성을 일반화함으로써 자칫 경솔한 결론으로 이어질 수 있으나, 바버의 지적이 적어도 어떤 측면에서 타당성을 갖는 것은 분명하다.

1. 종교 모델은 비인지적 기능을 수행하는데 과학 모델에는 그러한 기능이 없다.
2. 종교 모델은 과학 모델에 비해 개인의 전적인 참여(involvement)를 이끌어낸다.
3. 종교 모델은 그 모델에서 이끌어낸 공식적인 믿음과 교의보다 더 영향력을 발휘하는 듯하나 과학 모델은 이론을 보조하는 역할을 한다.

이 비교에서 특히 유의할 점은 아날로지나 모델이 선택되는 방식이다. 과학에서는 아날로지나 모델을 선택하고 검증할 때 경험적 적합성 여부가 부분적인 기준이 된다. 선택과 검증이라는 두 주제는 자연과학과 종교의 큰 차이점을 드러내는 점에서 특히 중요하다. 과학계 내에서 아날로지를 생성했을 때 그 아날로지가 만족스럽지 않으면 폐기하고 새로운 것으로 대체한다.

수소 원자에 관한 보어(Bohr) 모델(1913)을 예로 들 수 있다. 러더퍼드의 1910년 모델에서 착안한 이 모델은 하나의 전자가 중앙의 핵 주위를 공전하며, 이때 각 운동량은 일정한 한계값을 갖는다. 보어는 이 모델에 기초하여 원자 운동, 특히 원자 스펙트럼에 관한 날로 늘어가는 증거를 설명할 수 있었다. 그러나 이 모델에는 심각한 약점이 있었다. 전자가 원을 그리며 핵 주위를 돈다는 가정이 그러하다. 따라서 누적된 실험 데이터에 의거하여 이 약점을 수정해야 했다.

여기서 구상된 모델은 부분적으로 단순 조화 진동자의 아날로지이자 태양계의 아날로지였는데, 이는 상당한 설득력을 지니고 있었다. 보어는 천재성을 발휘하여 이 모델을 고안했다. 자명한 모델은 아니었지만 아인슈타인과 플랑크가 통계역학에 양자 개념을 적용한 것과 비슷한 일이 역학 분야에서도 일어날 수 있다는 보어의 믿음을 토대로 했다. 이렇게 공식화된 모델이 기지의 사실을 설명하고 새로운 현상을 예측할 수 있는지 검증할 필요가 있었다.

또한 과학 모델은 더 우수한 모델이 등장하면 무용지물이 되기도 한다. 러더퍼드의 수소 원자 모델은 널리 대중화되었으나 분명한 결점 때문에 전문가들 사이에서 비교적 일찍 사라졌다. 과학계에서는 어떤 모델이든 헌신적으로 지지하지 않는다. 원칙적으로 지식의 진보로 인해, 항상 그런 것은 아니지만 과거의 모델이 소멸되기도 한다.

전통 기독교 사상에서는 공식화(formulation)와 검증(validation)이라는 핵심 개념에 해당하는 것이 없다. 전통적으로 기독교 같은 종교에서는 아날로지나 모델이 선택되는 것이 아니라 '주어지는 것'이라고 생각한다. 신학자들의 두 가지 임무는 아날로지의 한계를 정하고 이를 다른 주어진 아날로지와 상관시키는 것이다. 그러나 모든 신학자들이 이 전통적인 견해를 지지하는 것은 아니다. 옛 모델에서 불만족스러운 요소를 배제한 새로운 모델을 자유롭게 개발할 수 있다고 주장하는 이들도 있다. 그러나 토런스(Thomas F. Torrance)의 '신학적 과학(theological science)' 탐구에서 확인할 수 있듯이 전통적 견해는 여전히 영향력을 발휘한다.

정통 기독교 사회에서는 신에 대한 유서 깊은 모델, 이를테면 '목자' 모델을 폐기할 수 없다. 그런 모델은 성경과 신학사상과 예배 의식에 깊이 뿌리내린 상태다. 즉 '근원적 메타포(root metaphors)'로 기독교 전통 신앙에 영구적으로 자리한 핵심 요소다.

11장에서 우리는 과학과 종교 간 대화의 맥락에서 '창조' 개념의 중요성을 살펴보았다. 이제 한 단계 더 나아가 이 대화에서 비롯된 또 다른 신학적 논제에 주목할 차례다. 피조물로부터 창조물을 인식할 수 있을까? 이 물음은 바로 다음 장에서 다룰 자연신학에 관한 담론으로 이어진다.

추가 참고도서 목록

Barbour, Ian G. Myths, *Models and Paradigms: A Comparative Study in Science and Religion*. New York: Harper & Row, 1974.

Hesse, Mary B. *Models and Analogies in Science.* Notre Dame, IN: University of Notre Dame Press, 1960.

Keller, Evelyn Fox. *Making Sense of Life: Explaining Biological Development with Models, Metaphors, and Machines*. Cambridge, MA: Harvard University Press, 2002.

McFague, Sallie. *Metaphorical Theology: Models of God in Religious Language*. Philadelphia: Fortress, 1985.

Ramsey, Ian T. *Models for Divine Activity.* London: SCM Press, 1973.

Young, Robert M. *Darwin's Metaphor: Nature's Place in Victorian Culture*. Cambridge, UK: Cambridge University Press, 1985.

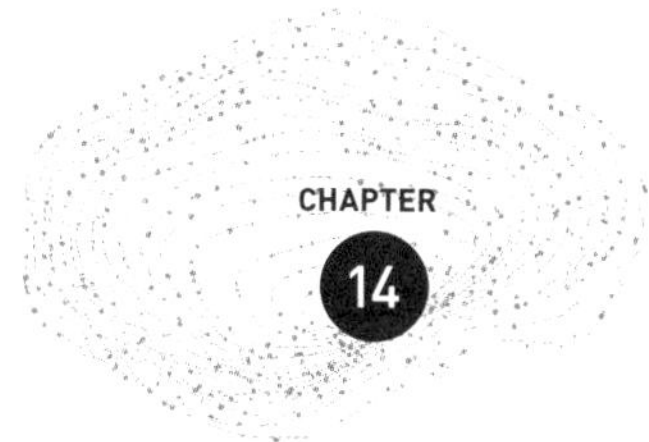

자연과학과 자연신학

자연 속에서 신을 인식할 수 있을까? 자연계를 연구하여 신의 존재를 알 수 있게 된다면 종교와 자연과학의 공통분모는 매우 커질 것이다. 여기서 중요한 주제는 '자연' 자체와 자연이 어떤 식으로든 신의 모습을 본뜬 것이고, 간접적으로나마 신의 속성을 지니고 있다고 생각할지의 여부다. 우리는 이미 11장에서 이 주제를 다루면서 창조 교의에서 신과 자연의 관계를 어떻게 구성하는지 조명했다.

미국 철학자 올스턴(William Alston, 1921~2009)은 그의 역작 《신을 지각하기 Perceiving God》에서 책임 있고 현실적인 자연신학 탐구에 관한 견해를 밝혔다. 그가 정의한 자연신학은 "종교 신앙이 아니고 또한 그런 신앙을 전제로 하지 않는 가정에서 출발하여 신앙을 뒷받침하는 과업"이다.(Alston, 1991b, p. 289) 올스턴은 종교적 가정을 배제하면서 신의 존재를 입증할 증거를 세우는 것이 불가능함을 인정하며, 이는 올바른 자연신학 탐구 방법이 아니라고 말한다.

엄밀히 말해 자연신학은 신의 존재나 세상의 질서 등을 출발점으로 삼는다.

그렇게 출발하여 결국 신으로 여길 만한 존재를 인정하게 됨을 보여준다. 따라서 올스턴이 보기에 자연신학과 신의 존재에 관한 전통적인 주장, 특히 아퀴나스의 견해 사이에는 통하는 점이 많다. 그러나 올스턴의 자연신학 개념은 협소한 증거에 머무르지 않고 인간사의 다른 영역인 과학 분야와 적극적으로 교류할 것을 권장한다. 이처럼 자연신학에서는 '일반적인 세계관으로서 유신론의 참됨을 입증할 형이상학적 증거'(Alston, 1991b, p. 270)를 제시하며 다른 분야와 연결하는 다리를 놓을 수 있게 해준다.

이번 장에서는 소위 '자연신학', 즉 창조 교의를 바탕으로 하면서 자연에 대한 탐구를 통해 신의 속성 중 적어도 일부를 이해할 수 있다는 믿음을 견지해온 신앙을 살펴보고자 한다. '기독교에서는 자연을 통해 신을 인식하는 것이 가능한가? 가능하다면 어느 정도까지 인식할 수 있는가?' 하는 물음에 대해 세 가지 일반적인 관점으로 접근한다. 그것은 각각 이성, 세상의 질서, 자연의 아름다움에 초점을 두고 있다. 이 세 가지 시각을 간단히 살펴보고, 특히 두 번째와 세 번째 견해가 과학과 종교의 관계에서 어떻게 중요한 의미를 갖는지 알아보자.

이성

자연에서 신을 인식하는 보편적인 방법 중 하나는 인간의 이성에 초점을 둔다. 대표적인 예가 아우구스티누스(Augustinus of Hippo, 354~430)의 글, 특히 그의 역작인 《삼위일체론de Trinitate》이다. 아우구스티누스의 논지를 요약하면 다음과 같다. 피조물 가운데 신을 인식할 수 있다면 절정의 피조물에서 신을 만나야 한다. 아우구스티누스는 창세기 1장과 2장에 대해 논하면서 피조물의 최고봉은 바로 인간성이라고 결론지었다. 문화적 환경에 따라 신플라톤 학파의 영향을 받았던 그는 인간성의 절정은 인간의 추론 능력이라고 주장했다. 인간이 추론하는 과정에서 신의 자취, 더 정확히 말하면 삼위일체의 흔적을 발견할 수 있다는 것이다. 아우구스티누스는 이러한 신념을 바탕으로 이른바 '삼위일체의 심리적 아날로지(psychological analogies of the Trinity)'를 제시한다.

아우구스티누스에 따르면 신은 자신의 형상대로 인류를 창조하면서 인간의 추론과 자연의 심층 구조가 서로 통하게 만들었다. 그 결과 인간의 정신은 개념이나 자연에 대해 고찰하면서 피조물 가운데 신을 인식할 수 있도록 '미조정'되었다. 이러한 '미조정' 개념은 창조 교의에서 비롯된 것으로, 신이 자신의 형상대로 인류를 창조했다는 아이디어를 바탕으로 한다. 아우구스티누스는 인간성의 특별한 속성 때문에 인류가 초월적 존재를 탐구한다고 보았다. 그는 이렇게 말한다.

창조주의 이미지는 인류의 이성적이거나 지적인 영혼에서 발견할 수 있다…… 이따금 이성과 지성이 잠들거나 약한 모습, 또는 강한 모습을 보일 수는 있겠지만 인간의 영혼은 이성과 지성에서 벗어날 수 없다. 신의 형상에 따라 이성과 지성을 사용하여 신을 이해하고 바라보도록 창조되었기 때문이다. (de Trinitate XVI. iv. 6)

아우구스티누스의 견해는 중세의 위대한 학자인 아퀴나스를 비롯한 많은 이들을 거치면서 더욱 발전했다. 그러나 인간의 이성에 주목하는 입장이 과학과 종교의 대화와 직접적인 연관성을 갖는지 분명하지 않다. 오히려 자연계와 무관하게 인간의 이성으로 신의 존재 문제를 해결할 수 있음을 암시하므로 자연계로부터 소원해진다고 생각할 수도 있다. 따라서 다음에 소개할 견해에 더 주목할 필요가 있다. 자연계에 대한 고찰을 바탕으로 하기 때문이다.

세상의 질서

이 견해는 자연과학의 연구 결과와 긴밀한 연관성을 갖는다. 13세기에 신의 존재를 옹호한 아퀴나스의 사상은 자연 속에 질서가 있고 이를 설명해야 한다는 인식에서 출발했다. 인간의 정신에서 자연 질서를 식별하고 탐구할 수 있다는 점 또한 중요하다. 인간성에는 세상에 관해 묻게 만드는 무언가가 있는 듯하다. 그리고 세상에는 그런 물음에 대한 답을 찾을 수 있는 무언가가 있다. 이는 이론물리학자이자 신학자인 폴킹혼이 거듭 탐구했던 주제기도 하다.

> 우리가 세상을 이해할 수 있다는 사실에 익숙해진 나머지 이를 당연시하는 경우가 대부분이다. 그 덕분에 과학도 가능하다. 하지만 그렇지 않았을 수도 있다. 질서 있는 우주가 아니라 무질서한 혼돈이 그 자리를 대신했을 수도 있다. 또는 우리가 접근할 수 없는 합리성이 우주에 존재했을 수도 있다.…… 우리의 정신과 우주 사이에, 즉 내부적으로 경험하는 합리성과 외부적으로 관찰하는 합리성 사이에 통하는 점이 있다. (Polkinghorne, 1988, pp. 20~21)

우리의 정신에 자리한 합리성과 우리의 눈에 실재하는 것으로 보이는 질서 사이에는 뿌리 깊은 합치성이 있다. 이러한 질서의 대표적인 요소 중 하나가 인간 정신의 자유로운 산물인 순수수학의 추상적 구조다. 폴킹혼은 이 구조가 세상을 이해하는 중요한 단서를 제공한다고 강조한다.

합리성과 자연 질서 간 합치성의 한 예로 영국 이론물리학자 디랙(Paul Dirac)이 1931년 전자의 운동을 규명하고자 만든 방정식의 수수께끼 해법을 들 수 있다. 이 방정식에는 두 가지 해법이 있었는데, 양에너지를 적용한 것과 음에너지를 적용한 것이었다. 후자의 경우에는 양극을 띤다는 점을 제외하고 모든 면에서 전자와 동일한 입자가 있다는 해석을 내릴 수 있었다. 이는 바일

(Hermann Weyl)이 '음에너지 해법'이 전자 질량을 갖는다는 사실을 증명함으로써 명확해졌다.

1932년 앤더슨(Carl Anderson)은 실제로 관찰한 내용을 토대로 양전자의 존재를 가정하게 되었는데, 이것이 바로 디랙이 가정한 입자였다. 새로운 입자는 안개상자 실험에서만 관찰되었는데, 이 점은 블래킷(Patrick Blackett)이 관찰을 통해 설명했다. 디랙의 이론대로 입자는 곧 음극의 전자와 충돌하여 소멸되므로 일부의 생각대로 안정적인 물질을 구성하는 성분이 되지 않았다. 어떤 의미로는 물리학자들이 이 양전자를 발견하기 전부터 수학자들은 그것의 존재를 알고 있었던 셈이다.

자연 질서 중심의 관점은 매우 중요하여 나중에 '자연법칙' 개념 및 그 법칙과 창조 교의의 관계를 조명할 때 더 자세히 살펴보자. 같은 맥락에서 자연의 아름다움에 주목하는 견해도 눈여겨볼 필요가 있다.

자연의 아름다움

대표적인 기독교 신학자 중 세상을 관찰하면서 느끼는 아름다움을 바탕으로 자연신학을 발전시킨 이들이 많다. 그중 발타자르(Hans Urs von Balthasar, 1905~1988)와 에드워즈(Jonathan Edwards, 1703~1758)는 각각 20세기와 18세기에 로마가톨릭과 개신교의 관점에서 자연신학 발전에 공헌했다. 영국의 과학자 보일(Robert Boyle, 1627~1691)은 자연을 사원에, 자연과학자를 성직자에 비유하면서 자연의 온갖 아름다움을 탐구하며 느끼는 경이로움을 강조했다.

아우구스티누스는 세상의 아름다운 것들에 감탄하다 보면 자연스레 피조물에 자신의 아름다움을 반영한 창조주를 숭배하게 된다고 말했다. 중세의 위대한 신학자 아퀴나스는 세상의 질서로부터 신의 존재를 추론하는 '다섯 가지 길'을 제시했는데, 그중 네 번째는 세상 속에 존재하는 완전성을 관찰하

[그림 14.1] 에드워즈Jonathan Edwards 초상화, 배저Joseph Badger 그림, 예일 대학 미술관 허가하에 전재, 유진 펠트스 에드워즈 유증

는 것이다. 아퀴나스가 완전성의 하나로 '아름다움'을 구체적으로 언급하지 않았으나 그런 해석은 설득력을 가지며 그의 다른 글에도 드러나 있다. 이와 같은 일반론은 20세기 초 저명한 종교철학자 테넌트(F. R. Tennant, 1886~1957)가 전개했는데, 그는 신의 존재를 입증하는 누적된 증거 중에는 세상 속에서 관찰되는 아름다움도 포함된다고 말했다.

개신교의 경우 일찍이 칼뱅(John Calvin, 1509~1564)의 글에 드러난 '아름다움'을 중요한 신학적 주제로 다루었다. 그러나 개신교의 입장에서 그런 견해를 가장 강력하게 피력한 인물은 바로 18세기 미국의 대표적인 신학자였던 에드워즈일 것이다. 그는 창조된 질서의 아름다움에서 신의 아름다움을 기대하고 발견할 수 있다고 주장했다.

사물에 질서를 부여하실 만큼 무한한 지혜를 지닌 하나님이 피조물에 자신의 목소리를 부여하여 그분을 보는 자들을 가르치고 거룩한 신비와 자신 및 영적 왕국에 관한 모든 것을 꾸미고 보여주시는 것은 지극히 당연하고 그분다운 일이다. 피조물은 하나님의 목소리이자 언어의 역할을 하면서 지성을 지닌 존재들에게 그분에게 속한 것들을 가르친다. (Edwards, 1948, p. 61)

분명 미의 개념은 종교적 세계관에서 중요한 역할을 한다. 오래전부터 순수 수학 분야에서 중요성을 인정받아 왔으나 차원분열도형(fractal)이 관심을 받으면서 이 주제는 새롭고 흥미로운 방향으로 발전하기 시작했다. 20세기 들어 아름다움에 대한 관심은 자연과학 분야에서도 고조되었다. '아름다움'이 자연계 자체를 나타낸다고도 볼 수 있지만, 일반적으로 이는 특히 이론적 차원에서 세상을 해석하는 방식을 가리킨다. 이론의 아름다움은 종종 그 대칭성과 연결된다. 1979년 노벨 물리학상을 받은 와인버그(Steven Weinberg)는 과학 이론의 아름다움에 관해 다음과 같이 말했다.

우리가 물리학 이론에서 찾아내는 아름다움은 극히 한정된 유형의 아름다움이다. 최선을 다해 이를 말로 표현하면 단순성과 필연성의 아름다움, 완전한 구조의 아름다움, 모든 것이 잘 들어맞는 아름다움, 아무것도 바뀌지 않는 아름다움, 논리적 엄격성의 아름다움이다. 귀하고 고전적인 아름다움, 그리스 비극에서 발견하게 되는 아름다움이다. (Weinberg, 1993, p. 119)

디랙의 글에서도 이러한 관점이 명확히 드러난다. 양자이론과 일반 상대성을 연계하는 데 실패했던 시절에 이를 해낸 디랙은 분명 미적 조건을 과학 이론의 평가 기준으로 삼을 수 있다고 말하면서 '아름다움'의 개념에 기초한 접근법을 제시했다.

실험과 일치하는 방정식보다 아름다움을 지닌 방정식을 만드는 것이 중요하다…… 방정식에서 아름다움을 찾겠다는 자세와 매우 좋은 통찰력을 지닌 사람에게는 분명한 발전이 있다. (Dirac, 1963, p. 47)

이러한 견해는 분명히 종교와 자연과학 사이에 큰 다리 역할을 하면서 자연신학이 두 영역 간의 대화 수단으로 중요한 역할을 할 수 있음을 시사한다.

짧은 순간이나마 자연을 통해 신을 인식할 수 있는 방법에 관해 기독교 신학자들이 어떤 설명을 시도했는지 부분적으로 살펴보았다. 기독교에서는 신의 존재와 본성에 대한 통찰을 그 자체로 완전하다고 보기보다 더 큰 실재인 신의 계시를 가리키는 지침으로 삼는다.

자연신학에 대한 반론

기독교 전통에서는 자연을 통해 신을 인식하는 것을 긍정적으로 보는 견해가 다수지만 그와 다른 의견도 있다. 그중 결정적인 반론은 아니지만 각각 신학과 철학의 관점에서 자연신학에 이의를 제기하는 대표적인 두 가지 입장을 살펴보도록 하자.

스위스의 대표적인 개신교 신학자 바르트(Karl Barth, 1886~1968)는 자연신학이 아주 불필요하고 더 나아가 신의 계시를 훼손하고 왜곡한다고 주장하며 상당한 반감을 드러냈다. 이미 신이 자신의 모습을 드러냈는데 굳이 자연 속에서 신을 찾을 필요가 있겠느냐는 것이다.

한편 스코틀랜드의 저명한 신학자 토런스는 다른 근거로 자연신학에 대한 비판적인 입장을 밝혔다. 토런스와 바르트의 견해는 분명 통하는 점이 있다. 토런스는 바르트가 자연신학에서 근본적으로 반대하는 점, 즉 일부 학자들이 지적한 대로 '계시신학(revealed theology)'과 자율적이고 독립적인 '자연신학'의 철저한 분리에 이의를 제기한 것에 대한 자신의 견해를 밝혔다.

바르트는 전통 자연신학에서 변론의 모순성이나 이론 구조가 아니라 독립적인 성격에 반대한다. 자연신학이 실재하는 삼위일체 하나님의 능동적인 계시와는 거리를 두고 '오로지 자연'만을 근거로 삼아 발전시킨 자율적 이론 구조를 배격한다. 그런 구조는 신에 관한 지식을 유일신에 대한 자연 지식과 삼위일체 신에 대한 계시 지식으로 나눌 뿐이며, 이는 신학적으로나 과학적으로 허용할 수 없다. 자연신학에서 추구하는 신에 관한 지식에 적절한 이론 구조를 부여하는 데에는 반대하지 않는다. 다만 그 구조가 신에 관한 지식의 내용과 근본적으로 맞물려 있지 않다면 이는 왜곡의 추상화라는 것이다. 따라서 바르트는 자연신학이 계시신학의 범위에 포함된다고 주장한다. (Torrance, 1970, p. 128)

[그림 14.2] 바르트Karl Barth
akg-images/ullstein bild

또한 토런스는 바르트의 자연신학 비판이 어떤 형태의 이원론(dualism)에도 의존하지 않음을 강조한다. 이를테면 신과 세상 사이에 어떤 능동적 관계도 없음을 암시하는 신과 자연의 이신론적 이원론 또는 피조물에 대한 평가절하를 암시하는 계시와 창조의 이원론을 근거로 삼지 않는다. 분명 여기서 토런스는 바르트의 견해에 공감한다.

그와 더불어 토런스는 바르트가 거부한 자연신학 유형이 근본적으로 지닌 철학적 문제점에도 주목한다. 토런스에 따르면 자율적 자연신학에서는 개념과 경험의 영역과 신과 세상의 영역 사이에 논리적 다리를 놓으려고 시도한다. 이념과 존재를 논리적으로 연결함으로써 추론을 통해 신에게 다가가고, 신에 관한 지식의 경험적 요소와 이론적 요소를 논리적으로 형식화하려고 했다.

토런스가 보기에 이러한 전개는 '과학적 사고는 좀더 기하학적으로 유클리드 기하학 모델에 기초하여 생각하는 것이며, 사고를 거듭하는 가운데 기계론적 우주의 논리적 인과성 범위에 한정해서 보강된다는' 중세의 가정에 힘입은 측면이 강하다.(Torrance, 1985, p. 39) 따라서 '전통적 추상형' 자연신학은 '신과 세상의 이신론적 분리'(1985, p. 39)에 의존한다고 토런스는 생각한다. 이 분리는 앞서 우리가 뉴턴적 세계관의 출현을 다루면서 만난 적이 있다. 토런스는 신의 계시에 의존하고 인간의 탐구로 알아낼 수 없는 신과 세상의 본질을 이해하는 차원에서 자연신학이 기독교 신학 내에 중요한 위치를 차지한다는 데 동의한다.

그러므로 아인슈타인이 기하학을 정식 물리학의 범주에 편입시킨 것처럼 토런스는 자연신학을 조직신학의 영역으로 이끌었다고 볼 수 있다. 자연신학 담론은 신에 관한 가설적 지식의 가능성을 논하는 것이 아니라 창조주 신에 관한 긍정적 계시의 범주에서 이루어져야 한다. 올바른 신학적 자연관에 의거하여 이를 조명할 수 있다.

자연신학은 긍정신학의 품에서 생겨나 신에 관한 실제적 지식에서 발생하는 이론 구조의 복합체로 발전했다. 이는 새로운 차원의 '자연성'을 띠게 되는데, 시간과 공간 속에서 우리를 대상으로 계시적 상호작용이 이루어지는 것은 참 대상인 신에게 자연스러운 일이다. 따라서 자연신학은 계시신학 구조 내에서 인식론적 기하학으로 자리잡는다. (Torrance, 1985, p. 39)

이처럼 바르트의 지지를 받았고 토런스가 확신한 방법으로 바르트의 과제를 해결할 수 있었다.

한편 개신교에서도 '자연신학'에 대한 반론이 제기되었는데, 이는 특히 개신교계의 대표적인 종교철학자 플랜팅가의 저술에 잘 드러나 있다. 이 견해를 좀 더 자세히 살펴보자.

철학적 반론

최근 몇 년 사이에 개신교 계열의 종교철학자들이 두각을 나타냈다. 대표주자격인 플랜팅가(Alvin Plantinga, 1932~)와 월터스토프(Nicholas Wolterstorff, 1932~)는 지난 몇 십 년간 종교철학의 발전에 크게 이바지한 사상가들이다. 플랜팅가는 '자연신학'이 신의 존재를 입증하거나 증명하려는 시도로 이해하고 종교적 신앙의 본질에 관한 그릇된 오해 아래 자연신학을 적극적으로 배격한다. 반론의 근거는 다소 복잡하지만 기본적인 내용은 다음 두 가지로 요약할 수 있다.

1. 자연신학에서는 신에 대한 믿음이 증거에 기초해야 한다고 생각한다. 엄밀히 말해 신에 대한 믿음은 근원적인 믿음, 즉 자명하거나 뿌리 깊거나 명명백백한 믿음이 아니라는 것이다. 신에 대한 믿음은 좀더 근원적인 것에 기초해야 한다. 그러나 다른 믿음을 근거로 삼아 신의 존재를 믿는다면 근거가 되는 믿음이 신에 대한 믿음보다 인식론적으로 우월한 위치에 있는 것처럼 보인다. 플랜팅가가 볼 때 신에 대한 믿음 자체가 근원적이어서 다른 믿음을 참조하면서 타당성을 입증할 필요가 없음을 확증하는 것이 올바른 기독교인의 자세다.
2. 칼뱅과 후대 추종자까지 망라한 개신교의 전통 교의에 따르면 자연신학은 타당성을 잃는다.

이중 두 번째는 올바른 견해가 아님이 역사를 통해 입증되어 더 살펴보지 않겠다. 그러나 첫 번째 논증은 갈수록 높은 관심을 받았다.

분명 플랜팅가는 아퀴나스를 '탁월한 자연신학자(Plantinga, 1998, p. 121)'로 간주하면서 그의 탐구 방식에 크게 주목한다. 그에 따르면 아퀴나스는 신학과 철학 문제에서 정초주의(foundationalism) 입장을 취했다. '정확히 말하면 지식(scientia)은 자명한 제1원리에서 삼단논법으로 추론한 명제들에 있다.'(1998, p. 122) 《이단논박대전Summa contra Gentiles》은 아퀴나스가 증거의 기초에서 나아가 신에 대한 믿음을 옹호하게 되었음을 보여준다. 그런 믿음은 분명 적합한 증거 기초에 의존하는 것이다. 플랜팅가는 이처럼 자연신학이 신의 존재 증명에 나서게 되었다고 말한다.

자연신학에서 반드시 그런 가정을 해야 하는 것은 아니다. 역사적으로 자연신학은 신앙과 세상 구조 사이의 공명을 입증해왔다고 볼 수 있다. 다시 말해 신의 존재를 입증하려는 의도를 가진 것이 아니라 신의 존재를 필요 조건으로 가정한 다음 '그런 신에 의해 자연계가 창조되었다면 우리는 그 세상으로부터 어떤 모습을 기대해야 하는가?'라고 묻는다. 따라서 자연 속 질서를 탐구하는 것은 신의 존재를 입증한다기보다 이미 존재하는 믿음의 타당성을 강화하는 데 목적이 있다.

그렇다면 앞서 신의 존재를 입증할 수 있는가라는 것을 살펴보면 맞닥뜨리게 되는 물음이 다시 등장한다. 변칙이 일어나면 어떻게 될까? 자연계의 특정 요소가 신앙과 일치하지 않는 듯 보인다면? 자연신학에서는 종종 세상 속 번뇌와 고통이 신의 존재를 믿기 어렵게 만드는 원인으로 지목된다. 그런 모순이나 변칙이 과학과 종교에서 어떻게 다뤄지고 있는가? 바로 다음 장에서 살펴볼 주제다.

추가 참고도서 목록

Barr, James. *Biblical Faith and Natural Theology*. Oxford: Clarendon Press, 1993.

Brooke, John Hedley. *Science and Religion: Some Historical Perspection*. Cambridge, UK: Cambridge University Press, 1991.

Kretzmann, Norman. *The Metaphysics of Creation: Aquinas's Natural Theology in Summa contra Gentiles II*. Oxford: Clarendon Press, 1999.

McGrath, Alister E. *The Open Secret: A New Vision for Natural Theology*. Oxford: Blackwell, 2008.

Torrance, Thomas F. "The Problem of Natural Theology in the Thought of Karl Barth." *Religious Studies*, 6(1970): 121-135.

과학과 종교에서의 이론적 변칙

이론과 관찰이 상충되는 것처럼 보인다면 어떨까? 이는 과학과 종교 모두에서 중요한 문제다. 기존의 이론에 들어맞지 않는 뭔가가 관찰되었다. 이를테면 천왕성의 궤도가 예상과 조금 다르다. 또는 선하고 전능한 신이 창조한 세상에 고통이 존재한다. 이처럼 이론과 관찰의 모순 때문에 이론을 포기해야 하는가? 이 장에서는 기존의 이론과 모순되는 '변칙(anomalies)'이 과학과 종교에서 차지하는 위치에 주목한다.

먼저 자연과학에서 변칙이 드러난 대표적인 사례를 살펴보자. 1781년 허셜(Sir William Herschel)이 망원경을 사용하여 천왕성을 발견했다. 사실 이 행성은 육안으로 볼 수 있을 만큼 밝지만, 허셜이 그 특징을 밝혀낼 때까지 다들 어두운 별이라고 생각했다. 곧 천왕성의 궤도가 계산되고, 이는 전 세기에 뉴턴이 주창했던 일반 행성 운동 이론과 맞아떨어졌다. 처음에는 천왕성의 운동이 뉴턴의 이론을 훌륭하게 입증하는 듯했다. 그러나 관찰 증거가 쌓이면서 천왕성의 운동이 이론과 다르다는 것이 분명해졌다. 오류가 있었던 것이다. 하지만 무엇이 문제일까? 천왕성의 변칙적인 운동은 어떻게 설명되었을까?

다수의 설명이 이어졌다. 태양계 행성 운동에 관한 뉴턴 이론의 핵심 가정과 소전제, 즉 '보조' 가정을 구별할 필요가 있다. 뉴턴 모델의 핵심 가정은 인력 법칙이 태양계 전체에 적용된다는 것이다. 천왕성의 특이한 궤도 이동 때문에 이 가정을 수정해야 할지도 모른다. 인력이 보편적이 아닌 지역적인 현상이었을 수도 있다. 또한 뉴턴의 태양계 이론 중 보조 가정, 즉 천왕성 너머에는 어떤 행성도 존재하지 않는다는 가설도 수정해야 할 것이다. 사실 뉴턴에게는 토성이 태양계의 마지막 행성이었다.

바로 이것이 변칙에 직면한 이론에 주어진 과제다. 이론 전부를 폐기해야 하는가? 또는 하나의 가설만 수정하고 전체 이론을 보존할 수 있을까? 뉴턴의 태양계 이론에서는 천왕성 너머에 어떤 행성도 존재하지 않는다는 보조 가정에 오류가 있었다. 천왕성 너머에 어떤 행성이 존재한다면 이 행성이 천왕성에 대해 인력을 행사하여 천왕성의 변칙적인 궤도 매개변수를 설명할 수 있다. 문제의 행성인 해왕성은 애덤스(John Couch Adams, 1819~1892)와 르베리에(Urbain Le Verrier, 1811~1877)가 1846년 독자적으로 수행한 계산을 바탕으로 발견되었다. 변칙 현상이 설명된 것이다.

그렇다면 어떤 이론이 잘못되었는지 어떻게 알아낼까? 과학적으로 볼 때 가장 간단한 방법은 실험이다. 어떤 이론의 핵심 내용을 검증할 '결정적 실험(crucial experiment)'을 고안한다. 제대로 설계된 실험이라면 곧 이론의 옳고 그름이 판명날 것이다.

정말 그럴까? 이 장에서는 프랑스의 저명한 물리학자이자 철학자인 뒤앙(Pierre Duhem, 1861~1916)이 '결정적 실험' 개념을 어떻게 비판했는지 살펴보자. 뒤앙에 따르면 하나의 이론은 다수의 가설로 이루어지며, 그중에는 핵심 가설과 보조 가설이 있다. 요컨대 하나의 이론에서 결정적 가설과 보조 가설이 복

[그림 15.1] 뒤앙Pierre Duhem Science Photo Library

잡한 네트워크를 구성한다. 그 이론에 근거한 예측이 실험과 일치하지 않을 경우 어떤 가설이 잘못된 것인가? 결정적 가설인가? 그럼 그 이론을 폐기해야 할 것이다. 만약 보조 가설 중 하나가 잘못된 것이라면 이론을 수정하면 된다.

뒤앙에 따르면 물리학자가 하나의 가설만 떼어내어 실험을 통해 검증할 수는 없다. 뒤앙의 《물리 이론의 목적과 구조The Aim and Structure of Physical Theory》중 6장의 한 절은 '물리학 실험에서는 외딴 가설 하나에 사형 선고를 내릴 수 없다. 이론 전체를 내칠 수는 있지만…….'이라는 문장으로 시작한다. 물리학자는 하나의 가설만 실험 대상으로 삼을 수 없다. 더 큰 그룹에 포함된 가설에 수정이 필요하다는 점만 드러날 뿐이다. 과연 어떤 가설을 수정할 것인지는 이 실험만으로 밝혀지지 않는다.

그렇다면 '결정적 실험'이라는 것을 고안할 수 있을까? 이 대목에서 뒤앙의 주장을 더 자세히 살펴볼 필요가 있다. 《물리 이론의 목적과 구조》의 "물리학에서 '결정적 실험'은 불가능하다."는 제목의 절에서 그는 우리가 사고의 기저에 자리한 모든 가설에 접근할 수는 없다고 말한다. 어떤 현상을 설명할 만한 가설들을 하나하나 열거한 다음 실험적 모순을 근거로 가설들을 제거해가면서 단 하나만 남겨놓는 것이 가능할 성싶다. 그러나 뒤앙에 따르면 물리학자가 모든 가설을 찾아내 점검했다고 자신 있게 주장할 수 있는 상황은 결코 오지 않는다.

하버드의 철학자 콰인(Willard Van Orman Quine, 1908~2000)은 커다란 반향을 일으킨 《경험론의 2대 도그마Two Dogmas of Empiricism》에서 뒤앙의 주장을 더욱 발전시켜 '뒤앙–콰인 논제'를 내놓았다. 그에 따르면 서로 모순되는 데이터와 이론의 상충을 확인하더라도 특정 이론의 진술이 잘못되었다고 폐기를 결정할 수 없다. 콰인은 신앙 체계나 세계관이 경험 및 실험과 어떻게 복잡한 관계를 형성하는가에 주목하면서 이 논제를 발전시킨다.

> 지리와 역사의 표면적인 문제부터 심오한 원자물리학 법칙까지 소위 지식이나 신념은 모두…… 인간이 만든 구조이며 오로지 그 경계에서 경험과 조우한다.…… 이 경계에서 경험과 충돌할 경우 그 영역의 내부에서 조정이 이루어진다.…… 그러나 전체 영역은 경계의 조건인 경험에 의해 과소결정된 상태라 어떤 모순된 경험에 의거하여 재검토할 진술을 정할 때 무수히 많은 진술 중에서 선택해야 한다. (Quine, 1953, pp. 42~43)

다시 말해 경험이 세계관에 미치는 영향이 그다지 크지 않을 때가 많다는 것이다. 경험이나 실험이 어떤 세계관이나 신앙 체계와 모순되는 듯 보일 때 내부적인 재조정이 일어날 가능성이 높다. 콰인은 경험에 기초하여 이론을 논박할 때 발생하는 어려움을 지적한다. 이는 경험적 접근으로 해결할 문제다.

콰인의 분석은 소위 '과소결정 논제(underdetermination thesis)'의 모태가 되었다. 자연과학에 대한 사회학적 접근과 밀접한 관련이 있는 이 견해에 따르면 관찰된 사실에 얼마간 부합하는 무수히 많은 이론이 존재한다. 따라서 이해관계와 같은 사회학적 요인에 따라 이론을 선택한다고 볼 수 있다. 그러면 실험적 증거가 이론의 생성과 확증에서 담당하는 역할은 생각만큼 크지 않다. 흔히 '최대 과소결정'이라 부르는 이 논제의 극단적인 유형은 다음과 같다.

이론적 진술 S와 본질적으로 S를 포함하는 타당성 있는 이론 T가 있다고 할 때 역시 그 결과의 검증이 가능하지만, 본질적으로 S의 부정을 포함하는 타당성 있는 이론 T′가 존재한다.

과소결정 논제의 다음과 같은 두 가지 의미에 주목할 필요가 있다.

1. 어떤 실험 결과에 부합하는 많은 이론이 있다. 그런 이론들의 유효성을 모두 동등하게 인정해야 한다.
2. 단지 실험적 증거만으로 이론을 설명할 수 없다. 다른 요인들, 주로 사회학적 요인을 고려해야 한다.

과소결정 논제는 과학 이론에서 사회적 조건이 갖는 중요성을 강조하는 지식사회학자들에게 특히 환영을 받았다.

과소결정 개념은 논쟁을 불러일으키기도 했다. 뒤앙은 물리학자들이 효과적인 이론과 그렇지 않은 이론을 상당히 정확하게 파악할 수 있다고 주장했다. 그는 실험에 기초한 과학 문화 경험을 토대로 유효한 이론을 직관적으로 알아낸다는 의미로 '양식(good sense)'의 개념을 사용했다.

그럼 종교 이론의 경우는 어떤가? 종교 이론에서는 변칙을 어떻게 다루는가? 세상에 존재하는 고통이라는 문제는 흔히 기독교 세계관에서 풀어야 할 숙제로 생각한다. 이는 기독교 신학이 근본적인 결함을 안고 있다는 암시로 연결되기도 하는데, 신의 선함과 전능함 같은 핵심 교의에 의문을 제기하는 것이다. 그러나 뒤앙과 콰인의 분석대로라면 중요한 질문을 해야 한다. 고통은 기독교의 핵심 교의를 포기하거나 수정하게 만드는 변칙인가? 아니면 수많은 부차적 요소 중 하나가 문제인가? 그렇다면 그것은 무엇인가?

미국의 종교사상가 올스턴(William P. Alston, 1921~2009)은 악의 문제에 접근하는 근본적으로 다른 두 가지 관점이 20세기의 저술에 나타난다고 분석했다.

1. **논리적 접근** 세상 속 악의 존재와 신의 존재는 논리적 모순 관계에 있음을 입증하려 한다. 이는 더는 유효한 방식이 아님을 '오늘날 거의 모두가 인정하는 상황'이라고 올스턴은 말한다.(Alston, 1991a, p. 29)
2. **경험적 접근** 관찰 가능한 악의 증거, 즉 세상 속 악의 존재를 관찰할 수 있다는 것은 신의 존재와 모순된다고 주장한다.

전통적 관점에서 바라본 악이라는 문제는 다음과 같이 논리적으로 정리할 수 있다. 세 가지 가설을 살펴보자.

1. 신은 전지전능하다.
2. 신은 절대적으로 선하다.
3. 세상에 고통과 악의 실례가 있다.

전통적 논리에 입각한 고통의 문제에서 위 가설 중 세 번째는 앞의 두 가설과 모순된다. 신이 자애롭고 전능하지만 악이 존재한다면 하나의 설명 도구로 신의 존재를 가정하는 것은 문제가 될 뿐 아니라 모순이다.

더 면밀하게 살펴보면 이는 섣부른 판단이다. 악의 존재가 이론에 논리적 타격을 주려면 중요한 가설을 하나 이상 추가해야 한다. 이를테면 다음과 같은 네 번째 가설이 추가되어야 한다.

4. 선하고 전능한 신이라면 고통과 악을 없앨 것이다.

방금 전의 선부른 분석에서 이러한 가정이 암시되긴 했지만 명시되지는 않았다. 가정이 없다면 딜레마가 힘을 잃는다. 이를테면 고통을 통해 실현될 '더 큰 선의'가 있다고 주장한다면 반론의 칼날이 무뎌지게 된다.

이 문제가 전적으로 논리적인 것은 아니다. 올스턴이 정확하게 지적했듯이 이 네 가지 명제의 논리적 상태가 모두 같은 것이 아니어서 순수한 삼단논법에 따라 전개할 수 없다. 그중 셋은 '논리적 개념'이나 '명제'로 정의할 수 있으나 '세상에 고통과 악의 실례가 있다.'는 사실은 관찰적 진술이다. 경험과 관찰을 바탕으로 현실을 보고하는 형식이다. 셋은 개념을 상호연결하는 논리적 진술이지만, 네 번째는 외부 세계에서 관찰되는 것을 보고한다. 경험과 논리를 개념적으로 연결하는 고리는 약할 뿐 아니라 이 같은 인식론적 무게를 견뎌낼 수 없다.

근본적인 문제는 이론과 관찰의 관계에 있다. 명제로 나타내거나 인식하는 논리적 수수께끼는 명제들의 관계에 모순을 가져올 수 있다. 예를 들어 '나는 세 변으로 된 사각형을 그리자고 제안한다.' 또는 '이 문장의 모든 내용이 거짓이다.'처럼.

고통이라는 문제는 개념의 세계와 경험적으로 관찰한 외부 세계를 연관시키려는 시도 때문에 훨씬 더 복잡한 양상을 띤다. 이 문제에 포함된 관찰적 요소를 완전히 논리적으로 진술할 수 있어야 연역적 반론이 힘을 얻겠지만, 결코 쉽지 않은 일이다.

따라서 이 문제는 다음과 같이 귀납적이고 경험적으로 재구성할 수 있다. 다음 두 가지 가설을 살펴보자.

신은 전능하다.
신은 선하다.

이제 다음 관찰적 진술을 추가한다.

세상에는 고통과 악의 실례가 있다.

이 인식론적 문제는 오로지 논리로만 이루어지지는 않았지만 변칙으로 보이는 관찰도 이론에서 수용할 수 있음을 나타낸다. 악의 문제에서 근본적인 해결 과제를 뒤앙의 방식으로 공식화할 수 있다. 관찰적 진술에 의해 이 두 가지 가설을 버려야 하는가? 또는 그중 하나만 수정하면 될까? 그렇다면 어느 쪽을? 또는 아직 드러나지 않은 보조 가설의 문제인가?

윌리엄 로(William Rowe)는 이미 귀납적, 즉 경험적 입장에서 악의 문제에 신중하게 접근한 적이 있다. 그는 《악의 문제와 무신론의 다양성The Problem of Evil and Some Varieties of Atheism, 1979, p.336》에서 다음과 같이 주장한다.

1. 극심한 고통의 실례가 존재한다. 전지전능한 존재라면 더 큰 선의를 잃거나 더 심각한 악을 허락하지 않으면서 그 고통을 막을 수 있었을 것이다.
2. 전지하고 전적으로 선한 존재는 극심한 고통이 일어나는 것을 막을 것이다. 더 큰 선의를 잃거나 더 심각한 악을 허락하지 않고서는 그런 고통을 막을 수 없는 경우가 아니라면 말이다.
3. 전지전능하고 전적으로 선한 존재란 없다.

윌리엄 로는 세 번째 진술이 앞의 두 진술의 필연적 결과라고 생각한다. 앞의 두 진술이 참이라면 세 번째도 참이 되어야 하는 것이다. 그러나 뒤앙의 분석에 따르면 그런 결론을 이끌어낼 수 없다. 총괄적으로 볼 때 이론의 내부에 문제가 있다. 가정 중 하나 이상을 수정해야 한다. 하지만 어느 가정을 바로잡아야 할까? 그리고 이는 이론 전체에 타격을 주는가? 아니면 이론이나 관찰의 발전을 통해 해결될 변칙일 뿐인가?

윌리엄 로의 주장에 대해 뒤앙 방식의 반론을 쉽게 제기할 수 있다. 이를테면 첫 번째 주장은 관찰적 진술과 가설을 결합한 것이다. 이를 풀어 경험적 관찰 진술 O와 가설인 H로 나눈다면 더 적절한 표현이 될 수 있다.

O = 극심한 고통의 실례가 존재한다.

H = 전지전능한 존재라면 더 큰 선의를 잃거나 더 심각한 악을 허락하지 않으면서 그 고통을 막을 수 있었을 것이다.

그렇다면 로는 H를 어떻게 알 수 있을까? 신이 세상 속 고통을 허락할 만한 이유가 없다는, 또는 없었을 것이라는 판단을 인간이 내릴 수 있다는 근거 없는 확신 때문에 로의 반론이 힘을 잃는다는 의견이 많다.

올스턴의 지적대로 로의 주장이 갖는 문제점은 그가 추론에 의존하여 신이 존재하지 않는다고 말하는 것이다. 경험에 입각한 증명에서는 인간의 인지적 한계를 받아들여야 하는데, 로는 이를 인정하지 않으려는 듯하다. 올스턴은 세 가지 한계를 지목한다. 즉 우주의 본질이나 신이 행동하는 이유나 내세의 본질 같은 데이터의 부족, 복잡미묘한 관련 변수를 쉽게 분석할 수 없기 때문에 인간 능력을 벗어나는 복잡성, 우리가 사실 여부를 판단할 위치에 있지 않아 무엇이 형이상학적으로 가능하거나 필요한지 판단하는 것의 어려움이다. 올스턴에 따르면 우리는 만약 신이 존재한다면 고통을 허락할 이유가 없다고 단정지을 수 있는 위치가 아니다.

올스턴 등은 현존하는 악과 고통이 기독교 세계관의 부당성을 나타내는 증거라기보다 그 세계관에 포함된 변칙임을 시사한다. 순진한 반증주의자라면 그와 같은 이론과 관찰의 외견상 모순이 이론을 거부할 근거로 충분하다고 생각할 것이다. 그러나 과학사를 살펴보면 모순으로 지적된 것들 상당수가 추후 과학의 진보 과정에서 확장된 이론의 범위에 수용되었다.

자연과학의 발전을 탐구했던 쿤(Thomas Kuhn)은 '합치되지 않는 모든 요소를 이론 배격의 근거로 삼는다면 모든 이론이 거부되고 말 것'이라 했다.(Kuhn, 1970, pp. 146~147) 최상의 설명도 변칙과 난제를 수반함을 인정하는 것이 더 현실적인 태도다. 궁극적으로 어떤 변칙이 이론의 범위에 수용되고 어떤 변칙이 이론을 무너뜨릴 것인가가 관건이다. 시간만이 답을 알 것이다.

이론에서 변칙을 어떻게 처리하는지 논의하다 보면 일단 이론이 어떻게 발전하는지 관심을 갖게 된다. 다음 장에서는 자연과학과 종교에서의 이론 발전과 관련된 일반 주제 몇 가지를 살펴보려 한다.

추가 참고도서 목록

Alston, William P. "The Inductive Argument from Evil and the Human Cognitive Condition." *Philosophical Perspectives*, 5 (1991): 29-67.

Duhem, Pierre. *The Aim and Structure of Physical Theory*. Princeton, NJ: Princeton University Press, 1954.

Greenwood, J. D. "Two Dogmas of Neo-Empiricism: 'The Theory-Informity' of Observation and the Duhem-Quine Thesis." *Philosophy of Science*, 57 (1990): 553-574.

Grosser, Morton. *The Discovery of Neptune*. Cambridge, MA: Harvard University Press, 1962.

Laudan, Larry, and Jarrett Leplin, "Empirical Equivalence and Underdetermination." *Journal of Philosophy*, 88 (1991): 449-472.

Quine, W. V O. *From a Logical Point of View*. Cambridge, MA: Harvard University Press, 1953.

Rowe, William L. "Evil and the Theistic Hypothesis: A Response to Wykstra." *International Journal for Philosophy of Religion*, 16 (1984): 95-100.

과학과 종교에서의 이론 발전

과학과 종교는 관찰한 것을 이해하기 위한 방편으로 이론을 발전시킨다. 이론은 어떻게 발전하며 시간이 흐르면서 어떻게 바뀌는가? 과학과 종교 모두에게 중요한 이 질문이 이번 장에서 다룰 주제다.

먼저 이론이 왜 생겨나는지 궁금하다. 과학자들은 왜 데이터를 차곡차곡 쌓아가는 데 만족하지 않을까? 과학적 방법에서는 설명에 대한 탐구가 깊이 뿌리내렸음을 앞서 확인했다. 과학은 세상의 표면 아래 자리한 패턴을 밝히고 나타내는 데 관심이 있다. 이론은 관찰을 설명하겠다는 제안이라 할 수 있다. 이론은 기존의 관찰 내용을 수용하고 새롭게 관찰할 내용을 예측하게 해주는 실재에 대한 '그림'을 제시한다. 예를 들어 앞서 다룬 뉴턴의 행성 운동 이론은 사과가 땅으로 떨어지는 현상을 비롯하여 방대한 관찰 내용을 이해하려는 시도다. 다윈의 자연선택론 역시 그가 비글호의 박물학자 자격으로 목격한 것을 비롯한 일련의 관찰 내용을 바탕으로 생물학적 세계의 심층 구조를 파악하려는 시도였다.

훌륭한 과학 이론의 특징은 다음 네 가지로 요약할 수 있다.

1. **경험적 타당성**(Empirical adequacy) 훌륭한 이론은 이미 관찰한 내용을 수용할 수 있어야 한다. 그렇다고 그 이론이 참이라고 증명되는 것은 아니다. 앞서 말했듯이 일련의 관찰 내용이 몇몇 이론에 부합하는 것이다. 전문용어로 말하면 이론은 증거에 의해 '과소결정(underdetermined)' 된다. 어떤 이론이 필수 데이터와 일치하지 않는다고 무효화되는 것은 아니다. 이론이 '변칙'을 수용할 수 있는 경우가 많기 때문이다. 일부 과학자들은 예측의 성공률이 훌륭한 이론의 지표라고 주장하지만, 기지의 사실을 이해하는 수용과 예측의 경계선은 철학이 아닌 심리적 차원에 속한다고 보는 이들도 있다.
2. **일관성**(Coherence) 이론은 다양한 구성 요소가 상충하지 않도록 내적 일관성을 지녀야 한다. 게다가 더 우수하고 정교한 이론이라면 이미 그 타당성을 인정받은 과거의 이론과도 상통해야 한다. 아인슈타인의 상대성 이론은 앞서 등장한 뉴턴의 이론을 수용할 수 있었고, 뉴턴 이론은 더 일반적인 이론의 특수한 사례로 인정받았다.
3. **범위**(Scope) 훌륭한 이론은 지금까지 상관없다고 여겼던 관찰들을 연결하는 능력이 있다. 맥스웰(James Clerk Maxwell)은 유명한 증명에서 별개로 간주했던 전기와 자기의 통일성을 입증했다. 현대과학 이론 활동의 목표는 '만물의 이론(theories of everything)', 즉 지금까지 여러 이론에 분산되었던 내용들을 하나로 묶을 만큼 포괄적인 이론을 정립하는 것이다.
4. **비옥성**(Fertility) 훌륭한 이론이라면 연구 프로그램과 추가적인 이론 개발에 기여해야 한다는 의견이 많다. 실험을 통한 검증이나 반증이 가능한 예측을 내놓는 것도 여기에 포함될 것이다.

각각의 과학 이론은 시간이 흐르면서 어떻게 발전하는가? 오늘날 과학자들은 근대 초기의 이론에서 상당한 발전을 이루었다. 의심할 여지없이 과학 이론은 발전해왔으며, 그 와중에 증거 사실에 대한 최상의 설명으로 인정받던 이론이 자취를 감추기도 했다. 예를 들어 '운동학'이라고도 하는 뉴턴의 역학론은 18~19세기에 널리 받아들여지면서 모든 과학 이론 중 가장 확고한 이론으로 자리잡았다. 인력에 관한 '원격작용(action at a distance)'이라는 반직관적인 개념을 내놓기도 했지만, 뉴턴의 이론은 과거 및 미래에 대한 설명에서 큰 성공을 거두며 궁극의 과학 이론 패러다임으로 여겨졌다.

오늘날 뉴턴 이론은 아인슈타인의 일반 상대성 이론에 자리를 내주었다. 뉴턴의 운동학은 더 일반적인 이론의 제한적 사례로 평가받는다. 빛보다 느린 속도로 움직이는 물체의 경우 상대론적 규모 면에서 뉴턴의 운동 이론으로도 대략 진실에 다가갈 수 있다. 그러나 이는 근접한 것으로 인정받을 뿐이다. 한때 난공불락의 이론이었으나 지금은 더 일반적인 이론의 특수한 경우에 해당한다. 어느 단계에 이르면 뉴턴의 이론은 통하지 않는다. 한편 뉴턴의 역학론은 양자를 기준으로 할 때 상대적으로 큰 입체에서 진실에 거의 근접하므로 양자역학의 제한적 사례로 여겨진다. 여기서도 뉴턴의 이론은 더 일반적인 이론의 특수한 경우에 해당한다. 따라서 뉴턴의 역학은 나름의 영역, 즉 느린 속도로 움직이는 물체에 대해서는 참이라고 말할 수 있다.

확고한 듯 보였던 이론이 역사 속에서 완전히 자취를 감춘 또 다른 예를 광학 분야에서도 찾을 수 있다. 18세기에는 뉴턴의 미립자론(corpuscular theory)이 널리 인정받았지만, 19세기 들어 프레넬(Augustin Jean Fresnel)의 탄성 고체 에테르 이론이 그 자리를 차지했다. 둘 다 사실상 동일한 관찰 내용을 설명하려 했으나 방식은 사뭇 다르고 비교 불가능했다. 미국의 과학철학자 라우든(Larry Laudan, 1941~)은 과학사를 살펴보면 한때 보편적으로 인정받았지만 이미 오래

[그림 16.1] 쿤Thomas Kuhn
Time & Life Pictures/Getty Images

전에 폐기되었거나 대폭 수정된 이론들이 무수히 많다고 말한다. 고대 및 중세 천문학의 수정구, 의학 분야의 체액론, 열소설, 전자기 에테르 등은 당시의 기준에서 성공적인 이론으로 평가받았으나 결국 버림받았다.

과학 방법, 특히 이론의 발전에 관한 대표적인 설명 중 하나가 쿤(Thomas S. Kuhn, 1922~1996)의 《과학혁명의 구조Structure of Scientific Revolutions, 1962년 초판 발행》다. '과학혁명'이라는 개념을 제시한 쿤은 과학의 진보에 관한 지배적인 견해, 말하자면 전혀 새로운 이론은 검증이나 반증을 통해 점진적으로 모습을 드러낸다는 주장에 의문을 제기했다. '점진적 진보' 모델의 대표적인 예를 포퍼(Karl Popper)의 《과학 발견의 논리Logic of Scientific Discovery》에서 만날 수 있다. 그러나 쿤은 어떤 패러다임에서 다른 패러다임으로 점차 바뀌는 것이 아니라 급격한 전환과 함께 커다란 이해 변화가 일어난다고 주장했다. 그는 과학사와 철학에 지대한 영향을 미친 '패러다임의 변화(paradigm shift)'라는 용어를 내놓았다. "일반적으로 성숙한 과학은 어떤 패러다임에서 다른 패러다임으로 전환하는 혁명적인 변화를 반복하면서 발전한다." (Kuhn, 1970, p. 12)

쿤이 말한 패러다임의 변화란 정확히 무엇을 의미하는가? 그는 다소 혼동스러운 '패러다임'이라는 용어를 사용해 본래의 의도와 다른 오해를 불러일으키기도 했다. 일반적으로 쿤은 두 가지 의미로 이 용어를 사용했다.

1. 일반적인 의미에서 이 용어는 특정 과학자 집단을 하나로 묶어주는 다수의 공통 가정들로 이루어진 집합을 말한다. 즉 인정받은 귀납, 방법, 모델

들이 모인 것이다.

2. 또한 이 용어는 더 구체적이고 제한적인 의미로도 쓰이는데, 지금까지 성공을 거둔 과학적 설명을 가리킨다. 패러다임은 결국 그 패러다임이 폐기될 때까지 표준이자 모범으로 간주될 기본적인 구조를 제시한다.

여기서는 '개념과 이론, 도구, 방법론적 합의로 구성된 긴밀한 네트워크'(Kuhn, 1970, p. 42)라는 의미로 이 용어를 사용할 것이다.

자연과학 발전사를 탐구한 쿤의 주장에 따르면 패러다임은 그때까지 성공적으로 설명해온 성과를 바탕으로 하여 표준으로 자리잡는다. 어떤 패러다임이 인정받으면 쿤이 '정상과학(normal science)'이라고 불렀던 시기가 찾아온다. 이 기간 동안 지금까지의 성공으로 탄생한 패러다임이 정착한다. 이 패러다임에 어긋나 보이는 실험적 증거는 변칙, 이를테면 패러다임에 어려움을 야기하지만 패러다임을 포기하게 만들지는 않는 문제로 간주된다. 사실 변칙은 그 패러다임의 맥락에서 해답을 기대할 수 있다고 본다. 정확히 어떤 해답이 될 것인지 분명하지 않지만 임기응변으로 기존 패러다임을 수정하는 방법이 제안된다. 예를 들어 프톨레마이오스 천문학에서도 이론과 관찰의 불일치를 입증하는 증거가 늘어나자 주전원을 추가하는 방법으로 해결하려 했다. 그 결과 주체스럽고 흉한 체제가 되었지만 사람들은 이를 고수했다. 뚜렷한 대안이 없었기 때문이다.

그러면 변칙들이 쌓이면서 결국 패러다임에 의문을 제기할 만한 힘을 갖게 되면 어떻게 될까? 또는 하나의 변칙이 엄청난 위력을 지녀 그로부터 제기된 문제를 외면할 수 없다면? 이제 임기응변은 불가능하다. 더 근본적인 변화가 필요한 시점이다. 그런 상황이 오면 패러다임의 내부에서 위기가 고조되는데, 쿤은 이것을 '과학혁명'의 전주곡이라 말한다. 그는 이 혁명적 견해를 데이터와 지식이 쌓이면서 과학 이론이 점차 발전한다고 보는 본질적 진화 모델과 대조하면서 그 차이를 분명히 한다. 다른 과학 역사가들은 '과학의 진보'를 주장했지만, 쿤은 짧은 시간에 획기적인 가설의 변화가 일어나는 혁명의 이미지를 선호했다.

> 경쟁 관계에 있는 패러다임 간의 전환은 논리와 중립적인 경험에 의해 한 단계씩 진행될 수 없다.…… 순식간에 벌어지지 않더라도 한꺼번에 일어나거나 아예 일어나지 않아야 한다.…… 여기서 증거나 오류는 관건이 아니다. 기존의 패러다임을 버리고 새로운 패러다임에 몰두하는 것은 강제로 일어날 수 없는 변화 경험이다. (Kuhn, 1970, p. 149)

요컨대 기존의 패러다임과 미래의 패러다임은 동일한 척도로 잴 수 없을 만큼 달라 옛것이 새것에 자리를 내줘야 한다. 옛 패러다임의 일부가 남을 수는 없고 완전히 대체된다. 패러다임의 변화가 일어나면 전혀 새로운 방식으로 사물을 인식하고 이해하고 탐구하게 된다.

이러한 혁명의 요인들이 반드시 합리적 성격을 띠는 것은 아니라는 데 주목할 필요가 있다. 기존 패러다임을 버리고 새로운 것을 받아들이겠다는 결정의 배후에는 복잡하게 얽힌 쟁점들이 자리하고 있으며, 이는 과학적 탐구만으로 설명할 수 없다. 고도로 주관적인 요소가 관여하는데, 쿤은 패러다임의 변화를 개종과 비교한다. 이처럼 패러다임의 변화를 가져오는 주관적인 이유를 강조하여 일부 비판자들은 과학 발전에 관한 쿤의 설명이 '군중 심리'에 지나치게 의존하는 것 같다고 지적했다.

과학 이론의 발전에 대한 쿤의 분석은 다른 근거에 의해서도 상당한 비판을 받았다. 연속되는 패러다임이 비교 불가능할 만큼 서로 다르다는 주장도 비판의 대상이 되었다. 이는 틀린 생각이라고 비판하는 이들도 있다. 툴민(Stephen Toulmin)은 혁명 전반에 걸쳐 쿤이 생각했던 것보다 훨씬 큰 연속성이 존재하며, 과학 발전에서는 급진적인 '혁명'보다 작은 변화들이 자주 일어나는 것이 일반적이라고 말한다. 뉴턴 이론을 아인슈타인의 물리학이 대체한 과정을 굳이 '패러다임의 변화'로 볼 필요가 없다는 것이다.

과학의 역사를 일련의 패러다임 변화로 설명한 쿤의 주장에 대해 헝가리 과학철학자 라카토스(Imre Lakatos, 1922~1974)는 경쟁 관계에 있는 일련의 연구 프로그램이라는 대안을 내놓았다. 연구 프로그램이란 논리적으로 연결되고 다양한 데이터가 뒷받침되는 이론들로 구성된 방대한 네트워크다. 이 이론과 데이터의 네트워크를 하나로 묶는 것은 '핵심(hard core)', 즉 연구 대상 실재의 본성에 관한 논제로 종종 형이상학적 특성을 띤다. 그런 프로그램에 참여하는 과학자들은 보조 가설이라는 보호대로 이론적 '핵심'을 보호하려 한다. 이론과 모순되는 관찰은 이론의 핵심 요소가 아니라 보조 가설이라는 보호대에 적용하는 것이다. 과학철학자 뒤앙에 따르면 자신이 신봉해온 믿음을 적대적인 증거로부터 보호하기 위해 비판의 방향을 다른 믿음으로 돌릴 수 있다. 라카토스는 더 확고한 이론적 토대 위에서 이러한 견해를 밝힘으로써 포퍼의 글에서 발견했던 투박한 반증주의에 큰 타격을 주었다.

이는 매우 중요한 담론이라 여기서 더 자세히 다루는 것은 무리가 있다. 그러나 쿤의 패러다임 변화론에서 비과학적 요인들을 상당히 강조했고, 패러다임이 어떻게 채택되고 폐기되는가에 대한 그의 분석이 종교적 믿음에 시사하는 바가 크다는 사실은 중요하다. 신학과의 연관성 맥락에서 쿤의 핵심 주제 두 가지에 주목할 필요가 있다. 첫째로, 쿤의 '패러다임 변화' 개념은 종교철학사에서 일어났던 대표적인 지적 변화를 이해하는 데 도움이 된다. 앞서 살펴봤듯이 종교사상은 당시의 문화와 철학적 가정으로부터 최소한 어느 정도 영향을 받는다. 이처럼 배경에 자리한 가정에 큰 변화가 일어나면 파급 효과가 커질 수 있음을 기독교 신학의 발전 과정이 입증한다. 근현대의 서양 기독교 사상에서 신기원을 이룬 종교개혁, 계몽주의, 포스트모더니즘 등을 생각해보자. 이들 각각은 신학 연구 방식에 대한 우리의 견해를 크게 바꿔놓은 '패러다임의 변화'로 간주할 만하다. 새로운 패러다임으로 전환하는 과정에서 기존의 배경적 가정과 표준, 방법에 관한 지식 기반이 근본적으로 바뀌고 때로는 아예 폐기되었다.

두 번째 관심 주제는 실재론에 관한 것이다. 쿤은 실재론이 과학 연구의 성공을 설명한다거나 '이론'과 '실재'가 갈수록 융합되는 것이 과학 진보를 설명한다고 보지 않는다. 과학 발전에 대한 실재론적 설명을 거부한다고 해서 무엇을 잃는 것은 아니라는 것이다. 그러나 과학이 잘못된 길로 접어들어 나중에 바로잡아야 하는 상황에 처하지 않고 올바른 방향으로 나아가고 있음을 알 수 있는 방법이 없다면 '진보'에 대한 의미 있는 담론이 어떻게 가능할까?

쿤의 분석은 지식사회학 분야의 연구에 큰 영감을 주었다. 이론은 항상 증거에 의해 과소결정되므로 사회학적 요인에 따라 이론이 선택된다는 것이다. 다시 말해 어떤 이론을 선택하여 받아들이는 데에는 실험적 증거보다 다양한 사회적 가치, 기득권, 제도적 관심사가 더 크게 작용한다. 이러한 견해는 종교적 교의가 '실재하는가' 또는 '사회적 인자에 의해 결정된다고 볼 수 있는가'라는 중요한 물음을 던졌다. 예를 들어 그리스도의 '두 가지 본성'에 관한 전통 기독교 교의는 이 교의가 설명해야 하는 현상 대신 로마 제국의 정치적 상황으로 결정된 것이라고 생각할 수도 있다.

그렇다면 과학 이론의 발전과 신학사상의 발전 사이에 또 다른 공통점이 있을까? 이와 관련하여 자주 언급되는 개념이 '교의의 발전'이다. 옛 기독교 신학자들은 교회의 가르침이 '발전'하거나 '진화'할 가능성을 선뜻 받아들이지 않았고, 교회의 가르침이 항상 한결같음을 믿고 싶어했다. 그러나 19세기 초 발전을 입증하는 증거들이 나오면서 발전의 개념을 더는 거부할 수 없게 되었다. 뉴먼(John Henry Newman)은 명저 《교의 발전론Essay on the Development of Doctrine, 1845》에서 실제로 교의가 발전해왔으며, 이 발전 과정은 행성의 성장에 견줄 수 있다고 말한다.

[그림 16.2] 뉴먼John Henry Newman
©Hulton-Deutsch Collection/CORBIS

그러나 다윈의 《종의 기원》이 출판되면서 발전 과정은 새로운 국면을 맞이했다. 지난 세기에 서양문화사에서 일어난 가장 큰 발전은 문화적 변화와 지적 변화의 개념이 다윈주의 진화 패러다임에 동화되어 왔다는 것이다. 그렇다면 다윈의 진화 모델을 교의 발전에 적용할 수 있을까? 적자생존의 원리도 그런가? 또는 의도한 형태로 자손을 번식하는 것만 해당하는가? 논쟁은 계속되고 있으며 이 짧은 소개 글에서 다루기에는 범위가 너무 넓다. 다만 말하고 싶은 것은 어떻게 종교와 과학의 대화가 신학에 새로운 질문을 던져주고 때로 답까지 이르게 하는지 기독교 교의 발전에서 확인할 수 있다는 사실이다.

방금 이 장을 마무리하면서도 밝혔듯이 이 책의 내용은 기독교를 중심으로 한다. 일반적인 '종교'보다 기독교에서 비롯된 구체적인 주제들을 다루고자 했다. 그러면 다른 전통 종교들은 자연과학과 어떤 관계를 맺고 있을까? 바로 다음 장에서 살펴볼 내용이다.

추가 참고도서 목록

Kadvany, John. *Imre Lakatos and the Guises of Reason*. Durham. NC: Duke University Press, 2001.

Kuhn, Thomas S. *The Structure of Scientific Revolutions*, 2nd edn. Chicago: University of Chicago Press, 1970.

McGrath, Alister E. *A Scientific Theology: 3 - Theory*. London: T & T Clark, 2003.

Nichols, Aidan. *From Newman to Congar: The Idea of Doctrinal Development from the Victorians to the Second Vatican Council*. Edinburgh: T & T Clark, 1990.

Strug, Cordell. "Kuhn's Paradigm Thesis: A Two-Edged Sword for the Philosophy of Religion." *Religious Studies*, 20 (1984): 269-279.

Thagard, Paul. *Conceptual Revolutions*. Princeton, NJ: Princeton University Press, 1992.

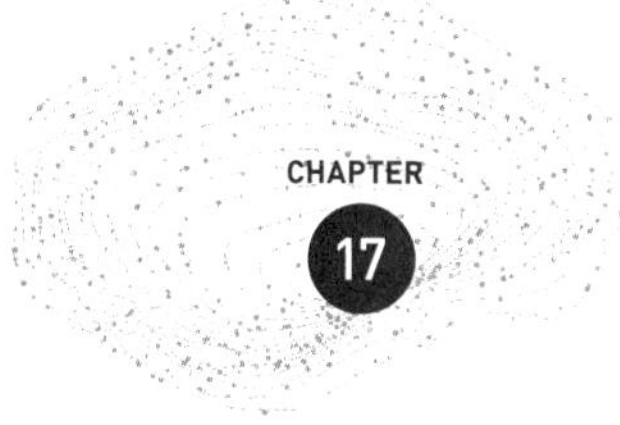

CHAPTER 17

다른 신앙에 나타난 과학과 종교의 상호작용

이 책은 주로 자연과학과 기독교의 관계에 초점을 두고 분석했다. 그 이유는 이미 앞에서 밝혔다. 물론 어떤 독자들은 과학과 다른 신앙의 관계가 어떤지 궁금할 것이다. 이 장에서는 유대교, 이슬람교, 힌두교, 불교와 과학 간의 상호작용을 살펴보고자 한다. 간략하게 짚어보는 수준이라 복잡한 관계 중 일부 주제를 주로 다룰 것이다. 관심 있는 독자라면 참고도서 목록을 활용해 더 자세히 공부하기 바란다.

대부분의 전통 종교에서 공통적으로 나타나는 특징 중 하나는 전통적 우주론과 자연과학에서 옹호하는 우주론 간에 느껴지는 긴장 관계다. 이를테면 일부 보수적 프로테스탄트 교파에서 보여주는 것과 비슷한 반진화론적 견해를 보수적인 유대교와 이슬람교, 힌두교 사회에서도 만날 수 있다. 터키의 이슬람 학자 옥타르(Adnan Oktar, 1956~)는 하룬 야하(Harun Yahya)라는 필명으로 진화론을 배격하는 글을 많이 발표했다. 《창조도해서The Atlas of Creation, 2006》도 그중 하나다. 그는 진화론을 논박하는 데 창조론자들이 제시하는 것과 매우 비슷한 논거를 사용했다.

여기서는 네 가지 전통 종교와 과학 간의 상호작용에 주목하려 한다. 각 종교가 다윈의 진화론에서 제기한 문제를 어떻게 다루는지도 살펴보겠다. 이는 현시대의 과학과 종교에서 매우 중요한 쟁점 중 하나이기 때문이다.

유대교

과학사를 대강 살펴봐도 유대인 과학자들이 과학 발전에 얼마나 크게 공헌했는지 알 수 있다. 20세기에 세상을 바꾼 획기적인 이론을 내놓은 과학자로 널리 인정받는 아인슈타인(Albert Einstein, 1877~1955)이 대표적인 예다. 유대교는 광범위한 신학적 관점을 수용한 덕에 상당한 다양성을 갖게 된 신앙이다. 게다가 '유대인'이라는 사실이 문화적으로 복잡한 의미를 내포하는 유대 민족이지만 아무런 신앙이 없는 이들도 있다. 따라서 유대교와 자연과학의 관계를 일반화하는 데는 큰 어려움이 따른다. 사실 유대교 내에서 과학과 종교의 관계를 둘러싸고 일어나는 논쟁 중 상당수는 기독교에서 벌어지는 논쟁과 거의 비슷하다. 두 신앙이 창세기와 같은 일부 텍스트를 공유한다는 점도 작용할 것이다.

일반적으로 초기의 유대교 학자들은 창세기의 창조 이야기를 있는 그대로 해석했다. 6,000년 전에 세상이 시작되었고 그 시기에 인류도 창조되었다는 것이다. 그러나 필로(Philo of Alexandria)처럼 창세기 창조설을 포함한 성경 텍스트를 고도로 우의적으로 해석하는 학자도 많다. 중세의 위대한 유대교 철학자 마이모니데스(Maimonides, 1135~1204)의 글에서도 나타나는데, 그는 과학과 성경 해석이 갈등 관계에 있는 것 같다면 과학을 잘못 이해했거나 성경 텍스트를 잘못 해석했기 때문이라고 말하기도 했다. 과학에서 요구하는 어떤 믿음이 신앙의 근본적인 내용과 배치되지 않는다면 믿음을 받아들이고 그 관점에서 성경을 해석해야 한다는 것이다.

[그림 17.1] 아인슈타인Albert Einstein ©The Print Collector/Heritage-images

이러한 관점 덕분에 유대인 지식 계급 대부분은 다윈의 진화론에 유연한 태도를 보였다. 이들은 기독교 학자들의 견해, 이를테면 다윈의 이론이 성경 창조관을 반박하는 것이 아니라 이를 확충하는 것으로 보는 것이 바람직하다는 데 동의했다. 다윈의 이론은 성경 텍스트를 있는 그대로 역사적인 진술로 받아들이기보다 우의적이거나 형이상학적 해석을 의미한다는 주장도 있었다. 그러나 소수지만 생물학적 진화 개념에 반대하는 목소리도 있다. 초정통파 랍비 파인스타인(Moshe Feinstein, 1895~1986)은 진화를 믿는 것은 이단이라고 주장했다. 과학의 발전은 유대교에서 신에 대한 핵심 메타포를 다시 검토하고 수정할 기회를 주었다는 견해도 있다. 예를 들어 랍비 넬슨(David W. Nelson)은 현대 물리학의 이론적 개념이 유대교에서 신을 묘사할 새로운 메타포를 제공한다고 말한다.

이슬람교

이슬람은 '황금시대'라고도 불리는 7세기부터 13세기까지 자연과학의 발전에 주도적인 역할을 했다. 초기 이슬람 학자들은 자연현상을 다룬 아리스토텔레스의 저서 《물리학Physics》과 《기상학Meteorology》을 비롯하여 다수의 고전시대 텍스트를 보존하고 번역했다. 그러나 아리스토텔레스 철학 중심의 지적 풍토는 과학 발생 이전의 일이었다. 과학혁명이 일어나면서 아리스토텔레스 철학의 상당 부분이 과학 진보의 장애물로 간주되어 내쳐졌다. 이후 서양에서 과학이 본격적으로 발전하던 시기에 이슬람권에서는 과학이 쇠퇴기에 접어들었다. 1580년 이스탄불의 천문대가 파괴된 것은 과학에 대한 관심이 사그라지던 시대 상황을 상징하는 사건이다.

현대 이슬람교에서는 과학과 종교의 관계, 특히 과학의 발전과 관련해 경전을 해석하는 문제를 놓고 다른 종교와 비슷한 긴장이 이어지고 있다. 코란의 일부 텍스트는 알라의 지혜를 이해하기 위한 방편으로 자연세계를 연구할 것을 권장한다. 따라서 기독교처럼 이슬람교에서도 자연신학이 출현할 가능성을 생각할 수 있겠지만 사정이 그리 간단하지 않다. 수차례 언급했듯이 이슬람교에는 기독교의 '자연신학' 개념에 해당하는 것이 없다. 일반적으로 이슬람교에서는 코란을 벗어난 상태에서 신을 제대로 이해하는 것을 인정하지 않아 이슬람식 자연신학 이론이 형성되는 데 어려움이 있다. 칼람(kalam)이라는 용어는 일반적인 철학 탐구를 지칭할 때 자주 쓰이는데, 여기에 자연신학이 포함된다고 볼 수도 있겠으나 딱히 자연을 통해 신을 인식할 수 있음을 의미하는 것은 아니다. 이러한 물음은 이슬람 내부에서 심각한 논쟁을 불러일으켰고, 그 결과 코란 해석의 모범이 바뀌면서 이러한 일반화가 어려워졌다.

일부 코란 해석 학파에서는 신앙에 대한 일반적인 변증론의 차원에서 자연에 의지할 것을 주장했지만, 과거와 현대의 다른 이슬람 신학자들은 그런 변화에 극히 비판적인 입장이었다. 가장 대표적인 인물인 중세의 저술가 알가잘리(1058~1111)는 자연철학과 자연신학을 이슬람 정통 신앙에 대한 심각한 위협으로 간주하여 《철학자의 부조리Incoherence of the Philosophers》에서 플라톤과 아리스토텔레스를 비롯한 비이슬람권 사상을 참조하는 이슬람 학자들을 비난했다. 알가잘리는 천문학과 해부학처럼 몇몇 실용 과학의 발전을 장려하면서도 그런 과학이 어떤 계시적 역할을 한다고 보지 않았다. 약 1500년부터 그의 견해가 주도권을 잡으면서 자연 속에서 초월성을 찾는 것에 대한 이슬람교의 입장에 큰 영향을 미쳤다. 근대 초기에 서양 기독교 신학에서는 자연신학을 수용했지만, 이슬람교에서는 그에 못지않은 강경한 태도로 이를 거부했다.

또 하나의 중요한 문제는 자연 속 인과성이다. 신은 자연 속에서 어떤 식으로 활동하는가? 14장에서 살펴본 대로 기독교 신학에서는 다양한 방식으로 이를 다루고자 했다. 중세에는 '제2원인' 개념이 특히 중요한 역할을 했다. 이 개념을 적용하면 만물의 궁극적 원인이 신에게 있지만 그와 더불어 자연계 내에도 인과성이 존재할 수 있다. 자연 속 인과성은 과학 탐구의 대상이 될 수 있었다. 그러나 알가잘리를 비롯하여 그 시대를 대표한 일부 이슬람 사상가들은 신이 만물에게 직접 인과관계를 통해 영향력을 행사한다고 생각했다. 이를테면 알가잘리는 《믿음에서의 절제Moderation in Faith》에서 모든 실체와 사건의 직접적인 원인은 신에게 있으며, 오로지 신만이 그것들을 일으킬 수 있다고 주장했다.

> 모든 것을 종합해볼 때 생물과 무생물에서 일어나는 모든 일시적인 일과 내용, 사건은 신의 권능을 통해 발생하므로 신을 찬양할지어다. 오로지 신만이 이들을 만들어낼 유일한 특권을 지녔다. 어떤 피조물도 다른 피조물을 통해 생겨나지 않는다. 만물이 신의 권능을 통해 생겨난다. (Al-Ghazali, 1994, pp. 314~315)

흔히 '기회 원인론(occasionalism)'이라 부르는 이러한 인식 때문에 자연과학의 연구 대상으로 각광받던 자연계 내 인과성 개념은 점점 무시되었다. 어떤 '효과'에 대해 신 이외의 다른 직접적이고 필연적인 '원인'은 찾을 수 없다. 예를 들어 불타는 가연성 물질이 있다고 하자. 연소 작용은 불에 의한 것인가? 알가잘리는 불과 솜이 만나 솜이 불타면 이는 불이 아니라 신이 일으킨 것이라고 말한다. 그의 주장대로라면 불에 내재된 어떤 속성이 있어 다른 물질을 태우는 작용을 신으로부터 부여받는다. 그러나 불태우겠다는 신의 의지가 있어야 연소 작용이 일어난다. 신은 그 일을 허락하지 않을 수도 있다. 이슬람 전통 신앙에 따르면 아브라함은 불에 타지 않았다.

일반적으로 관찰 가능한 세상 내에서 특정한 인과법칙이 적용되지만, 알가잘리는 그것이 신의 의지에 의한 것이라고 말한다. 이슬람교는 경전의 가르침을 받는 여느 종교(기독교)처럼 다윈의 진화론에 대해서도 긴장 관계를 유지한다. 인류의 창조를 언급하는 코란의 텍스트는 여러 가지로 해석할 수 있다. 전통 교의에 따르면 알라가 진흙을 빚어 아담을 만들었다. 이를 해석하는 이슬람 학자 중 상당수는 진화의 개념을 배제한다. 그러나 생물학적 진화가 창조 방식을 분명하게 해준다고 주장하는 이들도 있다. 완성된 근원적 행위가 아닌 확장된 과정이라는 인식을 심어주기 때문이다. 대부분의 이슬람교 학자들은 진화 과정의 외견상 무작위성에 이의를 제기한다. 진화를 인정하지 않거나 무작위적인 사건으로 보이는 것의 기저에서 알라의 뜻을 깨달아야 한다고 보았기 때문이다. 물론 이와 동일한 논쟁을 기독교와 유대교에서도 만날 수 있다.

힌두교

기독교와 유대교, 이슬람교는 경전을 토대로 하는, 경전을 해석해야 하는 신앙이다. 따라서 과학과 종교의 관계에 대한 견해는 경전의 텍스트에 대한 해석과 관련이 있다. 힌두교의 경우 사정이 더 복잡하다. 베다(Vedas)를 '힌두교의 경전'이라고 보는 것이 정확할 것이다. 그러나 엄밀히 말해 베다는 신의 계시를 전달하지 않는다. 힌두교에서는 이러한 텍스트를 힌두교를 창시한 신화 속의 신비로운 인물인 리시(rishi)가 묵상 과정에서 '들려준 것', 즉 슈루티(sruti)로 간주한다. 이것은 신의 계시나 인간의 지혜에서 얻어진 것이 아니라 우주 자체의 본질에서 나온 것이다.

힌두교는 광범위한 지역에서 오랜 시간에 걸쳐 생겨난 다양한 개념을 종합한 복잡한 종교다. 텍스트의 다양성도 종종 지적되는데, 신적 실재(divine reality)의 속성을 바라보는 시각에 따라 힌두교는 크게 여섯 개의 학파로 나뉜다. 이는 특히 힌두교의 창조관과 관련해 중요한 의미를 갖는다. 힌두교에서는 기독교인들이 믿는 성경적 의미로 세상이 창조되었다는 것을 받아들이지 않고, 신과 우주가 근본적으로 동일하다고 여긴다. 더 정확히 표현하면 우주적 존재가 우주의 모습으로 자신을 '나타낸다'고 생각한다. 이러한 개념을 탐구하는 과정에서 서로 상반되는 다양한 창조 설화들이 등장했다. 예를 들어 리그베다(Rig Veda)는 우주적 존재인 푸루샤(Purusha)로부터 우주가 어떻게 창조되었는지 말해준다. 푸루샤는 천 개의 머리와 천 개의 눈, 천 개의 발을 가진 존재로 묘사된다. 힌두교 사회를 구성하는 네 계급은 각각 푸루샤의 입과 팔, 넓적다리, 발에서 나온 것이다.

또 다른 창조 설화는 다양한 심상을 사용하면서 우주 창조에 대해 얘기한다. 리그베다는 "언제 어디서 어떻게 창조가 이루어졌는지 진정 누가 알고 누가 맹세할 수 있을까?"라고 말한다.

따라서 많은 힌두교 학자들은 힌두교가 자연과학과 별 관련이 없다고 생각한다. 근대 과학 발전에 의해 도전받은 지배적인 창조설이나 우주 기원론도 없다. 인도 천문학의 발전에 종교적 쟁점이 큰 타격을 준 적도 없는 듯하다. 다양한 창조설 덕분에 진화론의 일부 요소를 수용할 가능성이 엿보이는 것도 있다. 베다에서 진화론을 명백하게 뒷받침하는 근거나 전조가 되는 내용을 찾아내는 이들도 있다. 이와 달리 인류를 비롯한 모든 종이 고도로 진화된 순수의식으로부터 '내려온 것'이라고 주장하는 '베다 창조론파'도 있다. 온갖 동식물 종은 이 순수의식이 오랜 세월 동안 탄생과 부활을 무한 반복하는 윤회 과정에서 취하는 물질 형태에 불과하다.

불교

불교가 자연과학과 특히 건설적인 관계를 맺고 있다는 것이 일반적인 생각이다. 이러한 인식이 자리잡는 데에는 역사적 사건이 부분적으로 작용했다고 볼 수 있다. 불교 역사를 통틀어 볼 때 불교가 자연과학과 접촉한 적은 거의 없었다. 힌두교처럼 불교와 자연과학의 만남은 16세기에 서구 제국주의 세력이 아시아까지 확장되어 과학 이론이 도입되면서 시작되었다. 이것은 과학에 대한 뿌리 깊은 의심이 없어 큰 저항 없이 받아들여졌다는 의미다. 게다가 불교와 과학이 건설적인 관계를 유지한다는 인식은 주로 미국에서 특정 유형의 불교 교리를 받아들였거나 지지한 서양 과학자들에 의해 자리잡은 것이다. 이처럼 여러 차원의 유익한 문화적 연계를 통해 과학과 불교 간에 대화가 활성화되었지만 이러한 현상이 불교의 본토 국가들에서 반드시 나타났던 것은 아니다.

그러나 불교가 전반적으로 관대한 시선으로 과학을 바라보는 것이 오로지 역사적 사건들 때문만은 아니다. 좀더 신학적 성격을 띠는 다른 요인도 관련되어 있다. 이를테면 불교는 비신론(nontheism)에 해당한다. 최근 일부 불교 학자들은 불교의 '비신론적' 세계관과 우주론의 공통점에 주목하면서 기독교 유신론과 비교하여 불교가 과학과 더 조화로운 관계를 누린다는 증거로 제시한다. 과학적 방법과 불교 모두 비신론적이라는 것이다. 초기의 소승 불교(Theravada Buddhism)에서는 현대과학의 방식에 견줄 만한 경험과 실험적 방법을 도입했다는 주장도 있다. 따라서 불교 교의는 다른 종교와 차별화된 방식으로 물리적 실재에 관한 현재의 과학 모델과 어우러진다는 점에서 '과학적인' 종교라고 생각할 수 있다.

뿐만 아니라 불교는 과학의 발전으로 도전받는 결정적 신의 계시를 인정하지 않는다. 그리고 우주 창조의 시점과 방식은 무의미한 문제로 간주한다. 전통 불교의 우주론에서는 우주가 서로 독립적인 상호관계로 이루어진 체제로 시작이나 끝이 없이 항상 변화한다고 생각한다. 서양인들이 종교적이라고 여기는 요소들이 없어서 종교라기보다 철학이나 일종의 응용심리학처럼 느껴질 수도 있다. 이는 '종교'를 어떻게 정의할 것인가라는 물음을 던져주어 장점이 될 수 있다.(pp. 16~17, 255 참조)

그렇다고 해서 불교가 다른 종교에 비해 자연과학과 더 잘 통한다거나 본질적인 구조상 과학에 더 개방적이라고 단정지을 수는 없다. 최근에 자연과학을 다룬 불교 저술들을 살펴보면 전통 불교의 체계는 과학에 의해 어떤 영향도 받지 않고 본래의 모습을 지키고 있다는 인상을 받는다. 긴장 관계가 없다는 것은 상호작용의 부재에서 비롯되기도 한다. 그러나 콜게이트 대학의 물리학 및 천문학 교수 맨스필드(Victor Mansfield)에 따르면 불교에는 서양 과학이 정신 및 감정적 측면에서 가진 '틈새'를 채워줄 영적 요소가 있다. 이를 바탕으로 심리학에서는 일관성 있는 인지 이론을 발전시키고 다른 과학에서는 정보를 얻을 수 있다. 맨스필드는 불교와 과학이 나누는 대화를 통해 불교 자체보다 과학의 창조적 변화를 이끌 수 있다고 주장한다.

그렇지만 불교에서 특히 관심을 갖는 과학 영역이 있다. 가장 중요한 분야가 심리학일 것이다. 내적 자아에 대한 불교의 가르침과 관심, 명상 수련법은 많은 불교 신도들을 현대 심리학 연구의 길로 이끌었다. 고통과 그 원인에 대한 전통 불교 교의, '반야' 개념, 명상 수련법은 현대의 상황에 맞게 발전했다. 예를 들어 융(Carl Jung)은 불교가 심리 치료에 미칠 수 있는 영향에 주목했다. 최근 많은 전문 심리학 연구기관에서 불교학과를 설립하는 등 이 분야에 대한 관심이 날로 높아지고 있다.

이 장에서는 기독교가 아닌 다른 종교의 관점에서 과학과 종교의 문제를 간략하게 살펴보았다. 과학과 종교의 복잡한 관계를 전반적으로 이해하려면 훨씬 더 방대한 내용을 다뤄야 할 것이다. 모쪼록 이 짤막한 소개 글이 이 분야에 관심을 가진 독자에게 더 많은 글을 읽고 생각할 계기가 되기를 기대한다.

추가 참고도서 목록

Cantor, Geoffrey, and Marc Swetlitz (eds). *Jewish Tradition and the Challenge of Darwinism*. Chicago: University of Chicago Press, 2006.

Efron, Noah J. *Judaism and Science: A Historical Introduction*. Westport, CT: Greenwood Press, 2007.

Giacaman, George, and Raja Bahlul. "Al-Ghazali on Miracles and Necessary Connection." *Medieval Philosophy and Theology*, 9 (2000): 39-50.

Kak, Subhash C. "Birth and Early Development of Indian Astronomy." In Helaine Selin (ed.), *Astronomy across Cultures*: The History of Non-Western Astronomy, pp. 303-340. Dordrecht: Kluwer, 2000.

Mansfield, Victor. *Tibetan Buddhism and Modern Physics: Toward a Union of Love and Knowledge*. Philadelphia: Templeton Foundation Press, 2008.

Nelson, David W. *Judaism, Physics, and God: Searching for Sacred Metaphors in a Post-Einstein World*. Woodstock, VT: Jewish Lights Publications, 2005.

Ragep, F. Jamil. "Freeing Astronomy from Philosophy: An Aspect of Islamic Influence on Science." *Osiris*, 16 (2001): 49-71.

Ricard, Matthieu, and Xuan Thuan Trinh. *The Quantum and the Lotus: A Journey to the Frontiers Where Science and Buddhism Meet*. New York: Crown Publishers, 2001.

Saliba, George. *A History of Arabic Astronomy: Planetary Theories during the Golden Age of Islam*. New York: New York University Press, 1994.

Zajonc, Arthur, and Zara Houshmand. *The New Physics and Cosmology: Dialogues with the Dalai Lama*. New York: Oxford University Press, 2004.

과학과 종교: 현시대의 논쟁

도킨스와 과학적 무신론 : 과학은 신을 부정하는가? ● 우주론 : 인류 원리는 무엇을 의미하는가? ● 양자이론 : 과학과 종교에서의 상보성 ● 진화생물학 : 자연 속의 '설계'를 논할 수 있는가? ● 진화심리학 : 종교 신앙의 기원 ● 종교심리학 : 종교적 체험 탐구 ● 종교 인지과학 : 종교는 '자연적'인가?

SCIENCE & RELIGION

제2부에서는 과학과 종교의 대화와 관련된 일반적인 주제들을 살펴봤다. 그러나 앞서 언급한 대로 대화의 발전을 가로막는 큰 걸림돌 중 하나는 '과학'과 '종교'라는 용어가 다양한 학문과 실천 분야를 가리킬 수 있다는 점이다. 따라서 더 구체화할 필요가 있다. 제3부에서는 구체적인 과학 분야에서 제기되는 종교 또는 신학적 쟁점에 대해 알아보자.

먼저 과학적 방법이 본디 무신론적 성향을 띠는지 묻고자 한다. 특히 무신론 설파와 과학 대중화에 앞장서 온 도킨스의 주장을 중심으로 살펴볼 것이다. 그런 뒤 우주 발전 과정에서 자연의 기본상수(fundamental constant)가 갖는 중대한 가치를 둘러싸고 현시대에 진행 중인 우주론 논쟁을 조명한다. 소위 '인류(anthropic)' 현상은 종교적으로 어떤 의미를 갖는가? 이어 우리의 관심은 양자이론(quantum theory)으로 이동하여 '상보성(complementarity)' 관념이 신학적 의미와 가치를 지니는지 탐구한다. 양자이론이 복잡한 경험적 정보를 규명하는 과정에서 겪었던 어려움은 신학적으로 어떤 의미를 갖는가?

생물학에 할애된 다음 장에서는 자연 속에 '목적'이 있다는 주장을 현시대의 진화생물학에서 수용할 수 있는가라는, 신학적으로 중요한 물음을 던진다. 이어 진화심리학(evolutionary psychology)에서는 종교의 기원을 어떻게 설명하는지 알아본다. 잠시 종교심리학으로 주제를 옮겨 신에 대한 믿음의 기원을 탐구한 프로이트의 유명한 정신분석론을 소개한다. 마지막으로 상대적으로 새로운 분야인 종교 인지과학(cognitive science of religion)에서 종교적 신앙을 '자연적' 현상으로 간주할 것을 주장하는지 살펴본다.

지면 관계로 각각의 중요한 주제를 한정된 범위에서 다룰 수밖에 없다. 그러나 소개된 추가 참고도서 목록을 참조하면서 더 깊이 탐구해볼 수 있다.

도킨스와 과학적 무신론 : 과학은 신을 부정하는가?

과학과 종교의 상호작용에서 비롯된 중대한 질문 중 하나는 자연과학이 신의 존재를 부정하는지, 만물의 이치를 설명하는 데 신의 존재를 완전히 불필요하게 만드는지 하는 것이다. 17세기부터 끊임없이 이어져온 이 논쟁은 2006~2007년에 이른바 '신무신론(new atheism)'에 관한 글들이 발표되면서 새로운 활력과 지적 에너지의 장이 되었다. 그중 두 편은 자연과학이 무신론적 관점을 뒷받침한다는 주장을 옹호한다. 데넷(Daniel Dennett)이 그의 영향력 있는 저서 《다윈의 위험한 생각Darwin's Dangerous Idea, 1995》에서 어떤 견해를 밝혔는지 나중에 다룰 것이다.(22장 참조) 이 장에서는 도킨스가 《만들어진 신The God Delusion, 2006》과 그전에 발표한 글을 통해 펼친 주장들을 살펴본다.

'과학적 무신론'의 대표자로 명성을 떨치고 있는 도킨스(1941~)는 옥스퍼드대학교에서 과학 대중화 담당 교수(Professor of the Public Understanding of Science)로 재직하다 2008년 은퇴했다. 그는 과학적인 주제를 널리 알린 일련의 저서로 유명하다. 그중에서도 가장 잘 알려진 글이 처녀작인 《이기적 유전자The Selfish Gene, 1976년 초판 발행》다. 도킨스는 이 글에서 '유전자의 눈'으로 바라본 진화론을 주창했다. 이 '유전자 관점의 세계관'에서는 각각의 유기체를 생존 기계(survival machine), 유전자를 담는 수동적 그릇(passive receptacle for genes), 유전자 군체(colony of genes)로 간주한다.

[그림 18.1] 도킨스Richard Dawkins
PA Photos

[유전자는] 거대한 군체를 이룬다. 쿵쿵대며 이동하는 커다란 로봇 안에 안전하게 자리한 채 외부 세계로부터 차단되었으되 비비 꼬인 간접 경로를 통해 외부 세계와 접촉하고 원격 제어를 통해 외부 세계를 조작하는 것과 같다. 유전자들은 당신과 나의 내부에 자리하면서 육체와 정신을 형성한다. 그리고 그 유전자의 보존 상태가 바로 우리라는 존재의 근본적인 이유다. (Dawkins, 1989, p. 21)

일반적인 진화생물학, 특히 '유전자의 눈으로 본' 진화론은 신에 대한 믿음의 타당성을 부정한다. 이는 《눈먼 시계공The Blind Watchmaker, 1986》에서 더 확실하게 강조되는데, 신다윈주의 진화론의 관점에서 왜 신을 자연 질서의 '설계자'나 '창조자'로 여길 필요가 없는지 설명하고 있다. 도킨스는 생물학적 영역의 복잡성, 이를테면 복잡한 구조를 지닌 인간의 눈이 신성한 창조주를 가리킨다고 생각한 페일리(William Paley, pp. 31, 64~65)의 견해에 초점을 맞춘다. 도킨스는 페일리가 '생명의 기계장치를 해부하여 아름답고 경건하게 묘사한 것'을 높이 평가한다고 하면서도 신에 대한 페일리의 주장은 비록 '열렬한 순수함'과 '당시 최고 수준의 생물학적 지식'을 토대로 했을지언정 '찬란할 정도로 완전히 잘못된 생각'이라고 평했다. 즉 "자연속의 시계공은 눈먼 물리력밖에 없다."고 주장한다.(Dawkins, 1986, p. 5)

따라서 '설계론(argument from design)'은 누더기 신세가 된다고 도킨스는 말한다. 다만 자연 속에 '보이는 설계'에 대해 말할 수 있는데, 설계처럼 보이는 이 허상은 자연의 눈먼 힘을 통해 나온 것이다. 옛날 사람들이 보기에 신의 존재를 입증하는 증거였던 것이 오늘날에는 단지 순수한 자연 과정의 결과로 간주된다. 신이 개입하거나 불려올 여지는 없다. 이러한 시각은 도킨스의 《있을 것 같지 않은 산 오르기Mount Improbable, 1996》에서 한걸음 더 나아간다. 진화가 진행되는 기나긴 시간 속에서 작은 변화가 점증되면서 통계적 확률이 매우 낮은 사건도 발생할 수 있다는 것이다.

도킨스의 견해 일부는 타당성을 갖지만, 그는 페일리 등이 주장한 '설계론'이 기독교를 옹호하는 지적 변론의 상당 부분을 차지한다고 생각하는 것 같다. 그러나 그런 설계론은 비교적 최근에 등장한 것이다. 즉 17세기 말~18세기 초 영국에서, 특히 레이(John Ray, 1627~1705)의 《창조의 업적에서 드러난 하나님의 지혜Wisdom of God Manifested in the Works of Creation, 1691》 같은 저술을 통해 주창되었다. 도킨스는 페일리의 견해를 효과적으로 반박하지만 안타깝게도 이를 신에 대한 부정으로 연결짓는 듯하다. 페일리의 주장은 다윈의 《종의 기원》이 출판되기 10여 년 전부터 지적, 미학적 부실함 때문에 널리 비판받아왔다. 당시 대표적인 종교석학 중 한 사람인 뉴먼(John Henry Newman)은 페일리의 견해가 기독교의 지적 기반을 취약하게 만들며, 그로 인해 종교적 믿음보다 무신론을 불러올 가능성이 더 높다고 말했다.

그러나 도킨스의 주장은 진화생물학의 영역에 국한되지 않는다. 그에 따르면 자연과학은 전체적으로 볼 때 무신론을 뒷받침한다. 특히 도킨스는 어떤 과학적 설명에서 신에게 의존하는 이들, 그중에서도 '무한회귀에 대해 멋대로 종결자를 불러내는 의심쩍은 호사를 누리는' 신학자들을 신랄하게 비판한다.(Dawkins, 2006, p. 77) 뭔가를 설명하는 것이라면 그 역시 설명되어야 한다. 그리고 그 설명에 대한 설명도 이루어지는 식으로 진행되어야 한다. 이러한 설명의 무한회귀를 타당하게 끝낼 방법은 없다. 무엇이 그 설명을 설명하는가? 또는 메타포를 조금 바꾸면 누가 설계자를 설계했는가?

자연과학이라는 성배는 '웅대한 통합 이론', 즉 '만물의 이론'을 추구한다. 그런 이론이 왜 그토록 중요한가? 스스로 어떤 설명을 요구하거나 필요로 하지 않으면서 모든 것을 설명할 수 있기 때문이다. 설명이라는 패 돌림은 여기서 멈춘다. 설명을 추구하는 과정에 무한회귀는 없다. 도킨스의 성마르고 극히 단순한 주장대로라면 이 위대한 과학적 탐구는 심오한 듯 보이지만 사실 하찮은 물음, '무엇이 그 설명자를 설명하는가?'로 끝나버릴 수 있다.

그뿐 아니라 도킨스는 과학적 설명이 근본적으로 완전한 인과성을 갖는다고 가정하는 듯하다. 나름의 역사가 있는 이 접근법은 여전히 과학 이론 정립에서 중요한 부분을 차지한다. 그러나 과학적 설명에 관한 최근 연구에서는 두 가지 대안의 중요성이 강조되는데, 둘 다 인과성에 의존하지 않는다. '최상의 설명을 이끄는 추론'(7장 참조)이라고 부르는 접근법에서는 실제로 세상에서 관찰된 결과에 가장 부합하는 설명 틀 또는 이론이 무엇인지 묻는다. 이론과 관찰이 얼마나 들어맞는가가 관건이다. 많은 기독교 신학자들은 삼위일체론을 통해 신성의 인과관계에 관한 복잡한 논쟁에 휘말리지 않으면서 관찰 결과를 가장 잘 설명할 수 있다고 주장한다.

두 번째 대안은 과학적 설명에 관한 '통일주의(unificationist)' 접근법이다. 여기서는 어떤 새로운 이론이 기존의 이론을 얼마나 잘 설명할 수 있는지 살펴본다. 예를 들어 영국의 위대한 물리학자이자 수학자였던 맥스웰(James Clerk

Maxwell, 1831~1879)은 그때까지 전혀 다른 두 현상으로 간주되던 전기와 자기를 하나의 이론으로 설명하는 데 성공했다. 게다가 인과성 문제는 이 접근법에 쉽게 수용될 수 있으나 큰 의미를 갖지 않는다.

아마도 더 중요한 문제는 과학적 방법으로 신의 존재 여부를 판단할 수 있느냐일 것이다. 과학과 종교의 관계에 '전쟁' 모델을 적용하는 데 찬성하는 도킨스는 한때 종교가 부당하게 점령했던 영토를 과학이 정복하게 될 것이라고 주장한다. 현재 과학에서 설명하지 못하는 것이 나중에는 설명될 수 있다.

이는 과학적 방법의 범위와 한계에 관한 매우 중요한 물음으로 귀결된다. 이 물음에 대한 도킨스의 견해는 한 중요한 학파의 입장을 대변하는데, 오로지 과학에서 얻은 지식 형태만 확실하고 유효하다는 주장이다. 옥스퍼드의 화학자 앳킨스(Peter Atkins, 1940~)도 비슷한 의견이다. 그러나 과학적 방법의 범위는 제한적이며, 과학적 방법으로는 확립할 수 없는 중요한 인간 지식의 영역이 분명하게 있다고 생각하는 이들도 있다.

그런 견해를 피력하는 대표적인 인물 중 한 사람인 메더워(Peter Medawar, 1915~1987)는 옥스퍼드의 면역학자로서 후천적 면역 내성을 발견한 공로로 노벨 의학상을 받았다. 그는 《과학의 한계The Limits of Science, 1985》에서 '과학은 분명히 인류가 달성한 가장 성공적인 과업'이라 단언한다.(1985, p. 66) 그러나 종교와 형이상학에게 맡기는 것이 더 바람직한 '초월적(transcendent)' 질문과 물질 우주의 구조와 짜임새에 관한 질문을 구별해야 한다고 주장했다. 후자의 경우 과학을 통해 무한한 가능성을 실현할 수 있다. 메더워는 도킨스와 의견을 같이하면서도 과학이 그런 역량을 발휘할 영역을 정의하고 제한한다. 그렇다면 과연 신이 존재하는가, 우주 안에 목적이 있는가와 같은 물음은? 이성론자로 자칭하는 메더워는 이와 관련하여 명확한 입장을 밝혔다. '과학으로 답할 수 없으며 과학이 아무리 발전하더라도 해결할 수 없는 질문'이 있다.(1985, p. 66)

진화생물학자인 굴드(Stephen Jay Gould, 1941~2002) 역시 이 문제에 관심을 가졌다. 1992년 다윈주의는 분명한 무신론이라고 단정한 어떤 반진화론적 내용의 글을 비판하면서 굴드는 매우 어리석은 말과 행동을 한 학생의 손마디를 때리며 혼내주던, 3학년 때 선생님 맥이너니 여사를 추억했다.

동료를 대신해서, 그리고 지금까지 대학의 자유토론과 학술논문 등을 통해 수없이 밝힌 대로 과학은 신이 자연을 관장하는지 여부를 결코 합리적인 방법으로 판단할 수 없다. 과학자는 이를 확언하거나 부정하지 않는다. 과학자는 그 문제에 관한 의견을 낼 수 없다. 우리 중 누군가가 다윈주의에서는 신을 인정하지 않는다고 고집스레 주장한다면, 나는 맥이너니 선생님을 찾아내 그 사람의 손마디를 때려달라고 부탁하겠다. 물론 다윈주의는 신이 권능을 행사하는 방법임이 분명하다고 주장한 이들에게도 선생님은 똑같은 벌을 주실 수 있으리라. (Gould, 1992, p. 119)

굴드는 과학이 오로지 자연적 설명만 다룰 수 있으며 신의 존재를 단언하거나 부정할 수 없음을 올바르게 지적한다. 요컨대 다윈주의가 신의 존재나 성격과 아무런 관계가 없다고 생각한다. 그런 주제에 대해 어떤 결론에도 도달할 수 없으므로 다른 토대에서 판단할 사항이다.

마지막으로 중요한 문제는 과학과 종교에서 신앙과 증거의 관계다. 잘 알려진 대로 도킨스는 종교적 신앙이 증거와 논증을 무시하는 맹목적인 신뢰일 뿐이라고 역설한다. 신앙이 '맹목적 신뢰'라는 견해는 도킨스의 수많은 종교 비판에서도 드러나 이를 면밀하게 살펴볼 필요가 있다. 신앙의 특성에 관한 그의 주장 하나를 더 자세히 들여다보자. 《이기적 유전자》에서 도킨스는 '맹목적 신앙'과 '거부할 수 없는 공개적인 증거'를 분명하게 구별할 것을 제안한다.

그렇다면 과연 신앙은 무엇인가? 이는 입증하는 증거가 전혀 없는 상태에서 뭔가를 믿게 만드는 정신 상태다.(무엇을 믿느냐는 중요하지 않다.) 신빙성 있는 증거가 있다면 그 증거만으로 어떻게든 믿게 되어 신앙까지 필요치 않다. (Dawkins, 1989, p. 330)

강조컨대 이것이 도킨스가 내리는 신앙에 대한 정의이며, 이 개념과 기독교인들의 믿음 사이에 어떤 유사점도 찾을 수 없다.

또한 증거가 반드시 하나의 신빙성 있는 이론적 결과로 귀결되는 것처럼 말하는 도킨스는 과학적 방법을 잘못 이해하거나 전달한 듯하다. 일반적으로 과학적 증거는 다양한 해석이 가능하며, 무엇이 옳은가라는 질문의 여지를 남겨둔다.(흔히 '증거에 의한 이론의 미결정(underdetermination of theory by evidence)'으로 표현되는 개념이다.) 예를 들어 하나 또는 여러 개의 우주(다중 우주)가 존재하는지 물을 수 있다. 과학적 증거는 애매하여 양쪽 모두 타당한 주장이 가능하다. 증거만으로는 둘 중 하나를 믿기 어렵다. 대표적인 과학자들 역시 이 논쟁에서 의견이 갈리면서 입증할 수 없는 각자의 주장을 신봉한다. 도킨스는 《만들어진 신The God Delusion》에서 다중 우주론을 옹호한다. 그러나 그의 다중 우주론 옹호는 스스로 과학적 방법이 아니라고 주장한 신앙과 다르지 않다.

지금까지 '과학적 무신론'을 간단히 살펴보면서 사상이 과학과 종교의 대화에 제시한 쟁점의 중요성, 그리고 이러한 무신론적 답변의 부적합성을 조명했다. 이 논쟁은 논점의 중요성 때문에 앞으로도 계속될 것으로 보인다.

이 논쟁에서 다루는 주제 중 하나는 자연 속에서 '미조정(fine-tuning)'이 일어나고 있음을 가리키는, 날로 늘어나는 증거들이 창조주의 존재를 암시하는가이다. 이 흥미로운 논쟁을 다음 장에서 더 자세히 들여다보자.

추가 참고도서 목록

Dawkins, Richard. *The God Delusion*. Boston: Houghton Mifflin, 2006.

Grafen, Alan, and Mark Ridley (eds). *Richard Dawkins: How a Scientist Changed the Way We Think*. New York: Oxford University Press, 2006.

Lustig, Abigail. "Natural Atheology." In Abigail Lustig, Robert J. Richards, and Michael Ruse (eds), *Darwinian Heresies*, pp. 69-83, Cambridge, UK: Cambridge University Press, 2004.

McGrath, Alister E. *Dawkins' God: Genes, Memes and the Meaning of Life*. Oxford: Blackwell Publishing, 2004.

Medawar, Peter B. *The Limits of Science*. Oxford University Press, 1985.

Shanahan, Timothy. "Methodological and Contextual Factors in the Dawkins/Gould Dispute over Evolutionary Progress." *Studies in History and Philosophy of Science*, 31 (2001): 127-151.

Sterelny, Kim. *Dawkins vs. Gould: Survival of the Fittest*. Cambridge, UK: Icon Books, 2001.

우주론 : 인류 원리는 무엇을 의미하는가?

현대의 물리학과 우주론은 과학과 종교의 대화에서 매우 중요하고 가치 있는 가능성을 제시한다는 것이 일반적인 평가다. 이 장에서는 두 가지 쟁점, '빅뱅'과 소위 '인류 원리'에 주목해 보자.

빅뱅Big Bang

우주의 기원에 관한 물음은 분명 현대의 과학 분석과 논쟁에서 가장 흥미로운 주제일 것이다. 물론 이 논쟁에는 종교적 함의도 있다. 영국의 전파천문학 선구자로 이름 높은 러벌(Sir Bernard Lovell, 1913~2012)을 비롯한 많은 이들이 우주의 기원에 관한 논의가 결국 종교적 질문으로 이어진다고 밝혔다. 비교적 최근에는 물리학자 데이비스(Paul Davies)가 그의 유명한 저서 《신과 신물리학God and the New Physics》을 통해 신에 관한 견해에 '신물리학'이 어떤 의미를 갖는가에 주목했다.

'빅뱅' 이론은 아인슈타인이 주창한 상대성 원리에서 출발했다고 볼 수 있다. 아인슈타인의 이론은 과학계가 정적 우주 관념을 선호하던 시기에 등장했다. 그는 자신이 상대성의 효과를 설명하기 위해 유도한 방정식을 중력 및 공중부양 평형의 관점에서 해석했다. 그러나 러시아 기상학자 프리드먼(Alexander Friedman, 1888~1925)은 자신이 도출한 이 방정식의 해법이 다른 모델을 가리킨다는 사실을 확인했다. 우주가 완벽한 동질성을 띠며 팽창한다면 과거의 특정 시점, 즉 무반경(zero radius)과 무한 밀도, 온도 및 곡률을 특징으로 하는 하나의 초기 상태로부터 팽창했을 것이다. 이 방정식에 대한 다른 해법에서는 팽창과 수축의 주기를 제안한다. 이 분석은 당시 과학계의 주를 이루던 관점에 부합하지 않아 경시되었다. 모든 것이 바뀌기 시작한 것은 허블(Edwin Hubble, 1889~1953)이 천문 관측의 시대를 열면서부터다. 관측을 통해 허블은 팽창하는 우주의 관점에서 은하 스펙트럼의 적색 이동을 해석했다.

더 중요한 발전은 1964년 솔직히 말하면 우연히 일어났다. 뉴저지의 벨연구소에서 무선안테나 실험을 하던 펜지어스(Arno Penzias)와 윌슨(Robert Wilson)은 몇 가지 어려움에 직면했다. 어떤 방향으로 안테나를 두더라도 '쉿쉿' 하는 배경 잡음이 생겼고, 그 잡음을 제거할 수 없었다. 처음에는 안테나에 앉은 비둘기가 일으키는 간섭이 원인이라고 생각했으나 새들을 쫓아낸 후에도 잡음은 사라지지 않았다.

얼마의 시간이 흐른 후 골치 아픈 이 배경 잡음에 대한 완벽한 규명이 이루어졌다. 1948년 가모(George Gamow)와 알퍼(Ralph Alpher), 허먼(Robert Herman)이 주장했던 최초 폭발(빅뱅)의 잔광으로 해석할 수 있었던 것이다. 이 열복사로 인해 출처를 식별하기 어려운 2.7K 온도의 광자가 일정치 않게 우주를 떠돌았다. 이 자연 방사선은 다른 증거와 함께 우주에 시작이 있음을 알리는 중요한 증거가 되었다. 그리고 이는 골드(Thomas Gold)와 본디(Hermann Bondi)가 주창하고 호일(Fred Hoyle)이 이론적으로 뒷받침했던, 경쟁자격인 '정상 상태(steady state)' 이론에 심각한 난제를 던져준다.

오늘날에는 우주에 시작이 있었다는 데 대부분 동의한다. 우주가 창조되었다는 기독교 사상과 적어도 어느 정도 비슷하거나 통하는 듯하다. 그러나 우주에 '시작'이 있었다는 믿음이 꼭 우주가 '창조'되었음을 의미하지는 않는다. 자키(Stanley L. Jaki, 1924~2009)를 비롯한 많은 학자들은 이것이 발생(origination) 관념을 가장 명확하게 드러내는 것이라고 주장했다. 이 논쟁에서 특히 중요한 의미를 가졌던 주제인 '인류 원리'를 살펴보자.

인류 원리Anthropic Principle

학자들 사이에 '인류 원리'라는 용어는 다양하게 사용되고 있으나 일반적으로 자연 질서 속에서 관찰되는 놀라울 정도의 '미조정(fine-tuning)'을 가리키는 데 쓰인다. 데이비스(Paul Davies)는 특정 기본상수의 놀라운 융합은 종교적 중요성을 갖는다고 주장한다. '자연이 자신의 기본상수에 부여한 수치값이 불가사의할 정도로 일치하는 것은 여전히 우주 설계 요소를 가장 강력하게 입증하는 증거로 삼아야 한다.'(Davies, 1983, p. 189)

이 원리를 가장 알기 쉽게 소개한 저서로 1986년 배로(John D. Barrow)와 티플러(Frank J. Tipler)가 발표한 《인류 우주철학 원리The Anthropic Cosmological Principle》가 꼽힌다. 이 원리의 근간이 되는 견해는 다음과 같이 정리할 수 있다.

[그림 19.1] 배로John Barrow

20세기 물리학의 대표적인 성과 중 하나는 자연세계가 갖는 불변의 속성, 그리고 자연을 이루는 모든 구성원의 거대한 크기와 조직에 필연성을 부여하는 기본적인 구성 요소가 있음을 점차적으로 깨달은 것이다. 항성과 행성, 인간의 크기는 무작위적이지 않으며, 다윈설에서 주장하는 대로 무수한 가능성 중 선택된 결과도 아니다. 이러한 요소와 기타 우주의 거대한 특징은 필연성의 결과로 서로 경쟁하는 인력과 강제력 사이에 존재할 수 있는 평형 상태를 나타낸다. 이러한 자연의 통제력에 내재된 힘은 우리가 자연상수(constant of Nature)라고 부르는 순수한 숫자의 신비로운 조합에 의해 결정된다. (Barrow and Tipler, 1986, p. 5)

이 논지의 중요성은 카(B. J. Carr)와 리스(M. J. Rees)가 1979년 발표한 중요한 평론 기사에서도 드러난다. 카와 리스는 대부분의 자연 척도, 특히 질량과 길이 척도가 어떻게 소수의 물리적 상수에 의해 결정되는지 지적했다. 이들이 내린 결론에 따르면 "우리가 우주 속에서 진화한다고 알고 있는 생명의 가능성은 몇 가지 물리적 상수의 값에 의존한다. 어떤 면에서는 그 수치값에 크게 민감하다."(Carr and Rees, 1979, p. 612) 특히 중요한 역할을 한다고 여겨지는 상수는 전자기 미세구조상수와 중력 미세구조상수, 전자–양성자 질량비다.

기본적 우주론 상수에 의한 '미조정'의 예를 들면 다음과 같다.

| 만약 강결합상수(strong coupling constant)가 조금이라도 더 작다면 수소는 우주의 유일한 원소일 것이다. 우리가 알고 있는 생명의 진화는 근본적으로 탄소의 화학적 속성에 좌우되어 일부 수소가 용해에 의해 탄소로 바뀌지 않는다면 생명체가 탄생할 수 없다. 한편 강결합상수가 조금이라도, 최대 2%가량 더 크다면 수소는 헬륨으로 바뀌었을 것이고, 그 결과 오래 장수하는 항성도 형성되지 않았을 것이다. 그런 항성은 생명체의 출현에 필수적이라고 여겨져 수소가 헬륨화되었다면 우리가 알고 있는 생명체는 나타나지 않았을 것이다.

- 약한 미세구조상수(weak fine constant)가 조금이라도 더 작다면 우주의 초기 역사 과정에서 수소가 전혀 생성되지 않고, 그로 인해 어떤 항성도 형성되지 않았을 것이다. 한편 약한 미세구조상수가 조금이라도 더 크다면 초신성(supernovae)에서는 생명에 필요한 더 무거운 원소를 분출하지 못했을 것이다. 어떤 경우에서든 우리가 알고 있는 생명체는 나타나지 않았을 것이다.
- 전자기 미세구조상수가 조금이라도 더 크다면 항성은 생명체를 유지할 수 있는 온도로 행성을 덥힐 만큼 뜨겁지 않을 것이다. 이 상수가 더 작다면 항성은 행성에서 생명체가 진화할 수 없을 만큼 빠른 속도로 타버렸을 것이다.
- 중력 미세구조상수가 조금이라도 더 작다면 항성과 행성은 구성 물질의 응집에 필요한 중력 구속 때문에 형성될 수 없었을 것이다. 이 상수가 더 크다면 전자기 미세구조상수의 경우처럼 형성된 항성은 생물체가 진화할 수 없을 만큼 아주 빠른 속도로 타버렸을 것이다.

이러한 '미조정'의 증거는 과학자와 철학자, 신학자 사이에 뜨거운 화두였다. 이러한 고찰은 분명 인류 중심적 성향을 띤다. 생명이 탄소를 기반으로 한다는 가정 때문에 관찰 결과가 의미를 갖는 면도 있다.

그렇다면 이는 종교적으로 어떤 의미를 갖는가? 이러한 일치는 분명히 탐구할 만한 흥미로운 주제며, 적어도 일부 자연과학자들은 관찰 결과의 종교적 함의를 인정한다. 물리학자인 다이슨(Freeman Dyson)에 따르면 "우주를 보면서 우리에게 이롭게 작용해온 수많은 물리학 및 천문학적 사건을 살펴보면 어떤 의미에서는 우주가 우리 인류의 등장을 미리 알고 있었을 것이라는 생각이 든다."(Dyson, 1979, p. 250) 그러나 이러한 견해는 과학계에서 일반적으로 인정받지 못했다. 창조주의 존재를 믿는 상당수의 과학자들에게 분명 매력적인 주제지만 말이다.

약한 형태이든 강한 형태이든 인류 원리는 유신론적 관점과 크게 부합한다. 기독교인과 같이 창조론을 신봉하는 유신론자라면 우주의 '미조정'이 그간 학수고대해온, 자신의 종교적 믿음에 대한 반가운 확증이라고 생각할 것이다. 그렇다고 신의 존재를 입증하는 증거는 아니지만 적어도 창조주의 존재와 일맥상통하는 일련의 논점 중에서 진일보한 것임에 틀림없다. 테넌트(F. R. Tennant, 1886~1957) 역시 자신의 대표적인 저서이자 목적론적 증명을 가리키는 데 '인류(anthropic)'라는 용어를 처음 사용했다고 평가받은 《철학적 신학Philosophical Theology, 1930》에서 비슷한 논지를 펼쳤다.

> 지적 설계의 결과임을 암시하는 자연의 면모는 세상에 존재하는 특정 적응성(adaptedness)이나 그런 적응성의 반복에서 입증되는 것이 아니라…… 무수히 많은 원인들이 통합된 상호작용을 통해 자연의 일반적 질서를 형성하거나 유지하는 데서 설득력을 갖는다. 한정된 사실 영역 대상의 조사에 바탕을 둔 협의의 목적론적 증명은 소위 '광의의 목적론'보다 훨씬 더 불확실하다. 포괄적인 설계-증명은 인식 가능한 세상에 대한 개관과 개요의 결과이기 때문이다. (Tennant, 1930, vol. 2, p. 79)

그렇다고 위에서 다룬 내용이 창조주의 존재나 특성을 입증하는 반박 불가한 증거는 아니다. 그런 주장을 펼치는 종교사상가는 소수에 불과하다. 다만 이는 유신론적 세계관과 통하고 그런 세계관 속에 가장 수월하게 수용될 수 있으며, 이미 그 세계관을 받아들인 사람에게 확신을 심어주고 아직 유신론적 입장에 서지 않은 이에게는 유감을 표할 기회를 주는 것은 분명하다.

그렇다면 종교적 관점에 동의하지 않는 경우는 어떤가? 신의 존재와 특성 또는 우주의 신적 설계에 관한 오랜 논쟁의 역사에서 '인류 원리'는 어떤 위치에 놓일 것인가? 철저한 반종교적 입장에 있는 물리화학자 앳킨스(Peter Atkins)는 세상의 '미조정'이 기적으로 비칠 수도 있다고 말하면서 더 면밀하게 조사하면 순수하게 자연주의적 설명이 가능하다고 주장한다.

한편 '다중 우주' 관념은 어떤가? 뚜렷한 해답이 나올 조짐 없이 계속되고 있는 이 논쟁의 핵심은 과연 하나 또는 여러 개의 우주가 존재하느냐 하는 것이다. 다중 우주의 가능성은 거스(Alan Guth)가 1981년 최초로 주창한 '팽창 우주(inflationary universe)'의 개념에서 출발했다. 관찰된 우주의 속성을 이론적으로 규명하는 방법 가운데 하나는 우주가 최초로 출현한 순간(1조분의 1초 미만의 시간)에 거대한 팽창을 겪었다는 주장이다. 그 팽창에서 여러 개의 우주가 생겨났다.

이 견해에 따르면 인류는 어쩌다가 생물학적 친화성을 지닌 우주에 살게 되었다. 우리는 생물학적 조건이 맞지 않는 다른 우주에 거주하거나 그 우주를 관찰하지 않는다. 우리의 통찰은 관찰 선택 효과에 의해 제한된다. 인류는 친생명적 우주(biophilic universe) 속에 살면서 전 우주가 그런 속성을 지녔다고 생각하지만, 사실 생명 친화적이지 않은 다른 우주도 존재할 것이다. 이러한 반생명적 우주(biophobic universe)를 기준으로 삼아야 한다는 주장도 있다. 예외적인 우주에 살게 된 인류는 그 우주의 속성을 일반화했다. 우리의 우주는 인류적 속성을 지녔지만 다른 우주는 그렇지 않다. 이와 같은 담론은 계속되겠지만 결론은 불확실하다.

다음에 살펴볼 이론물리학 분야의 쟁점은 신학적으로도 중요한 의미를 갖는다고 평가받는다. 양자역학이 발전하면서 양자 현상을 다루던 기존 모델의 한계가 드러났다. 그런 인식의 결과 중 하나가 '상보성(complementarity)' 개념이다. 관찰적 증거를 제대로 다루려면 전통적인 사고 모델 두 가지가 비록 상충되더라도 필요하다는 생각이다. 다음 장에서 이 논점이 어떤 중요성을 가지며 어떻게 전개되는지 살펴볼 것이다.

추가 참고도서 목록

Barrow, John, and Frank Tipler. *The Anthropic Cosmological Principle,* Oxford: Oxford University Press, 1986.

Carr, Bernard (ed.). *Universe or Multiverse?* Cambridge, UK: Cambridge University Press, 2007.

Gribbin, John R., and Martin J. Rees. *Cosmic Coincidences: Dark Matter, Mankind, and Anthropic Cosmology*. NewYork: Bantam Books, 1991.

Holder, Rodney D. *God, the Multiverse, and Everything: Modern Cosmology and the Argument from Design*. Aldershot, UK: Ashgate, 2004.

McGrath, Alister E. *A Fine-Tuned Universe: Science, Theology and the Quest for God*. Louisville, KY: Westminster John Knox Press, 2009.

Rees, Martin J. *Just Six Numbers: The Deep Forces That Shape the Universe*. London: Phoenix, 2000.

양자이론 : 과학과 종교에서의 상보성

모델 또는 아날로지(analogy)가 과학과 종교 모두에서 어떻게 중요한 역할을 하는지 앞서 살펴보았다. 이번 장에서는 모델을 사용하는 특정 상황을 다루기로 한다. 어떤 계통의 행위를 나타내기 위해서는 둘 이상의 모델이 필요하다고 판단한다면 어떨까? 종교의 경우 이러한 상황이 생소하지 않다. 구약과 신약에서 신을 가리킬 때 아버지, 왕, 목자, 암석 등 다양한 모델이나 아날로지를 사용한다. 이들 각각은 신성의 한 측면을 나타내는 것으로 간주한다. 이들을 모두 조합하면 하나의 아날로지로는 불가능한, 신성에 대한 점증적이고 포괄적인 묘사가 가능하다.

그러나 확보된 증거로 판단할 때 상반되는 두 개의 아날로지가 필요하다면 어떻게 되는가? 두 개의 모델 A와 A′가 있는데, 이 둘은 논리 조건상 양립할 수 없다. 그러면 모델링되는 대상의 존재론적 상태에 관한 물음이 생겨난다. 어떤 것이 A이지만 또한 A′이기도 하다고 말하는 것이 분명한 논리적 모순이라

[그림 20.1] 보어Niels Bohr
Time & Life Pictures/Getty Images

면 과연 이를 A라고 할 수 있는가?

먼저 과학과 종교의 상보성 문제를 보어(Niels Bohr, 1885~1962)의 양자이론 연구와 신학에서 예수 그리스도의 정체성을 중심으로 탐구해보고자 한다. 우선 양자이론에서 상보성 문제가 어떻게 등장했는지 살펴보자.

보어의 상보성 이론은 양자이론 발전의 초기에 해당하는 1920년대에 등장했다. 당시 빛이 파로 구성되었는지 입자로 구성되었는지를 두고 활발한 논의가 진행 중이었다. 전통 물리학적 관점에서 보면 이 둘은 전혀 다르고 양립 불가한 것이었다. 파는 입자가 될 수 없고, 입자는 파가 될 수 없다. 19세기의 마지막 10년이 시작되던 무렵 빛은 파로 구성되었다는 것이 통념이었다.

그로부터 광파가 전파되는 데 매개체가 필요하느냐는 물음이 제기되었다. 가장 가까운 아날로지로 간주되던 소리는 파로 구성되었고 전파하려면 매개체가 필요했다. 이 아날로지에 따르면 빛 역시 매개체가 필요한 듯했다. 앞서 언급했듯이 이는 많은 이들이 소위 '발광 에테르', 즉 빛을 지닌 매개체의 존재를 가정하게 만들었다. 19세기의 마지막 10년간 에테르 탐구는 중요한 일이 되었다. 물론 입자는 이동하는 데 매개체가 필요하지 않았다.

그러나 빛의 파 모델을 의심케 하는 증거들이 나오기 시작했다. 대표적인 증거가 흑체 복사(black-body radiation), 즉 완전체가 에너지를 복사하는 방식과 관련된 것이었다. 전통 물리학에서는 '자외선 파탄(ultraviolet catastrophe)'이라 부르는 현상이 왜 발생하지 않는지, 초고주파수의 무한밀도에서 왜 흑체가 복사 에너지를 방출하지 않는지 설명할 수 없었다. 이 현상은 1900년 독일의 위대한 물리학자이자 에너지의 '양자화' 개념을 주창한 플랑크(Max Planck, 1858~1947)가 설명했다. 플랑크는 에너지가 무한 연속성을 띠는 것이 아니라 고정 크기의 '패킷'으로 구성되었다고 주장했다. 이 작은 에너지 패킷을 부르는 데 양자라는 용어가 쓰였다. 플랑크는 기본적인 에너지 단위를 나타내기 위해 오늘날 흔히 '플랑크 상수'라 부르는 기본상수 h를 제안했다. 주파수 v의 진동자에서 그 에너지를 hv라고 정의할 수 있다. 요컨대 에너지가 연속성을 띠는 것이 아니라 사실은 불연속적이라는 것이다.

매우 어려운 이 개념을 이해하는 데 아날로지가 유용하게 쓰일 수 있다. 그것은 마치 아프리카 사막의 거대한 사구를 바라보는 것과 같다. 멀리서는 매끄럽게 보이지만 가까이 가보면 수백만 개의 작은 모래 알갱이로 이루어졌음을 알 수 있다. 에너지는 연속성을 띤 듯 보이지만 면밀하게 조사하면 작은 알갱이로 구성되었다. 매우 높은 에너지 준위에서는 에너지 패킷이 극히 작아 그 영향을 식별하기 어렵지만, 매우 낮은 에너지 준위에서는 그 효과가 드러난다.

또 하나의 발전 계기는 1905년 아인슈타인이 광전효과를 설명한 것이다. 빛에 노출되는 일부 금속으로부터 전자가 방출된다고 믿던 시절이 있었다. 그러나 실험적 관찰의 결과를 해석하는 데 상당한 어려움이 있었다. 맥스웰(James Clerk Maxwell)의 주장처럼 빛의 특성에 관한 전통적인 이론에 따르면 이렇게 방출된 전자의 에너지는 빛의 밝기와 관련 있어야 한다. 그러나 그렇지 않은 것으로 밝혀졌다. 실제로 그 에너지는 빛의 강도가 아니라 주파수와 관련이 있었다. 게다가 사용된 빛이 특정 주파수 미만인 경우에 밝기와 상관없이 전자는 방출되지 않았다. 이러한 관찰 결과를 어떻게 설명할 수 있을까?

아인슈타인은 들어오는 입자처럼 생긴 에너지 다발과 금속 표면 가까이에 있는 전자 간의 충돌로 광전자 효과를 이해하는 것이 가장 바람직하다고 주장했다. 들어오는 빛의 패킷, 즉 입자처럼 생긴 에너지 다발이 전자를 내보내기에 충분한 에너지를 보유한 경우에만 금속에서 전자가 방출될 수 있다. 이 글의 목적상 자세히 다루지는 않겠지만, 아인슈타인의 이론으로 다음과 같은 사실을 설명할 수 있다.

1. 전자 방출 여부를 결정하는 중요한 변수는 빛의 강도가 아니라 빛의 주파수다. 플랑크는 진동자의 에너지가 그 주파수와 정비례한다는 사실을 밝혀냈다.
2. 관찰된 광전자 효과의 특징은 들어오는 광자와 금속 전자 간 충돌이 에너지 보존의 원칙을 따른다고 가정하면 설명할 수 있다. 들어오는 광자의 에너지가 해당 금속의 '일함수'보다 적을 경우 광자의 포격이 아무리 강력해도 전자는 방출되지 않는다. 그 임계치보다 클 경우 방출된 광자의 운동 에너지는 복사 에너지의 주파수와 정비례한다.

광전자 효과에 대한 아인슈타인의 탁월한 이론에 따르면 전자기 복사 에너지는 특정 조건에서 입자처럼 행동한다고 생각해야 한다. 들어오는 빛은 일정한 에너지, 즉 운동량을 지닌 (지금은 '광자'라고 부르는) 에너지 패킷으로 구성되었다고 할 수 있다. 아인슈타인의 이론은 극심한 반대에 부딪혔는데, 특히 파와 입자의 양립 불가함, 즉 둘 중 하나만 가능하며 둘 다 될 수는 없다는 이론이 당시를 지배하던 전통적 관념을 부정하는 것처럼 비쳤기 때문이다. 나중에 아인슈타인의 광전자 효과 분석을 검증한 이들도 그의 '광자' 가정에 상당한 의구심을 가졌다. 아인슈타인 자신은 광양자 가정을 일종의 '발견적 견해(heuristic point of view)', 말하자면 이해를 돕기 위한 모델로는 유익하지만 반드시 실재할 필요는 없는 것으로 간주하는 신중한 태도를 보였다. 아인슈타인이 광자에 대해 실재론이 아닌 도구주의적 입장을 취한 것이다.(10장 참조)

1920년대가 되자 빛의 행동은 어떤 측면에서 파 모델로, 다른 측면에서는 입자 모델로 설명해야 한다는 점이 분명해졌다. 드브로이(Louis de Broglie, 1892~1987)는 물질 역시 어떤 면에서 파로 행동한다고 생각했다. 이러한 이론을 바탕으로 보어는 '상보성' 개념을 발전시켰다.

보어에 따르면 빛과 물질의 행동을 설명하기 위해서는 기존의 '파'와 '입자' 모델을 모두 적용해야 했다. 그렇다고 전자가 '입자'거나 '파'라는 것이 아니다. 전자의 행동은 파 모델과 입자 모델을 모두 참조하면서 설명할 수 있으며, 그 행동을 완벽하게 설명하려면 상호 배타적인 표현 방식을 연계해야 한다.

이는 상호 배타적인 선택 중에서 더 나은 것을 찾으려 노력하지 않고 둘 다 인정해버리는, 지적으로 얄팍하고 게으른 편의주의가 아니다. 보어에게 이는 다른 식으로 해당 상황을 설명할 수 없음을 입증한 일련의 중요한 이론과 실험으로 얻은 불가피한 결과다. 다시 말해 보어는 그가 얻은 실험적 데이터로 판단컨대 빛과 물질의 행동과 같은 복잡한 상황은 상충되고 양립 불가한 듯 보이는 두 모델을 사용해 나타낼 수밖에 없다는 결론을 얻었다.

이처럼 어떤 복잡한 현상의 행동을 설명하기 위해 그 현상에 대립되는 모델을 조합하는 것이 바로 '상보성의 원칙'이다. 이는 종교와 어떤 연관성을 가질까? 여기서는 상보성의 종교적 의미를 다루는 기독교 신학 분야인 기독론(Christology)을 중심으로 탐구하고자 한다. 하지만 그에 앞서 과학자인 보어와 신학자인 바르트(Karl Barth, 1886~1968)와 토런스(Thomas F. Torrance, 1913~2007)의 관점이 어떻게 교차하는가에 주목하면서 과학과 종교의 영역에서 큰 의미를 갖는 일반적인 교차점을 살펴보면 좋을 것이다.

일부 학자들은 보어의 '상보성 원칙'과 바르트의 '변증적 방법(dialectical method)'의 유사점에 주목했다. 예를 들어 미국의 로더(James Loder)와 네이드하트(Jim Neidhardt)는 보어와 바르트 간에 여러 중요한 교차점을 찾을 수 있다고 했다. 보어에게 '설명해야 할 현상'이 양자 사건의 행동이라면, 바르트에게는 시간과 영속성의 관계, 예수 그리스도가 지닌 인간성과 신성의 관계다. 이들에 따르면 보어와 바르트 모두 전통적인 논거로는 문제의 현상을 설명하는 데 한계가 있다고 느꼈다. 그 결과 반직관적인 듯 보이는 이론적 모델이 탄생했다. 보어와 바르트는 어떤 현상이든 나타날 수 있는 모습 그대로 공개해야 하며 그 현상을 알려진 형상으로 단순화하는 것, 이를테면 전통적 형상으로 단순화하는 것을 삼가야 한다는 원칙에 충실했다. 바르트의 해석자이자 신학과 자연과학 간의 대화를 지지한 대표적 인물로 평가받는 토런스 역시 그와 비슷한 논지를 펼쳤다.

로더와 네이드하트가 지적한 보어와 바르트의 유사점 하나만 자세히 살펴보자. 보어는 1905~1925년에 수집한 실험적 증거에 따라 상보성 개념을 제시할 수밖에 없었다. 문제의 상황을 훨씬 더 단순하게 시각화할 수도 있었겠지만(이 시기의 양자이론 발전 과정에서도 볼 수 있듯이 실제로 그런 시도가 있었다.), 이러한 모델의 단순성은 실험적 증거와 대치되었고, 결국 보어는 양립 불가한 듯 보이는 두 양자 현상 이론이 모두 필요하다는 결론을 내렸다.

이와 매우 흡사한 사고방식을 보여주는 기독교 신학 분야가 기독론이다. 기독론에서는 예수 그리스도의 정체성을 개념화할 최상의 방법을 탐구한다. 100년부터 451년까지 기독론이 발전한 과정을 살펴보면 바로 이 관심사가 매우 중요했음을 알 수 있다. '역사적 증언과 종교적 체험'의 복합체를 가리키는 데 '현상'이라는 용어를 사용해도 무방하다면, 교부학자들은 현상이 그 해석을 결정할 수 있어야 한다고 주장했다. 극단적으로 단순한 방법으로 나사렛 예수의 정체성과 중요성을 나타내는 것은 표현 대상인 현상과 맞지 않았다. 특히 (일반적으로 에비온 이단에서 드러나는) 나사렛 예수를 순수한 인간으로 보는 시각과 (일반적으로 도케티 이단에서 드러나는) 순수한 신적 존재로 보는 시각 모두 바람직하지 않아 보였다. 신약에서 표현된 예수의 이미지와 기독교 교회의 기도 및 예배생활에서 예수를 받아들인 방식으로 판단컨대, 단순한 모델 중 하나만으로 불가능하며 예수의 정체성과 중요성에 관한 더 복합적인 이해가 필요했다.

교부 시대에는 신성과 인간성의 중간자 개념이나 혼합의 개념을 내세우면서 예수를 설명하려는 어떤 시도도 단호하게 거부했다. 여기서 상보성 원칙의 완전성을 주장한 보어의 입장과 기독론의 관점이 교차한다. 파와 입자에 관한 보어의 상보성 이론처럼 칼케돈 공의회(Council of Chalcedon)가 451년 정립한 기독론적 견해에서는 '두 본성' 교의에 바탕을 둔 접근법이 오로지 그 두 모델이나 본성만이 필요하다는 점에서 완전하며, 임의의 한 시점에서는 양립 불가한 두 모델이나 본성 중 하나만 적용 가능하다는 점에서 상보적이라고 단언했다.

이를 더 자세히 살펴볼 수도 있겠으나, 여기서 주목할 점은 과학과 종교 모두 일상 세계의 아날로지로 적절히 표현할 수 없는 현상에 직면했을 때 생기는 문제를 다뤄야 한다는 것이다. 보어의 '상보성 원칙'과 그리스도의 '두 본성'에 관한 전통 신학 관념이 그 예이며, 이는 과학과 종교의 대화를 이어가는 것이 여전히 중요한 문제임을 시사한다.

지금까지 물리과학에 중점을 두고 과학과 종교의 구체적 쟁점을 살펴보았다. 그러나 종교에 있어 가장 중요하고도 까다로운 물음은 생물과학에서 비롯된다는 의견이 많다. 따라서 다음 장에서는 진화생물학이 종교에 갖는 의미를 짚어보도록 하겠다.

추가 참고도서 목록

Bauckham, Richard. *God Crucified: Monotheism and Christology in the New Testament*. Grand Rapids, MI: Eerdmans, 1998.

Kaiser, Christopher B. "Christology and Complementarity." *Religious Studies*, 12 (1976): 37-48.

Loder, James E., and W. Jim Neidhardt. "Barth, Bohr and Dialectic." In W. Mark Richardson and Wesley J. Wildman (eds), *Religion and Science: History, Method, Dialogue*, pp. 271-289. New York: Routledge, 1996.

Pais, Abraham. *Niels Bohr's Times, in Physics, Philosophy and Polity*. Oxford: Clarendon Press, 1991.

Petruccioli, Sandro. *Atoms, Metaphors and Paradoxes: Niels Bohr and the Construction of a New Physics*. Cambridge, UK: Cambridge University Press, 1993.

진화생물학 :
자연 속의 '설계'를 논할 수 있는가?

현대의 진화생물학에서 벌어지는 흥미로운 논쟁 중 하나는 '목적론(teleology)' 관념에 관한 것이다. 그리스어 telos(목적)가 어원인 teleology는 '어떤 과정이 특정한 목표 또는 결과를 지향한다는 이론'으로 해석된다. 목적론에 근간을 둔 페일리(William Paley)의 명저 《자연신학Natural Theology, 1802》에 따르면 자연에서 드러나는 어떤 특성은 신이 구체적인 목적 또는 목표를 염두에 두고 설계했음을 시사한다. 자연은 '고안된 것', 구체적인 목적과 의도 아래 설계되고 만들어진 것이다.

이 견해는 지금도 매력을 지니고 있다. 베르그송(Henri Bergson, 1859~1941)과 샤르댕(Pierre Teilhard de Chardin, 1881~1955)은 생물학적 진화를 받아들이되 여기에 어떤 의도나 목적이 있는 것으로 해석하는 생물철학론을 발전시켰다. 그러나 오늘날에는 이를 논란의 여지가 큰 주장으로 간주한다. 이 장에서는 생물학에서 목적론 개념이 왜 그토록 극심한 논쟁을 불러왔고 종교적으로 큰 의미를 갖게 되었는지 알아보자.

자연선택의 역할을 강조한 다윈의 이론과 멘델(Gregor Mendel)의 유전학 이론을 결합한 신다윈주의 진화론의 기본적인 내용을 앞서 살펴본 바 있다.(p. 83 참조) 이 진화론에서 뜨거운 쟁점 중 하나는 진화 과정에 어떤 '목적'이 있음을 은연중에 거부한다는 것이다. 진화 과정에 방향이 있을 수는 있으나 목적은 없다. 여기서 여러 가지 중요한 논점이 생겨난다.

무신론자인 동물학자 도킨스는 광범위한 논의를 불러일으킨 그의 대표적인 저서 《눈먼 시계공》에서 많은 이들을 종교적 결론으로 이끈, 세계 속에 자리한 것처럼 보이는 설계를 다루고 있다. 도킨스는 그런 결론에 도달하는 것을 이해할 수는 있으나 결국 근거 없는 생각이라고 말한다.

설계처럼 보이는 것은 지금까지 살았던 인류의 상당수가 어떤 식으로든 초자연적인 신의 존재를 믿은 가장 큰 이유일 것이다. 다윈과 월리스는 모든 직관에도 불구하고 다른 길이 있으며, 일단 그 사실을 인식한다면 태고의 단순성으로부터 복잡한 '설계'가 나타나는 훨씬 더 타당성 있는 방법이 존재함을 깨닫는 데 위대한 상상력의 도약이 필요하다고 했다. (Dawkins, 1986, p. xii)

앞서 말했듯이 도킨스의 책 제목은 대표적인 '설계론' 옹호자였던 페일리가 사용한 아날로지에서 아이디어를 얻은 것이다. 페일리에 따르면 이 세상은 마치 시계처럼 설계와 구성의 증거를 보여준다.(p. 51 참조) 시계의 존재가 시계공을 가리키는 것처럼 자연 속에 드러나는, 이를테면 인간의 눈으로도 확인할 수 있는 설계의 모양새는 설계자가 있음을 의미한다. 도킨스는 페일리의 비유적 표현을 높이 평가하면서도 치명적 결함이 있다고 평가한다. '설계'나 '목적'이라는 아이디어 자체가 이치에 맞지 않는다는 것이다.

> 페일리는 인간의 눈을 시작으로 생명이라는 기계를 분해하고 이를 아름답고 경건하게 묘사하면서 자신의 논지를 밝힌다.…… 페일리의 주장은 열렬한 순수함과 당시 최고 수준의 생물학적 지식을 토대로 했지만 완전히 잘못된 생각이다.…… 다윈이 발견한 자연선택, 즉 오늘날 모든 생명의 존재 및 목적이 있는 것처럼 보이는 생물 형태에 관한 설명으로 인정받는 맹목적이고 무의식적인 과정에는 어떤 마음이나 마음의 눈 같은 것이 없다. 미래에 대한 계획과 통찰력, 예지력이 없는 것은 물론이고 전혀 앞을 볼 수도 없다. 이와 같을진대 굳이 자연 속 시계공의 역할을 부여하고 싶다면 이는 눈먼 시계공이다. (Dawkins, 1986, p. 5)

자연선택 과정은 어떤 안내나 방향도 없는 '선택'이다. 다만 특정한 자연력 때문에 어떤 종이 동일한 환경에서 다른 종과 벌이는 극심한 생존경쟁에서 버티지 못한다는 의미에서 '선택'이다.

이처럼 목적론을 강하게 배격하는 입장은 저명한 분자생물학자들이 그에 앞서 발표했던 많은 글에서도 드러나는데, 대표적인 저술이 모노(Jacques Monod, 1910~1976)의 《기회와 필요성Chance and Necessity, 1971》일 것이다. 이 책은 진화적 변화가 우연에 의해 일어났고 필요 때문에 발생했다고 말한다. '목적론적 법칙(teleonomy)'이라는 용어를 생물학적으로 처음 사용한 이는 프린스턴의 생물학자 피텐드리(C. S. Pittendrigh, 1918~1996)다. 그는 1958년 '목표지향성(enddirectedness)을 인식하고 설명한다고 해서' 목적론을 따르는 것이 아님을 강조하며 이 용어를 사용했다. 이 개념을 더욱 발전시킨 모노는 진화생물학에서 목적론적 법칙이 목적론을 대체했다고 주장했다. 모노는 이 용어를 사용하면서 진화생물학이 진화 과정의 기본 메커니즘을 밝히고 규명하는 학문임을 강조하고자 했다. 진화의 메커니즘은 흥미로운 주제이지만 이 메커니즘에는 어떤 목적도 없다. 따라서 진화에 내재한 '목적'에 의미를 부여할 수 없다.

또는 부여할 수 있다면? 생물학자이자 철학자 아얄라(Francisco Ayala, 1934~)는 일종의 목적론적 설명의 개념이 현대 생물학의 기초에 자리한다고 주장한다. 현대 생물학에서는 살아 있는 유기체의 각 요소가 담당하는 잘 알려진 기능적 역할을 설명하고, 자연선택 탐구에 핵심적인 생식적 합성(reproductive fitness) 목표를 설명해야 한다.

목적론적 설명이란 연구 대상 계통이 어떤 방향 아래 구성되었음을 암시한다. 따라서 목적론적 설명은 생물학 분야와 사이버네틱스(cybernetics) 영역에 적합하지만 물리과학에서 바위의 낙하와 같은 현상을 설명하는 데에는 무의미하다. 게다가 무엇보다도 목적론적 설명에서는 어떤 개체나 과정을 존재하게 하거나 뒷받침하는 설명적 이유를 궁극적으로 모색한다. 물고기의 아가미를 목적론적으로 설명한다면 엄밀히 말해 호흡에 필요하기 때문에 존재한다. 위와 같은 추론이 올바르다면 생물학에서 목적론적 설명을 사용하는 것은 허용될 뿐 아니라 사실상 불가피하다. (Ayala, 1970, p. 12)

따라서 아얄라에 따르면 생물학에서 궁극적인 설명을 제공하는 자연선택은 두 가지 이유에서 목적론적 과정이다. 첫째, 생식률 증가라는 목표를 지향한다. 둘째, 목표를 지향하는 기관과 그 기관에 필요한 과정을 생성한다.

현대 생물철학, 특히 진화생물학 관련 철학의 시조로 일컬어지는 마이어(Ernst Mayr, 1904~2005)는 생물학에서 목적론적 주장을 전개하는 데 반대하는 전통적 관점을 네 가지로 정리했다.

1. 목적론적 선언이나 설명은 입증 불가한 신학이나 형이상학적 교의를 과학에서 받아들이는 것을 의미한다. 마이어는 베르그송의 생의 약동(elan

vital), 또는 드리슈(Hans Driesch, 1867~1941)가 정립한 '엔텔레키(entelechy)' 관념을 염두에 두었다.

2. 무생물 자연에 똑같이 적용할 수 없는 생물학적 현상에 관한 설명을 받아들인다면 물리화학적 설명을 배격하는 것이라 믿었다.
3. 미래의 목표가 현재 사건의 원인이라는 가정은 일반적인 인과성(causality) 관념과 양립할 수 없다고 생각했다.
4. 목적론적 설명은 불쾌한 신인동형론(anthropomorphism)으로 귀결된다고 여겼다. '목적 합치'나 '목표 지향'과 같은 표현은 목적, 계획과 같은 인간의 특성을 유기적 구조에 부여하는 것처럼 보인다.

마이어가 밝힌 대로 위와 같은 여러 가지 반대론적 견해 때문에 생물학에서 목적론적 설명은 '일종의 몽매주의(obscurantism)'로 치부되곤 했다.(Mayr, 1988, p. 41) 그러나 역설적이게도 생물학자들은 목적론적 설명이 방법론이나 발견적 측면에서 적절하고 유익하다는 이유로 계속 이용해왔다.

하지만 마이어의 타당한 지적처럼 자연에는 어떤 결과나 목적으로 이어지는 과정과 활동이 무궁무진하다. 우리가 이를 어떻게 해석하든 목표 지향적 행동의 예는 자연계 도처에서 만날 수 있다. 사실 목표 지향적 과정의 발생은 '생명계통 세계의 가장 큰 특징'일 것이다.(Mayr, 1997, p. 389) 목적론적 선언을 비목적론적 모양새로 바꾸면서 어물쩍 넘긴다면 결국 '의미 없는 상투적 표현'이 되고 말 것이다. 비록 자신의 결론을 겹겹으로 한정해 둘러싸긴 했으나 마이어는 "생물학자들이 소위 '목적론적' 설명을 적용하는 것은 정당하며, 이는 물리화학적 설명을 거부하거나 비인과적 설명을 의미하는 것이 아니다."라는 견해를 옹호한다.

물론 능동적으로 목표와 결과를 계획하거나 어떤 신비로운 힘에 따라 예정된 목표로 향하는, 의식을 지닌 행위자로 진화를 보는 관점은 극심한 반대를 불러올 수 있으며 실제로도 그랬다. 하지만 그와 같은 의인화 화법과 사고는 현재 생물학의 일부 영역에서도 드러난다. 대표적인 예가 도킨스에 의해 널리 알려진 진화에 대한 '유전자의 관점(gene's-eye)'인데, 여기서는 유전자를 능동적 행위자처럼 그려낸다. "유전자를 의식과 목적을 지닌 행위자로 여겨서는 안 된다."는 적절한 경고와 함께 도킨스는 자연선택 과정이 "마치 목적이 있는 것처럼 보이게 작동한다."고 말한다.(Dawkins, 1989, p. 196) 이러한 의인화 화법을 통해 작용(agency)과 지향성(intentionality)이 실은 복제 과정에서 능동적 지시자가 아닌 수동적 관계자에 해당한다고 설명한다.

진화 과정의 방향성(directionality)에 관한 논쟁은 2003년 케임브리지의 진화생물학자 모리스(Simon Conway Morris, 1951~)에 의해 다시 점화되었다. 모리스는 그의 저서 《인생의 해결책Life's Solution》에서 진화의 종점 개수는 제한되었다고 주장했다. "생명이라는 테이프를 원하는 횟수만큼 반복 재생하다 보면 최종 결과는 매우 흡사해질 것이다."(Conway Morris, 2003, p. 282) 《인생의 해결책》에서는 진화적 결과의 예측 가능성을 매우 강력하게 주장한다. 모리스의 주장은 수렴진화(convergent evolution) 현상을 근거로 하는데, 둘 이상의 계보가 독립적으로 진화하면서 유사한 구조와 기능을 갖는 것이다. 이를테면 공중을 맴도는 나방과 벌새의 공기역학적 특성, 거미와 일부 곤충이 줄을 사용하여 먹이를 잡는 행위와 같은 다양한 예가 제시되었다.

일반적으로 진화는 상대적으로 적은 수의 가능한 결과에 '수렴'하는 것처럼 보인다. 무한한 유전적 가능성에도 불구하고 수렴은 보편적으로 일어나는데, '진화 경로는 많지만 목적지는 한정되어 있기 때문'이다. 어떤 목적지는 '거칠기 짝이 없는, 들짐승이 울부짖는 광야'를 지나야 한다. 생물학적 역사는 생명 속에서 반복되는 뚜렷한 경향이 있음을 보여준다. 이 흐름은 끊임없이 올바른 해결책을 향해 나아가는 괴력을 발휘한다. "생명은 적응 가능한 난제에 대응하여 정확한 해결책을 향해 '항해'하는 특별한 성향을 갖고 있다." (Conway Morris, 2003, p. 308)

[그림 21.1] 모리스Simon Conway Morris
Simon Conway Morris/Dudley Simons: ©University of Cambridge

모리스는 중요한 논점을 제시하면서 비생물학적인 아날로지를 들어 독자의 이해를 돕는다. 그는 대략 1,200년 전 이스터섬을 발견한 폴리네시아인들의 사례를 제시했다. 이스터섬은 가장 가까운 인구 밀집 지역인 타히티와 칠레에서 3,000km쯤 떨어진 지구상에서 가장 외딴 곳이다. 광막한 태평양으로 둘러싸였는데도 폴리네시아인들은 이 섬을 찾아냈다. '이것이 과연 어쩌다가 일어난 사건인가?' 하고 모리스는 묻는다. 모리스는 '폴리네시아인들의 뛰어난 탐색 전략' 덕분에 그 섬을 찾아내는 것은 필연적이었다고 말한다. 그에 따르면 이와 같은 일이 진화 과정에서도 일어난다. "고립된 '섬'은 거칠기 짝이 없는 대양 속에서 생물학적 가능성에게 안식처가 된다."(2003, p. 19) 이처럼 '안정을 이루는 섬' 덕분에 수렴 진화 현상이 일어나는 것이다.

그렇다면 이러한 견해는 신학적으로 어떤 의미를 갖는가? 마이어가 지적한 대로 생물학에 목적론 관념을 도입하는 데 반대한 전통적 견해의 대부분은 과학적 관찰과 고찰 과정에 유신론적 성향의 선험적 형이상학 체계가 덧씌워지면서 과학적 특성의 편향을 일으킨다는 믿음에서 비롯되었다. 과학적 방법의 관점에서는 과거의 여러 목적론 접근법에서 드러난, 목적과 원인이라는 선험적 관념의 도입에 반대할 수 있다. 자연과학계가 과학 분석에 목적론적 선입관이 슬며시 투입되는 데 반대하는 것은 당연하다. 그러나 관찰한 결과를 탐구하는 과정에서 그런 관념이 자생한 것이라면? 교의에 따른 선험적 가정이 아니라 후험적 추론이라면? 모리스의 분석에 따르면 관찰된 내용에 대한 '최상의 설명'으로 일종의 목적론이 후험적으로 추론될 수도 있다. 이는 신의 섭리에 관한 전통 기독교 교의와 직결되지 않을 수도 있으나 상당 부분 겹치는 것은 분명하다.

그렇다고 반드시 일련의 진화 과정 속에서 상당한 형이상학적 무게가 실린 관념인 '목적'을 인식하고 그 목적을 부여한 신적 존재를 추론한다는 것은 아니다. 그보다는 흥미롭게도 잘 알려지지 않은 뉴먼(John Henry Newman)의 통찰력 있는 선언, "나는 신의 존재를 믿기 때문에 설계가 있다고 믿는다. 설계를 보기 때문에 신의 존재를 믿는 것이 아니다."에 담긴 함축된 견해에 주목한다. 게다가 '창조' 관념은 단번에 일어난 하나의 사건으로 해석할 필요가 없다. 오늘날 많은 이들이 타당하게 주장하는 것처럼 방향을 지닌 과정으로도 이해할 수 있다. 이는 발전하고 진화할 능력이 내재된 세상을 신이 창조했다고 말한 아우구스티누스(Augustinus of Hippo, 354~430)가 제시한 창조론이다. 영국의 성직자 킹즐리(Charles Kingsley, 1819~1875)도 1871년 다윈에게 보낸 편지에서 비슷한 견해를 피력했다. '옛적부터 우리는 하나님이 만물을 만드실 정도로 지혜로우심을 알았습니다. 그러나 보십시오! 만물이 스스로 생겨난 것처럼 보이게 할 정도로 훨씬 더 지혜로운 분입니다.' 이 논쟁은 분명히 앞으로도 오랫동안 계속될 것이다.

진화론적 자연관에서 비롯된 쟁점 중 하나는 인간 행동의 어떤 측면이 과거의 진화를 반영하는 것으로 간주할 수 있느냐다. 이타주의와 같은 인류의 대표적인 윤리관이 결국 생물학적 생존 필요성에 뿌리를 둔다고 할 수 있는가?

그리고 종교의 믿음 자체는 어떤가? 이는 공동체에 생존의 가치를 부여하는가? 다음 장에서는 이와 관련하여 현재 벌어지는 논쟁을 다루고자 한다.

추가 참고도서 목록

Ayala, Francisco J. "Teleological Explanations in Evolutionary Biology." *Philosophy of Science*, 37 (1970): 1-15.

Conway Morris, Simon. *Life's Solution: Inevitable Humans in a Lonely Universe*. Cambridge, UK: Cambridge University Press, 2003.

Dawkins, Richard. *The Blind Watchmaker: Why the Evidence of Evolution Reveals a Universe Without Design*. New York: W. W. Norton, 1986.

Mayr, Ernst. *Toward a New Philosophy of Biology: Observations of an Evolutionist*. Cambridge, MA: Harvard University Press, 1988.

Monod, Jacques. *Chances and Necessity: An Essay on the Natural Philosophy of Modern Biology*. New York: Alfred A. Knopf, 1971.

CHAPTER 22

진화심리학 : 종교 신앙의 기원

이 책의 앞부분(특히 5장과 21장)에서 진화론의 발전사를 조명하면서 그것이 일반적인 종교 신앙, 특히 기독교 신학과 관련하여 어떤 의미를 갖는지 탐구했다. 과연 신이 세상을 '설계'했다고 말할 수 있는가, 신다윈주의 진화론이 신에 대한 믿음과 양립할 수 없는가와 같은 주제를 살펴보았다. 그러나 진화론은 그보다 훨씬 더 심도 있는 물음을 제기한다.

1990년대에 철학자 데넷(Daniel Dennett)은 진화의 관점에서 일련의 주제를 탐구했다. 그중에는 인간의 심리와 동물의 심리는 어떻게 다른가, 인간의 자유의지가 자연주의적 세계관과 어떻게 만날 수 있는가, 종교의 기원과 성공을 어떻게 설명할 수 있는가와 같은 물음도 포함되었다. 그는 진화론 덕분에 인류의 초월성에 대한 믿음, 특히 신에 대한 개념을 자연주의적 관점으로 설명할 수 있다고 주장했다.

데닛은 《다윈의 위험한 발상Darwin's Dangerous Idea, 1995》에서 '다윈의 이론이 왜 그토록 강력한 힘을 갖는지, 우리에게 가장 중요한 인생관을 새로운 토대 위에 놓이게 할 것임을 위협적이지 않은 분위기로 약속하는지' 설명한다.(Dennett, 1995, p. 11) 데닛이 보기에 다윈주의는 신에 대한 개념과 그 아래의 영역으로부터 낡고 불필요한 형이상학적 관념들을 사라지게 하는 '만능 산(universal acid)'이다. 다윈주의는 "인생과 의미, 목적의 영역을 공간과 시간, 원인과 결과, 메커니즘과 물리적 원리의 영역'과 상관성을 갖게 한다."(p. 21) 다윈주의의 세상에는 목적과 초월성이 전혀 없다. '표준 과학적 인식론 및 형이상학'을 통해 모든 것을 설명할 수 있고 또 그래야 하기 때문이다.(Dennett, 1993, p. 234) 다윈주의 세계관은 우리의 세상 경험에서 신비성을 없애고 그 경험을 통합하여 더 견고한 반석 위에 올려놓는다.

데닛은 다윈주의 덕분에 일반적인 자연 영역, 특히 과학적 설명에서 초월적 원인과 존재를 사라지게 할 수 있다고 주장한다. 그는 '크레인'과 '스카이훅'을 구별하면서 이 논지를 강조했다. 크레인은 복잡하지만 자연적인 중간 메커니즘으로 진화 과정 중에 생겨나고 더 복잡한 구조물의 출현을 가능하게 하면서 진화 과정에 기여한다. '스카이훅'은 임의적인 상상 속 발명품으로 자연세계와 그 과정에 대한 순수 자연주의적 설명과 주장을 회피하기 위해 고안한 것이다. '스카이훅'의 가장 뚜렷한 예가 신이다. 데닛에 따르면 근본적으로 "논점을 회피하지 않는 과학을 추구하는 '올바른 환원주의'는 '스카이훅' 없이 자연 속 만물을 설명할 수 있다."는 주장이다.(Dennett, 1995, p. 82)

20세기의 발전에서 매우 흥미로운 점 중 하나는 잠정적 과학 이론의 범주를 초월하여 '세계관'을 형성한다고 보는 시각이 갈수록 힘을 얻었다는 사실이다. 이러한 맥락에서 다윈주의는 실재의 근본적 특성, 물리적 우주, 인체 기관, 인간성, 사회심리학 가치, 운명과 같은 주제를 포용하면서 진화에 관한 이야기를 통해 일관된 세계관을 정립한다. 이처럼 다윈주의의 범위가 생물학적 기원 및 발전의 영역을 넘어 확장되면서 과학철학자들 사이에서 여러 새로운 연구 분야가 개척되기 시작했다. 이러한 추세는 환영을 받기도 했고, 다른 한편으로 성실하고 냉철하며 절도 있는 과학과 비경험적 형이상학, 환상적 신화 및 이데올로기를 구별하지 못한 모양새에 경종을 울린 이들도 있었다.

이처럼 새롭게 등장한 탐구 영역 중 하나가 오늘날 '진화심리학'이라 부르는 분야다. 이 분야에서는 인간 두뇌의 인지 프로그램을 적응(adaptation)이라고 보는데, 적응 프로그램이 생겨나면서 조상들에게서 생존과 번식을 가능하게 한 행동을 일으켰다. 다윈 자신은 《인간의 유래The Descent of Man, 1871》에서 윤리는 생물학적 필요성에 대한 인류의 반응이라고 말했다. 다윈 이후에도 스펜서(Herbert Spencer, 1820~1903)를 비롯한 많은 학자들이 이 개념을 다뤘으나 일반적으로 이 주제에 대한 본격적인 논의는 1975년 윌슨(Edward O. Wilson)의 《사회생물학: 새로운 합성Sociobiology: The New Synthesis》이 발표되면서 시작되었다고 본다. 윌슨에 따르면 모든 윤리는 생물학적 필요성으로부터 생겨나며 인류의 생물학 및 사회적 진화에 기초하여 설명할 수 있다. 그는 '모든 사회적 행동의 생물학적 근거를 체계적으로 연구하는 학문'을 뜻하는 '사회생물학(sociobiology)'이라는 용어를 도입했다. 이 접근법에 따르면 인간의 윤리는 자연선택을 거치면서 진화했다. 따라서 이타주의와 협동, 상호 관심 같은 도덕적 특성은 인간의 사회적 행동이 있게 한 생물학적 원인을 토대로 설명할 수 있다는 것이다.

다윈주의 패러다임을 적용하여 이타주의를 설명할 수 있다는 주장은 일부 독자들에게 생소하게 느껴질 것이다. 진화가 생존을 향한 싸움이라면 이타주의가 어떻게 그 과정에 도움이 될 수 있는가? 이러한 문제를 제기한 대표적인 인물인 헉슬리(Thomas H. Huxley)는 1893년 옥스퍼드 대학교에서 가진 로마네스 강연(Romanes Lecture)에서 다윈주의를 윤리의 근거로 삼는 것을 거부했다. 헉슬리가 말한 '우주의 과정(cosmic process)'이 '냉혹한 전투(relentless combat)'의 양상을 띤다면 어떻게 그 기초 위에 사회적 윤리를 세울 수 있는가? 헉슬리가 보기에 유일한 방법은 인류가 자신의 출현 과정을 초월할 능력을 갖고 있음을 인정하는 것이다.

"사회적 진보는 우주 과정의 각 단계를 점검하면서 이를 다른 것, 소위 윤리적 과정으로 대체하는 것을 의미한다." 인류의 미래 생존 여부는 '자연의 상태(State of Nature)'를 '인공의 상태(State of Art)'로 대체하여 윤리적 적자의 생존을 가능하게 하는 것에 달려 있다.

헉슬리의 주장이 근거 없는 우려는 아니었다. 스펜서의 '사회 다윈주의(Social Darwinism)'는 진화 패러다임에 기초한 사회 및 정치적 가치를 집대성한 것이라 할 수 있다. 스펜서는 생존경쟁, 자연선택, 적자생존 같은 생물학적 사실로 여겨지던 것을 인간의 도덕적 행위 규범으로 승격시켰다. 인류는 생존경쟁에 뛰어든다. 적자가 생존하기 위해서는 약자의 번식을 막아야 한다. 1874년 발표한 《사회학 연구The Study of Sociology》에서 스펜서는 이렇게 밝혔다. '불량의 번식을 돕는 것은 사실상 후손에게 수많은 적을 물려주는 고약한 짓이다.' 스펜서의 견해는 인간 유전자 풀의 발전을 도모하는 우생학 분야에 대한 새로운 관심을 불러일으켰다.

그러나 이는 하나의 접근법일 뿐이며 윌슨이 《사회생물학》에서 진화적 관점으로 윤리를 설명한 것과 특별한 관련이 없다. 우선 윌슨은 자신의 관심사가 윤리 체계를 발전시키는 것이 아니라 윤리의 기원을 설명하는 것임을 분명히 했다. 특히 그는 경쟁적 진화 과정이 경쟁과 무관하거나 오히려 경쟁에 반하는 것으로 보이는 가치를 탄생시켰는가에 관심을 가졌다. 그는 특정 집단의 생존은 유리한 가치의 출현에 답이 있다고 주장했다. 윌슨에 따르면 이기적이거나 자기 본위의 구성원이 주를 이루는 공동체는 취약해지고 결국 집단 전체가 없어지게 된다. 이처럼 진화 과정은 이타주의적으로 행동하는 집단의 출현에 유리하게 작용한다.

[그림 22.1] 스펜서Herbert Spencer
ⓒHulton – Deutsch Collection/CORBIS

이 주장이 갖는 중요성 때문에 더 면밀히 살펴볼 필요가 있다. 윌슨은 이타주의적 행동이 공동체의 생존에 가져올 유익이 그 비용보다 클 경우 그 행동이 진화한다고 주장한다. 이 관점에서 보면 이기적이지 않은 행동은 '이기적인' 유전 전략의 결말일 수 있다. 이를테면 자녀를 먹여 살리기 위해 자신은 굶기로 결심한 아버지가 있다고 하자. 겉보기에 이는 자신을 버린 이타주의적 행동이다. 그러나 유전적 측면에서는 자신의 유전자를 후세대에 물려주기 위한 매우 자기 본위적인 행동이다.

여기서 쓰인 '이타주의(altruism)'는 생물학적 개념으로 도덕적 관념인 '덕(goodness)'과 동일시할 수 없다. 생물학적으로 이타주의적인 행동이 도덕적으로 선하다고 주장할 근거가 없다. 그러나 이러한 분석은 도덕성에 관한 물음을 제기한다. 왜 우리는 도덕적이어야 하는가? 윌슨에 따르면 인류는 유전적으로 도덕적 성향을 띤다. 이는 인류 초기 역사가 남긴 유산이다. 따라서 인류가 도덕성을 지니는 데 신의 계시가 필요하지 않다. 그저 생존에 유리한 무언가를 행하게 하는 유전적 장치가 우리에게 설치된 것이다.

방금 이타주의를 들어 살펴본 일반적인 방식을 다른 가치에도 확대 적용할 수 있다. 진화심리학의 핵심 증명은 일부 상속된 행동 메커니즘이 인간성 깊은 곳에 새겨져 있어 적응력이 입증되었으며, 그 메커니즘을 수용한 집단만이 생존한다는 것이다. 인간은 오랜 시간에 걸쳐 진화상 유익하다고 입증된 방식으로 행동한다. 그 결과 진화적 적합성에 기여하는 복잡한 사회적 과정이 출현한 것이다. 이기주의는 집단의 생존 가능성을 떨어뜨린다. "이기적 성향이 뚜렷한 종은 홀로 남거나 멸종될 것이다."(Midgley 1980, p. 94) 이러한 사고와 행동 방식이 본래 '도덕성'을 지닌 것처럼 여겨졌으나 실상은 생물학적으로 효과적인 방식일 뿐이다.

[그림 22.2] 윌슨Edward O. Wilson
JustinIde/Havard News Office

《다윈의 대성당Darwin's Cathedral, 2002》에서 데이비드 윌슨(David Sloan Wilson)은 종교적 신앙과 가치의 진화에 관해 집단 선택의 관점을 적용한다. 그에 따르면 종교 제도는 친사회적 행동을 권장하며 그런 행동을 보여주는 집단은 그렇지 않은 집단보다 생존과 번영, 번식 가능성이 더 높다.

그렇다면 신에 대한 믿음은 어떤가? 데이비드 윌슨에 따르면 종교는 일종의 진화적 우위를 제공한다는 점에서 자연선택을 통해 진화했다. 굴드(Stephen Jay Gould) 같은 이들은 종교가 근본적으로 진화의 부산물인 신경학적인 우연(neurological accident)이라고 말한다. 종교는 다른 진화적 이점을 제공한 심리적 메커니즘의 부산물로 진화했다는 것이다. 즉 종교 자체는 인류에게 어떤 우위를 제공하지 않았지만 다른 적응 차원의 발전과 연결되었다. 굴드의 독특한 표현을 빌리면 종교는 마치 건축에서 '아치 공복(spandrel, 인접한 아치가 천장, 기둥과 이루는 세모꼴 면)'과도 같다.

이제 그와 같은 견해를 우리는 어떻게 평가할 것인가? 진화심리학은 윤리적 가치나 종교적 믿음의 기원에 대한 설득력 있는 설명을 내놓는가? 진화심리학의 접근법을 평가하는 학자들은 일반적으로 두 가지 점을 지적한다.

첫째로, 비판자들은 인간 행동 동향의 적응성을 설명하기 위해 제시한 많은 가설들이 어떤 특질의 진화를 설명하는 임시변통에 지나지 않으며, 자체의 내부 논리를 초월하는 어떤 증거에도 바탕을 두지 않는다고 주장한다. 어떤 행동에 대해서도 그런 설명을 만들어낼 수 있으나, 이는 종종 인위적이고 강제적으로 비치며 예언적이기보다 타협적인 편이다. 이런 이유로 경험적 평가가 사실상 불가능하다. 이러한 맥락으로 '그랬을 것 같은 얘기(Just so story)'라는 표현이 종종 쓰이는데, 이는 영국의 시인이자 소설가 키플링(Rudyard Kipling, 1865~1936)이 1901년 출판한 동화집의 제목이기도 하다. 이 동화집은 '낙타는 어떻게 혹을 갖게 되었는가', '표범의 줄무늬는 어떻게 생겼을까' 같은 궁금증을 풀어내는데, 재미있는 동화이지만 과학적 사실과는 전혀 관계가 없다.

둘째로, 진화심리학에서는 특정 사고와 행동 패턴의 기원을 머나먼 진화 속 과거에서 찾는다. 그러나 과연 인간은 생물학적 뿌리를 벗어나 진화의 기원을 초월한 것인지 비판자들은 묻는다. 그렇다면 생존과 직접적인 관련이 없고 때로는 생존에 불리하게 작용할 수도 있는 덕과 아름다움, 진실을 추구하면서 목표를 세울 수 있을까? 도킨스의 저서 《이기적인 유전자》의 맺음말은 이와 관련하여 자주 인용되곤 한다.

인류는 타고난 이기적 유전자에게, 그리고 필요하다면 우리에게 주입된 이기적 밈(meme, 모방 등에 의해 다음 세대에 전달되는 비유전적 문화 요소)에 반기를 들 능력이 있다. 심지어 자연 속에는 존재하지 않으며 세계 역사를 통틀어 한번도 존재하지 않았던 사심 없는 순수한 이타주의를 적극적으로 배양하고 고취할 방법을 모색할 수도 있다. 유전자 기계로 태어난 인류는 밈 기계로 양육되지만 창조주로부터 돌아설 수 있는 힘이 있다. 이기적 복제자의 폭정에 반기를 들 수 있는 것은 지구상에서 오로지 인류뿐이다. (Dawkins, 1989, pp. 200~201)

마지막으로 진화적 설명에서 종교적 믿음이 실재하는 뭔가를 다룬다는 개념이 배제되는지 물을 수 있다. 이러한 가정은 진화심리학 문헌에서 종종 암시되는데, 아직도 그에 관한 문제 제기와 수정의 여지가 있다. 예를 들어 선택적 진화 압력 때문에 확실한 직관과 존재론적 범주가 인간에게 형성되고, 이는 대개 해당 환경에 대한 진정한 믿음의 생성으로 이어진다는 것이 일반적인 가정이다. 왜 종교적 믿음은 그 규칙의 예외가 되어야 하는가? 집단이나 개인에게 작용하는 선택 압력이 인간 정신의 다양한 기질이나 성질을 야기했고, 따라서 자연스럽게 종교적 믿음이 자리잡게 되었다고 생각해도 무리는 아니다. 그러나 특정 종교의 믿음이 반드시 생겨나는 것과는 전혀 다른 문제다. 논쟁은 계속된다.

이제 우리의 초점을 생물학에서 인지과학의 영역으로 옮길 것이다. 19세기 이래 종교적 믿음을 심리학적 근거에 따라 설명할 수 있는가에 관한 많은 담론이 있었다. 다음 장에서는 이 물음에 관한 두 가지 전통 이론을 살펴본 다음 최근에 전개된 논쟁에 대해 알아보고자 한다.

추가 참고도서 목록

Buller, David J. *Adapting Minds: Evolutionary Psychology and the Persistent Quest for Human Nature.* Cambridge, MA: MIT Press, 2005.

Dennett, Daniel C. *Darwin's Dangerous Idea: Evolution and the Meaning of Life*. New York: Simon & Schuster, 1995.

Dugatkin, Lee Alan (ed.). *The Altruism Equation: Seven Scientists Search for the Origins of Goodness.* Princeton, NJ: Princeton University Press, 2006.

Hagen, Edward H. "Controversial Issues in Evolutionary Psychology." In David M. Buss (ed.), *The Handbook of Evolutionary Psychology*, pp. 145-174. Hoboken, NJ: John Wiley & Sons, 2005.

Richerson, Peter J., and Robert Boyd. *Not by Genes Alone: How Culture Transformed Human Evolution.* Chicago: University of Chicago Press, 2005.

Segerstrale, Ullica. *Defenders of the Truth: The Battle for Science in the Sociobiology Debate and Beyond.* Oxford: Oxford University Press, 2000.

Wilson, Edward O. *Sociobiology: The New Synthesis*. Cambridge, MA: Belknap Press, 1975.

종교심리학 : 종교적 체험 탐구

종교심리학이 날로 중요한 분야로 자리잡고 있는 가운데 종교적 믿음이 삶의 질을 높이는 데 큰 역할을 할 수 있다는 일련의 경험적 연구 결과가 발표되면서 그 중요성이 더해졌다. 전통적으로 이 분야는 종교적 믿음이 어떻게 생겨나고 완성되는가, 종교적 믿음이 어떤 면에서 유익하거나 유해할 수 있는가를 비롯하여 인간성 유형에 따른 각양각색의 종교적 반응과 종교적 체험에 따른 뇌 메커니즘을 탐구한다.

종교에 대한 심리학적 연구는 종교계의 저항에 부딪히기도 했다. 심리학은 설명적 환원주의(explanatory reductionism)를 지향하여 종교적 믿음이 심리학으로 환원되거나 풀이될 것을 우려한 것이다. 물론 환원주의적인 태도로 종교에 접근하는 경우도 있는데, 우리가 곧 다룰 프로이트(Sigmund Freud, 1856~1939)가 대표적인 예다. 그러나 제임스(William James, 1842~1910)를 비롯한 많은 심리학자들

[그림 23.1] 제임스William James
The Granger Collection/Topfoto

은 종교를 인정하고 나름의 완전성과 특성을 지닌 현상으로 간주한다. 프로이트는 종교적 믿음의 기원이 깊이 뿌리내린 망상에 있다고 확신했지만, 제임스는 더 수용적이고 긍정적인 시각으로 종교에 접근했다.

또한 심리학과 종교는 서로 다른 차원의 설명을 제공한다고 생각할 수도 있다. 인간의 인지 과정이 갖는 몇 가지 특징이 종교적 개념의 형성과 유지 과정을 설명하는 데 도움이 된다는 주장은 일리가 있다. 그러나 심리학자 와츠(Fraser Watts)가 지적한 대로 그런 영역에서는 많은 원인을 고려해야 한다. 어떤 과학자들은 '무엇 때문에 A가 일어났는가? X 아니면 Y인가'라고 습관적으로 묻는다. 그러나 일반적으로 인문과학에서는 다양한 원인을 인정한다. 이를테면 '우울증은 신체적 인자 때문인가? 사회적 인자 때문인가'라고 묻는다면, 정답은 둘 다 맞다. 와츠가 말한 대로 그런 탐구 역사를 살펴보면 "눈에 보이는 것처럼 정말 신의 계시가 있는가 또는 사람의 사고 과정, 즉 뇌의 과정과 관련된 다른 자연적 설명이 가능한가라고 묻는 데 신중을 기하게 된다." 요컨대 신, 인간 뇌의 과정, 문화적 조건과 심리적 과정 모두 인류의 종교적 체험에 원인을 제공하는 인자가 될 수 있다.

이번 장에서는 심리학적으로 종교에 접근한 몇 가지 사례를 소개하고, 이 책의 주제에 어떤 의미를 갖는지 살펴보고자 한다. 특히 가장 중요한 두 인물, 제임스와 프로이트에 주목한다.

제임스William James

제임스는 하버드 대학교에서 수학한 후 심리학 교수(1887~1897)와 철학 교수(1897~1907)를 역임했다. 그의 대표적인 저술은 에든버러 대학교에서 가진 기포드 강연(Gifford Lectures) 내용을 정리한 《종교적 체험의 다양성The Varieties of Religious Experience, 1902년 초판 발행》일 것이다. 이 기념비적인 연구에서 그는 광범위한 간행물과 개인적 증언을 바탕으로 종교적 체험을 있는 그대로 다루고 설명했다. 제임스는 신비주의에 관해 말하면서 종교적 체험의 네 가지 속성을 제시한다.

불가형언성(Ineffability) 이러한 체험은 '표현을 거부한다.' 즉, 말로 다 설명할 수 없다. "본질은 직접 경험해야 한다. 타인에게 나누어주거나 전달할 수 없다."(James, 1917, p. 380)

순수지성적 특성(Noetic quality) 이러한 체험은 시간이 지나도 지속되는 심오한 진리에 대한 통찰과 식견을 선사할 수 있다. 이처럼 '추론적 지성으로는 깊이를 헤아릴 수 없는 심오한 진리에 대한 통찰은 의미와 중요성으로 가득한 계몽과 계시로 지속되지만 모호하다.'(p. 380)

일시성(Transiency) '신비 상태는 오래 지속될 수 없다.' 일반적으로 몇 초부터 몇 분까지 계속되며, 그 체험이 되살아나면 인지할 수 있으나 성질을 정확하게 기억할 수 없다. '그 상태가 사라지면 성질은 기억 속에서 불완전하게 재생될 뿐이다.'(p. 381)

수동성(Passivity) 자발적인 사전 작업으로 신비 상태에 더 쉽게 빠져들 수 있으나 일단 신비 상태에 도달하면 '마치 우리의 손이 미치지 않는 곳에서 어떤 우월한 힘의 지배를 받는 듯 통제할 수 없는 느낌이 든다.'(p. 381)

앞의 두 속성이 뒤의 두 속성에 비해 '더 두드러지는' 편이지만, 이들은 종교적 체험에 관한 현상학에서 필수적 요소라고 제임스는 설명한다.

슐라이어마허(F. D. E. Schleiermacher, 1768~1834)처럼 그보다 먼저 종교적 체험 문제를 다룬 이들도 있으나 제임스는 좀더 경험적이고 분석적인 사고방식을 과업으로 삼았다. 그러나 제임스는 체험이 공개적으로 쉽게 설명할 수 없는 사적인 문제임을 인정한다. 종교적 체험 현상에 관한 경험적 탐구를 개척한 제임스는 오늘날에도 연구가 지닌 권위, 균형과 섬세한 관찰력으로 널리 인정받고 있다.

제임스는 제도와 관련된 종교적 체험이 아니라 개인적 차원의 종교적 체험이 자신의 주관심사임을 분명히 한다. "종교적 현상의 가치를 비평적으로 판단하기 위해서는 개인의 사적인 기능으로서의 종교와 제도, 조직과 부족의 산물인 종교를 구별하는 것이 중요하다."(James, 1917, p. 334) 그렇다면 '체험'이 종교적인지 아닌지 결정하는 것은 무엇인가? 이 중요한 물음에 답하기 위해 제임스는 종교적 체험과 다른 경험 사이에는 질적인 차이가 존재한다고 주장한다. "우리가 최종 판단의 근거로 삼아야 할 종교적 체험의 본질은 다른 어디서도 만날 수 없는 요소나 성질이 되어야 한다."(p. 45) 제임스는 종교적 체험이 삶에 새로운 성질을 부여한다고 말한다. 그에 따르면 종교적 체험은 '개인적 에너지의 중심'(p. 196)을 세우고 "다른 방법으로는 도달할 수 없는 재생 효과를 일으킨다."(p. 523) 1897년 발표한 에세이 《믿으려는 의지The Will to Believe》에서 신을 '정신적 성격 아래서 느낄 수 있는 우주 최강의 힘'으로 이해해야 한다고 주장한다.(James, 1956, p. 122)

《종교적 체험의 다양성》은 종교심리학을 과학의 영역으로 정립한 저서로 평가받는다. 오늘날 요구되는 분석적 엄격성을 지니지 못했으나 제임스의 이 명저는 두 가지 기본 원칙을 기초로 삼는다. 첫째, '신'이나 '신성'을 체험하는 것은 실존적 변화로서 개인의 소생이나 회생으로 이어진다. 둘째, 성문화하거나 공식화하려는 시도로는 체험을 제대로 다룰 수 없다. 수많은 지적 반응이 나올 수 있겠지만 어느 것도 적합하지 않다.

그러면 제임스는 우리의 연구에 어떤 의미를 갖는가? 그의 연구에 나타난 대표적인 테마 중 하나는 종교적 체험에 관심 있는 이들이 제도화된 종교에서 얻을 것은 별로 없다는 것이다. 그런 종교에서는 '간접적인' 체험을 선사한다. 날것 같은 생생한 경험이 탐구 대상이지만 이는 제도화된 종교의 기존 질서에 대한 위협으로 간주되었다.

> 순수하고 직접적인 종교적 체험은 목격자들의 눈에 이단으로 비치고 예언자는 외로운 미치광이로 취급받기 쉽다. 예언자의 교리가 전파력이 있음이 입증되면 확실한 이단으로 낙인찍힌다. 그러나 박해를 견디면서 여전히 전파력을 발휘한다면 비로소 정설로 자리매김한다. 그리고 이처럼 종교가 정교화되면 영성은 사라진다. 샘은 마른다. 신자들은 오로지 간접적인 경험 속에 살아가며, 이제 그들이 예언자에게 돌을 던지기 시작한다. (James, 1917, p. 337)

여기에 함축된 종교적 체험에 관한 경험적 연구는 제도화된 종교 영역의 밖에서 이루어지는 것이 가장 바람직하다. 이러한 견해는 종교적 체험 현상을 다루는 과학적 연구에 큰 영향을 미쳤다. 이후의 경험적 연구에서 이 주장에 대한 실증이 제시되지는 못했다. 그러나 제임스가 이 분야에 대한 탐구를 활성화하는 데 중요한 역할을 한 것은 분명하다.

제임스가 연구에서 가장 주목한 사실은 종교적 체험을 사회적, 심리학적 범주로 환원하려 하지 않았고, 그 현상의 완전성을 인정하고 설명하려 했다는 것이다. 이는 앞으로 살펴볼 프로이트와 극명하게 대비되는 점이기도 하다.

프로이트Sigmund Freud

널리 알려진 대로 프로이트의 종교론은 그가 과학과 종교에 관한 논쟁에서 가장 크게 기여한 부분이다. 앞서 3장에서 보았듯이 프로이트는 과학의 진보가 인간의 자긍심에 입힌 3대 '자기애적 상처(narcissistic wound)'를 언급했다. 코페르니쿠스 회전론은 인류가 우주의 중심에 있다는 관념을 무너뜨렸다. 게다가 찰스 다윈은 인류가 지구상에서 특별한 위치에 있지 않으며, 자연적 과정의 결과임을 증명했다. 프로이트가 말하는 세 번째 상처는 인간이 스스로의 운명을 지배하는 주인조차 아님을 밝힌 자신에 의해 생긴 것이다. 인간은 무의식 속에 숨겨진 심리적 힘으로 구속되고 형성된다.

프로이트는 종교를 정신분석학적으로 설명하면서 인간이 내면의 악마에게 사로잡힌 죄수라는 개념을 발전시켰다. 종교는 인류가 만들어낸 것으로 의식 집착과 아버지상(father figure) 숭배의 결과물이다. '종교의 심인(psychogenesis of religion)'에 대한 설명에서 프로이트는 무정한 논조로 마땅한 경험적 증거 없이 극히 환원주의적인 접근법을 구사한다. 《토템과 터부Totem and Taboo, 1913》에서는 사회 일반에서 말하는 종교의 기원을, 《환상의 미래The Future of an Illusion, 1927》에서는 개인적 차원의 종교의 심리적 기원(프로이트는 여기서 '심인'이라는 용어를 즐겨 사용한다)을 다룬다. 프로이트에 따르면 종교적 이념은 '인류의 가장 오래되고 강력하며 절박한 소망의 착각이자 실현'이다.(1961, p. 30) 그가 말년에 발표한 《모세와 일신교Moses and Monotheism, 1939》에서도 비슷한 견해를 피력했다.

이러한 프로이트의 관점을 이해하려면 억압 이론을 살펴볼 필요가 있다. 이 이론이 처음 등장한 《꿈의 해석The Interpretation of Dreams, 1900》은 비평가와 일반 식자층으로부터 외면당했다. 여기서 프로이트가 제시한 논제는 꿈이 소망의 실현이라는 것이다. 즉 꿈은 의식(ego)의 억제로 그 대신 무의식 속에 자리잡은 소망의 위장된 실현이다. 프로이트는 《일상생활의 정신병리학The Psychopathology of Everyday Life,

1904》에서 억제된 소망이 일상생활의 여러 지점에 파고든다고 주장했다. 특정 신경계 증상, 꿈 또는 사소한 말실수나 글실수 등 소위 '프로이트식 실언(Freudian slips)'은 무의식의 과정을 드러낸다.

[그림 23.2] 프로이트Sigmund Freud ©CORBIS

삶에 부정적인 영향을 주는 억압을 표출시키는 것은 심리치료사가 할 일이다. 프로이트가 만든 합성어인 정신분석(Psychoanalysis)은 치료받지 못한 채 무의식에 자리잡은 외상성 경험을 환자의 의식 속으로 불러와 드러내게 하는 데 목적이 있다. 분석가는 계속되는 질문을 통해 환자에게 악영향을 미친 억제된 트라우마를 규명하고, 환자가 이를 드러내 해결하게끔 도울 수 있다.

앞서 언급했듯이 종교의 기원에 관한 프로이트의 이론은 인류 역사 발전에서의 기원과 개인적 차원의 기원으로 나누어 살펴봐야 한다. 먼저 인류 차원에서 종교의 심인에 관한 프로이트의 설명을 《토템과 터부》의 내용을 중심으로 알아보자.

프로이트는 종교 의식이 신경증 환자들에게 나타난 강박성 행동과 비슷하다는 초기의 관찰 결과를 바탕으로 종교는 본질적으로 강박신경증(obsessional neurosis)의 왜곡된 형태라고 주장했다. 그는 '늑대인간(wolf man)'을 비롯하여 강박증 환자에 관한 연구와 저술 활동을 통해 정신이상이 미해결된 발달 문제의 결과라고 생각하게 되었다. 그가 아동 발달의 '항문기(anal phase)'와 연결시킨 '죄'와 '불결함'의 연상 관계를 예로 들 수 있다. 유대교의 정결의식과 같은 종교적 행위 요소는 비슷한 강박관념을 통해 생겨났다는 것이다.

모든 종교의 핵심에는 아버지상 숭배와 적절한 의식에 대한 관심이 자리잡고 있다고 프로이트는 주장한다. 그는 종교의 기원을 오이디푸스 콤플렉스에서 찾는다. 인류 역사의 어떤 시점에서 아버지상은 부족 여성들에 대한 독점적 성 권리를 갖게 되었다는 것이 프로이트의 실증 없는 주장이다. 이러한 상황에 불만을 품은 아들들이 아버지상을 무너뜨리고 목숨을 빼앗았지만, 이후에는 존속 살인의 비밀과 그에 따른 죄의식을 짊어지게 되었다. 프로이트에 따르면 종교는 선사시대의 존속 살인 사건에 기원을 두고 있고, 죄를 중요한 동기부여 요인으로 삼는다. 이 죄는 정화나 속죄를 필요로 하기 때문에 다양한 의식이 생기게 된다.

프로이트는 기독교에서 그리스도의 죽음과 부활한 그리스도에 대한 숭배를 강조하는 것은 이러한 일반 원칙을 뚜렷하게 보여주는 예라고 생각했다. "아버지 신앙(fatherreligion)에서 출발한 기독교는 아들 신앙(son-religion)이 되었다. 아버지를 없애야 하는 운명을 피하지 못했다."(Freud, 1964, p. 136) 기독교의 영성체 의식은 곧 '토템 음식(totem meal)'에 해당한다고 프로이트는 말한다.

종교의 사회적 기원에 관한 프로이트의 설명은 진지한 관심을 받지 못했고, 다윈 진화론이 널리 받아들여진 이후 매우 낙관적이고 단순화한 이론들이 등장했던 시절을 증언하는 일종의 '시대물'처럼 여겨졌다. 그러나 개인적 차원의 종교 기원에 관한 그의 이론은 의미심장하다. 여기서도 '아버지상' 숭배라는 테마가 중요한 역할을 한다. 흥미롭게도 개인 차원의 종교 발달에 관한 프로이트의 주장은 실제 아동기의 종교관 발달에 대한 자세한 연구에 바탕을 둔 것이 아니라 몇몇 성인 환자의 신경증과 종교 신앙 및 의식, 특히 유대교와 로마 가톨릭의 신앙 및 의식 간의 유사점을 관찰한 결과에 의존한 듯하다. 이 역시 피상적인 수준에 그칠 때가 많았지만.

다빈치(Leonardo da Vinci)에 대한 어린 시절의 기억을 다룬 에세이(1910)에서 프로이트는 개인적 차원의 종교에 대해 설명하기 시작한다.

> 정신분석 덕분에 우리는 파더 콤플렉스와 신에 대한 믿음이 서로 밀접하게 연관되었음을 알게 되었다. 개인에게 신은 심리학적으로 볼 때 고귀한 아버지와 다름없다. 아버지의 권위가 무너져 내리는 순간부터 젊은이들이 종교적 믿음을 잃는 경우를 확인할 수 있다. 즉 종교의 필요성은 부모 콤플렉스에 뿌리를 두고 있음을 우리는 인정한다. (Freud, 1957, p. 123)

아버지상 숭배는 유년기 때 시작된다. 오이디푸스 콤플렉스 단계를 거치면서 아이는 아버지로부터 벌을 받을까 두려워하는 마음을 갖는다. 이러한 두려움에 대한 아이의 반응은 아버지를 숭배하고 그와 자신을 동일시하며 아버지의 뜻에 대해 아는 바를 초자아(superego)의 형태로 투영하는 것이다.

프로이트는 이와 같은 이상적 아버지상의 투영이 어디서 비롯되었는지 《환상의 미래The Future of Illusion》에서 탐구했다. 종교는 유아기 행동의 일부가 성인의 삶까지 영속된 것이다. 종교는 부모의 돌봄을 받던 어린 시절의 경험으로 돌아가려는 무력감에 대한 미숙한 반응일 뿐이다. "내 아버지는 나를 보호해주겠지. 그는 힘이 있으니까……." 이처럼 개인적 차원의 신에 대한 믿음은 유아적인 망상이자 이상화한 아버지상의 투영에 불과하다.

극히 부정적인 시각으로 종교를 바라보는 프로이트의 접근법이 초기 정신분석학계의 유일한 견해는 아니었다. 스위스에서 목사의 아들로 태어난 융(Carl Gustav Jung, 1875~1961)은 1907년부터 프로이트와 매우 가깝게 지냈다. 1914년 융은 국제정신분석학회 회장직을 사임했다. 이는 그가 많은 문제에서, 특히 리비도를 강조하는 프로이트의 견해와 관련하여 점점 거리를 두게 되었음을 시사한다. 앞서 언급했듯이 프로이트는 종교에 대한 적대적이고 환원주의적인 시각을 지닌 것으로 잘 알려져 있다. 일반적으로 융은 프로이트보다 호의적인 태도로 종교를 대한 편이었으며, 특히 프로이트의 환원주의에 동참하지 않으려 했다. 그는 '신에 대한 관념'이 근본적으로는 인간의 투영이라는 프로이트의 믿음에 공감하면서도 점차 '집단 무의식'에서 그 기원을 찾고자 했다. 인간은 근본적으로 종교적이다. 인류가 '만들어낸' 것이 아니다. 무엇보다도 융은 종교의 긍정적 측면, 특히 완전성과 성취를 향해 나아가는 개인의 발전에 미치는 긍정적인 효과에 주목했다.

현시대 상황

지금까지 종교심리학에서 획기적인 전기를 마련한 대표적인 두 이론을 조명했다. 이제 이 분야의 현 상황을 살펴보면서 장을 마무리하고자 한다. 미국 종교심리학의 대표적 인물로 널리 평가받는 후드(Ralph W. Hood)의 분석을 중심으로 살펴볼 것이다. 후드는 종교철학을 연구하는 심리학자들을 여섯 학파로 분류한다. 각 학파에 대한 소개와 약간의 설명을 덧붙인다.

1. **정신분석 학파**(Psychoanalytical schools) 앞서 살펴본 프로이트의 이론을 바탕으로 종교적 믿음의 무의식적 동기를 밝히고 규명하려 한다. 프로이트는 종교적 믿음을 삶의 압박감에 대처하려는 자연적인 시도로 환원했지만, 현대의 정신분석 해석에서는 종교적 믿음에 대한 적대적인 태도를 견지하지 않는다. 이를테면 종교적 믿음에 환상의 과정이 개입될 수 있음을 확인했다고 해서 종교가 망상이라는 존재론적인 주장을 입증하는 것은 아니라는 견해가 힘을 얻고 있다.

2. **분석 학파**(Analytical schools) 앞서 살펴본 영적 삶에 관한 융의 설명에 근간을 두고 있다. 일반적으로 종교적 믿음에 관한 해석적 고찰은 경험적으로 정확하게 입증되지 않았으나 교회 카운슬링 관심자에게서 유익하다는 평가를 받아왔다. 이 접근법은 인과관계보다 해석에 주력하는 편이며, 종교의 기원을 규명하기보다 종교적 상황을 설명하는 데 목적이 있다.

3. **목적관계 학파**(Object Relations schools) 역시 정신분석에서 출발했으나 주로 어머니가 자녀에게 미치는 영향에 초점을 둔다. 그 결과 페미니스트 학자들의 생산적인 연구 활동이 두드러졌다. 정신분석 학파와 분석 학파처럼 소규모 표본에 기초한 임상 사례 연구와 기타 설명적 방식에 의존하는 편이다.

4. **자아초월 학파**(Transpersonal schools) 과학적이고 종교적인 다양한 방법을 활용하면서 비환원주의적으로 영적 또는 초월적 경험을 다루려 한다. 대개 경험이 존재론적 실재를 반영한다는 가정에서 출발한다. 이 접근법은 '종교심리학(psychology of religion)'보다 '종교적 심리학(religious psychology)'에 더 가깝다고 보는 의견도 있다.

5. **현상론 학파**(Phenomenological schools) 종교적 체험의 기초가 되는 가정과 체험의 공통성에 주목한다. 실험과 측정보다 설명과 비판적 고찰에 무게를 둔다. 이는 경험적 방식을 중시하는 측정 학파와 대비되는 점이다.

6. **측정 학파**(Measurement schools) 종교적 체험을 연구하기 위해 주류 심리학 연구 방법을 이용한다. 주요 연구 분야에는 종교적 현상 측정에 알맞

은 척도를 개발하는 것도 포함된다. 현상에 대한 설명보다 상관성 분석을 주로 수행한다.

이처럼 종교적 믿음에 대한 심리학적 설명 가능성을 모색하는 과정에서 제기된 중요한 물음 중 하나는 과연 인간은 신의 존재를 믿는 성향을 지니고 태어났느냐 하는 것이다. 이 주제는 비교적 새로운 연구 분야인 종교 인지과학에서 심도 있게 다루어왔다. 제3부의 마지막 장에서 자세히 알아보자.

추가 참고도서 목록

Hood, Ralph W. "Psychology of Religion." In W. H. Swatos and P. Kvisto (eds), *Encyclopedia of Religion and Society*, pp. 388-391. Walnut Creek, CA: Altamira, 1998.

Spilka, Bernard, Ralph W. Hood, Bruce Hunsberger, and Richard Gorsuch. *The Psychology of Religion: An Empirical Approach*, 3rd edn. New York: The Guilford Press, 2003.

Vanden Burgt, R. J. *The Religious Philosophy of William James*. Chicago: Nelson-Hall, 1981.

Watts, Fraser. "Cognitive Neuroscience and Religious Consciousness." In R. J. Russell, N. Murphy, T. Meyering, and M. Arbib (eds), *Neuroscience and the Person*, pp. 327-346. Vatican City: Vatican Observatory, 1999.

Wulff, David W. "Rethinking the Rise and Fall of the Psychology of Religion." In A. L. Molendijk and P. Pels (eds), *Religion in the Making: The Emergence of the Sciences of Religion*, pp. 181-202. Leiden: Brill, 1998.

종교 인지과학 : 종교는 '자연적'인가?

몇 년 전 과학과 종교 분야에 새내기가 등장했다. 옥스퍼드의 학자 저스틴 배렛(Justin Barrett, 1971~)이 처음 사용한 '종교 인지과학(cognitive science of religion)'이라는 용어는 인지과학에서 출발한 종교 연구를 일컫게 되었다.

이 접근법은 인류에게 종교적 사고와 행동이 흔한 이유와 종교적 현상이 우리 눈에 관찰된 형상을 띠는 이유를 탐구하면서 인지과학 이론을 적용했다. 종교에 관한 형이상학적 개념을 접어두면 '종교'에서 관찰된 현상은 인간의 선천적 지각과 인지에 의해 전달되고 조절되는, 본질적으로 인간적인 현상의 합성물로 볼 수 있다.

여기서는 종교가 인간의 자연적 사고방식을 극복하며 나타나는 것이 아니라 바로 그 사고방식을 통해 일어나는 자연현상이라고 생각한다. 이는 종교를 평가하는 일부 방식, 특히 '이성이 잠든 사이에', 즉 인간의 정상적인 비판과 이성 기능이 잠시 멈춘 사이에 종교가 생겨났다고 주장하는 계몽주의적 실재론의 입장과 크게 대비된다. 인류학자 보이어(Pascal Boyer, 2003)는 이러한 접근법의 차이를 표 형식으로 정리했는데, 이를 [표 24.1]에 옮겨놓았다.

'종교의 선천성(naturalness-of-religion)' 논제에서는 다음 세 가지 기본 쟁점에 초점을 두고 있다.

[그림 24.1] 보이어Pascal Boyer

1. 인간은 초자연적 동인의 개념을 어떻게 나타내는가?
2. 사람들은 이러한 종교적 개념을 어떻게 습득하는가?
3. 그들은 종교 의식과 같은 종교적 행동을 통해 이런 종교적 개념에 어떻게 반응하는가?

[표 24.1] 종교 연구에서 주의할 사항 (Boyer, 2003, p. 120)

피해야 할 표현	권장하는 표현
종교는 사람들의 형이상학적 물음에 답해준다.	일반적으로 사람들이 구체적인 상황(수확, 질병, 새로운 탄생, 사망자 등)을 대할 때 종교적 사고가 작동한다.
종교는 초월적인 신에 관한 것이다.	사람들과의 직접적인 상호작용 속에서 굴(ghoul, 시체를 먹는 귀신), 유령, 영혼, 조상, 신 등의 다양한 동인을 다룬다.
종교는 근심을 덜어준다.	근심을 덜어주는 것 못지않게 걱정거리도 안겨준다. 우리를 보호하는 신뿐 아니라 복수심에 불타는 유령, 불쾌한 악령, 호전적인 신 등도 흔하다.

종교는 인류사의 특정 시점에 생겨났다.	소위 '종교적'이라고 일컬어지는 각양각색의 사고가 인류 문화의 특정 시점에 한꺼번에 등장했다고 생각할 이유가 없다.
종교에서는 자연현상을 설명한다.	자연현상에 관한 종교적 설명 대부분은 설명하기보다 특징적 신비감을 조성하는 편이다.
종교에서는 정신적 현상(꿈, 환상 등)을 설명한다.	정신적 현상을 설명할 때 종교에 의지하지 않는 곳에서는 그런 현상을 본질적으로 신비롭거나 초자연적인 것으로 간주하지 않는다.
종교에서는 도덕과 영혼의 구원을 다룬다.	구원이라는 관념은 일부 종교(기독교, 아시아 및 중동의 교의 중심의 종교 등)에만 있는 것으로, 대부분의 다른 전통 신앙에서는 찾아볼 수 없다.
종교는 사회 통합을 이룬다.	어떤 상황에서는 종교적 헌신이 연대 관계의 상징이 되기도 하지만, 그런 연대는 집단적인 통합 못지않게 사회적 분열(분리)을 초래한다.
종교적 주장은 반박 불가이기 때문에 사람들이 이를 믿는다.	아무도 믿지 않는 반박 불가한 주장도 많다. 그런 주장 중 일부가 어떤 이에게 설득력 있게 다가가는 까닭을 규명할 필요가 있다.
종교는 비이성적이거나 미신이다.(따라서 연구할 가치가 없다.)	가공의 동인에 대한 헌신이 일반적인 신앙 형성의 메커니즘을 느슨하게 하거나 중단시키는 것은 아니다. 오히려 그 기능성에 대한 중요한 증거가 될 수도 있다.(물론 이는 중요한 연구 대상이다.)

종교 인지과학 연구에서는 '종교'에 대한 엄격한 정의를 필요로 하지 않는다. 새로운 이 인지적 종교 연구는 모호하고 경험적 검증이 불가능했던 지금까지의 종교 이론에 대한 불만에서 출발했다는 의견도 있다. 배럿은 다음과 같이 말한다.

이 분야의 학자들은 종교가 무엇인지 규정하고 전체적으로 설명하는 데 매달리기보다 일반적으로 점증적이고 단편적인 방식으로 '종교'에 접근하는 방법을 선택했다. '종교적'이라 여길 만한 인간의 사고나 행동 패턴을 식별한 다음 이 패턴이 범문화적으로 반복되는 까닭을 규명하려 한다. 그 결과가 '종교'에 대한 더 웅대한 설명의 범주에 속한다면 그것으로 그만이다. 만약 그렇지 않더라도 의미 있는 인간 현상을 정밀하게 살펴보았다는 성과가 남는다. (Barrett, 2007, p. 1)

또 중요한 점은 종교가 본래 '신학' 관념, 즉 신의 전능함이나 삼위일체 교리 등에 관한 것이 아니라는 인식이다. 종교적 인식은 신학적 인식에 비해 훨씬 더 단순하고 '자연적'이다. 종교적 믿음이 인류에게 부여된 과제라는 주장도 있지만, 종교 인지과학은 신의 존재를 믿으려는 선천적 원인이 있다고 여긴다. 이러한 견해의 발전에 특히 중요한 역할을 한 두 테마, '최소 반직관 개념(minimally counterintuitive concepts)'과 '과다활동작용 탐지장치(Hyperactive Agency Detection Device, HADD)'에 대해 더 자세히 살펴볼 것이다.

보이어는 종교적 믿음이 '최소 반직관 개념'의 범주에 속한다고 주장했다. 그에 따르면 종교적 믿음은 사람이나 사물의 부류에 대한 어떤 직관적 가정에 부합하면서도 다른 한편으로 그 가정의 일부에 위배되며, 그로 인해 특히 흥미롭고 기억할 만한 개념이 나온다. 다시 말해 종교적 관념은 그럴듯하면서 동시에 기억에 남을 만하고, 일상생활의 영역에 속하면서도 쉽게 눈에 띈다. 또 쉽게 표현되고 기억하기 쉽다. 그러나 반직관성이 모든 종교의 보편적 특성이라고 주장하는 것인지, 단지 종교의 기준으로 삼기에 충분하다고 말하는 것인지 분명하지 않다.

종교 인지과학을 연구하는 많은 이들에 따르면 일반적으로 인류는 '과다활동작용 탐지장치(HADD)'를 지니고 있다. 이 아이디어의 초기 주창자인 거스리

(Stewart Guthrie)는 《구름 속의 얼굴들Faces in the Clouds, 1993》에서 '작용 탐지'가 인간의 인지 기능 중 하나라고 설명했다. 이 아이디어는 배렛과 같은 이들에 의해 인지적 관점에서 발전된다.

[그림 24.2] 배렛Justin Barrett
Photo Sherry Barrett

인류가 신이나 유령, 악귀의 존재를 믿는 이유 중 일부는 우리의 정신, 특히 작용탐지장치(ADD)의 작동 방식에 있다. ADD가 과다활동을 겪게 되면 그 존재에 대한 썩 괜찮은 증거가 있는 동인을 주변에서 찾는데, 여기에는 초자연적인 동인도 포함된다. 이와 같은 성향은 신에 대한 개념의 형성과 확산을 돕는다. (Barrett, 2004, p. 31)

진화심리학에서 유래한 이 주장에 따르면 사람은 자연선택을 통해 작용탐지장치를 갖게 된다. 이 장치는 주변 환경의 단편적 정보에 반응하는데, 그 정보가 어렴풋한 어떤 동인, 이를테면 포식동물이나 적대적인 사람 등의 위협을 가리킬 수도 있다. 이처럼 HADD의 원초적 진화 기능을 통해 포식자를 감지하여 피해왔다. 이런 진화의 부산물로 주변의 소음과 움직임으로부터 초자연적 존재를 추론하는 감수성을 갖게 되었다.

이와 같은 주장은 결국 우리를 어디로 이끌까? 종교적 믿음에 대한 이 '최소 반직관' 접근법은 그런 개념과 믿음의 지시 대상이 존재하지 않음을 암시하거나 함의하는 것은 아닌가 하는 의문이 든다. 종교 인지과학자 대부분은 그런 의미로 받아들여서는 안 된다고 밝히지만, 애트런(Scott Atran)과 보이어 같은 학자들은 종교에 대한 '최소 반직관' 이론에서 데이터의 초자연적 해석을 배제하거나 제외하는 입장인 듯하다. 한편 그런 해석이 배제되지 않는다고 생각하는 배렛과 같은 이도 있다. 그렇다면 무신론적 선입관에 입각하여 종교를 '설명'한 것으로 알려진 프로이트에 대해 가졌던 의문이 또 생긴다. 종교 인지과학자들은 자신의 세계관이 데이터 해석에 영향을 미치는 것을 허용하는가?

인류가 신의 존재를 믿는 선천적 소인을 지녔다는 주장에 대해 기독교 신학에서는 어떤 반응을 보일 것인가? 많은 신학자들에게 이는 오래전에 신학적으로 입증된 진실을 과학적으로 설명한 것에 지나지 않는다. 인류에게 신을 찾는 경향이 있다는 것은 여러 신학 전통 속에 깊이 자리한 개념이다. '하나님이 사람들에게 영원을 사모하는 마음을 주셨다.'(전도서 3:11)는 성구는 이를 표현한 방법 중 하나다. 아우구스티누스의 《고백록Confessions》에 나오는 유명한 기도문을 떠올리는 이도 있다. "당신을 향하여 살도록 우리를 창조하신 까닭에 우리 심령은 당신 안에서 쉼을 얻을 때까지 평안할 수 없나이다." 분명 이는 더 자세히 탐구할 만한 주제다.

종교의 인지과학은 과학과 종교의 대화에 어떤 통찰을 선사하는가? 이 새로운 연구 분야가 과학과 종교의 관계를 밝히는 데 기여할 수 있다고 생각할 만한 타당한 이유가 있다. 맥컬리(Robert N. McCauley)는 최근의 중요한 연구 발표(2000)에서 종교적 믿음이 자연적이라고 주장했다. 그에 따르면 친숙하거나 분명하거나 자명하거나 직관적이거나 어떤 숙고 없이 주장되거나 행해지는 믿음이나 행동은 '자연적'인 것으로 간주해야 한다. 다시 말해 '일반적인 추이에 속한 듯하면' 자연적인 것이다.

따라서 신이나 초자연적 동인에 대한 믿음은 완전히 자연적인 것이라고 주장한다. 그러나 초자연적 동인에 대해 믿는 것을 자세히 설명하려 들 때 매우 비자연적이라 할 사고방식이 재빨리 나타난다. 맥컬리가 정확히 이런 식으로 말한 것은 아니지만, 그의 주장은 신이나 신의 주권에 대한 원초적 믿음에서 출발한 신학적 설명보다 훨씬 더 자연적인 것임을 의미한다. 이른바 '조직신학'

은 많은 반직관적 성향의 단계를 거쳐 상대적으로 비자연적이라 할 수 있다. 삼위일체 교의는 신의 주권에 대한 매우 자연적인 믿음과 대비되는 반직관적이고 '비자연적인' 믿음의 대표적인 예일 것이다.

그럼 자연과학은 어떤가? 맥컬리는 어떤 면에서 비자연적으로 느껴진다고 말한다. 자연과학에 쓰이는 방법, 가정과 결과는 결코 자연적이지 않지만, '친숙하거나 분명하거나 자명하거나 직관적이거나 어떤 숙고 없이 주장되거나 행해지는' 점에서 자연적인 것처럼 보인다. 맥컬리는 다양한 방법으로 특히 혁신적인 과학 이론의 반직관성을 지적하면서 이 논점을 설명한다.

과학은 끊임없이 우리의 직관과 상식에 도전한다. 새로운 이론이 승리를 거두면 과학자와 때로는 일반대중도 생각을 바꿔야 한다. 가장 반직관적인 양자역학의 결론이 20세기 들어 입증된 것처럼 지구가 움직이고 미생물이 인간을 죽일 수도 있으며 고체는 대개 빈 공간이라는 주장 역시 처음에는 직관과 상식에 반하는 것이었다. (McCauley, 2000, p. 69)

극히 반직관적인 양자역학 개념과 씨름한 적이 있다면 여기에 공감할 것이다. 그러나 뉴턴을 그토록 괴롭혔던 '원격작용'과 같은 정통 물리학 개념 역시 상식에 반하는 것처럼 보인다.

또 다른 측면에서도 과학은 비자연적으로 보인다. 맥컬리는 과학적 진취에는 광범위한 교육과 준비가 요구되며, 그 과정에서 평범한 세상과 동떨어져 보이는 사고와 실천의 습관이 작용한다고 했다.

과학의 발상에서 으레 나타나는 비자연성과 더불어 제도화된 과학에서 필요로 하는 사고 형태와 실천 유형 역시 인간이 습득하기 매우 어렵다. 과학 지식 습득은 힘들고 고된 과정이다. 전문적인 과학자가 되려면 적어도 10년간 집중적인 교육과 훈련을 받아야 하고, 그 단계를 마쳤더라도 과학이라는 제한된 범주에서 권위를 인정받을 뿐이다. 과학적 지식은 인간이 자연적으로 습득하는 것이 아니며, 과학에 통달하더라도 과학을 하는 방법을 알게 된다는 보장도 없다. 400여 년간 놀라운 성과를 거둬왔는데도 과학은 여전히 매우 생소한 활동 분야다. 대부분의 식자층과 과학이 지대한 영향을 미쳐온 문화권도 예외가 아니다. (McCauley, 2000, p. 71)

맥컬리는 어떤 측면에서 자연과학이 '비자연적'이라고 말하지만 그런 비자연성이 잘못이라는 의미는 아니다. 진실성이 자명하게 드러나지 않으며 때로는 일상적인 경험과 상식에 반하는 것처럼 보이는 사고방식의 전개가 요구된다는 뜻이다.

이와 같은 견해는 과학과 종교의 대화에 무엇을 시사하는가? 맥컬리의 분석에 따르면 이 대화는 과학과 종교가 아니라 과학과 신학이 나누는 것이다. 과학과 신학은 종교의 일반적인 특징인 일상적이고 자연적인 사고방식에서 한 걸음 이상 떨어져 있는 사고방식을 보여준다. 약간 다른 근거에서 출발했으나 토런스(Thomas F. Torrance, pp. 115~117, 197~200) 역시 이런 견해를 옹호했다. 그는 기독교 신앙의 '종교성'보다 삼위일체 및 성육신의 뿌리에 주목하면서 기독교적 실재관의 특이성을 강조하고자 했다.

종교 인지과학은 비교적 새로운 분야인 만큼 이 짤막한 장에서는 현재 진행 중인 탐구 내용을 간략하게 요약하는 수준에 머물렀다. 이 분야는 앞으로 수십 년간 과학과 종교, 아니면 과학과 신학 분야에서 큰 의미를 가질 새로운 담론을 이끌면서 그 중요성이 더해질 것이다.

추가 참고도서 목록

Atran, Scott. *In Gods We Trust: The Evolutionary Landscape of Religion*. Oxford: Oxford University Press, 2002.

Barrett, Justin L. *Why Would Anyone Believe in God?* Lanham, MD: AltaMira Press, 2004.

Boyer, Pascal. *Religion Explained: The Evolutionary Origins of Religious Thought*. New York: Basic Books, 2001.

Guthrie, Stewart. *Faces in the Clouds: A New Theory of Religion*. New York: Oxford University Press, 1993.

McCauley, Robert N. "The Naturalness of Religion and the Unnaturalness of Science." In F. Keil and R. Wilson (eds), *Explanation and Cognition*, pp. 61-85. Cambridge, MA: MIT Press, 2000.

과학과 종교 분야의 사례 연구

샤르댕(Pierre Teilhard de Chardin, 1881~1955) • 토런스(Thomas F. Torrance, 1913~2007) • 컬슨(Charles A. Coulson, 1910~1974) • 바버(Ian G. Barbour, 1923~2013) • 피콕(Arthur Peacocke, 1924~2006) • 판넨베르크(Wolfhart Pannenberg, 1928~2014) • 폴킹혼(John Polkinghorne, 1930~) • 머피(Nancey Murphy, 1951~) • 맥그래스(Alister E. McGrath, 1953~) • 클레이턴(Philip Clayton, 1956~)

과학과 종교의 대화에 다양한 분야의 다양한 저술가들이 어떻게 참여하게 되었는가 하는 것도 큰 관심사 중 하나다. 이 분야를 이해하는 데 큰 도움을 준 중요한 저술가 중에 원래 자연과학을 연구하다 연구의 종교적 의미를 탐구하는 데 매료된 이들도 있다. 또는 종교사상 전문가로 출발했다가 과학이 종교에 분명하게 기여해온 사실의 중요성을 깨닫고 자연과학 연구에 뛰어든 이도 있다.

이제부터 과학과 종교의 대화에 이바지한 10명의 사상과 접근법을 짚어보고자 한다. 그들의 이력을 간략하게 살펴보고, 그들의 사상 중 어떤 점이 두 영역 간의 대화를 발전시키고 영향을 미쳤는지 조명한다. 여기 선정된 10명 외에 덴마크의 유명한 루터교 신학자 그레거슨(Niels Henrik Gregersen, 1956~), 중진 과학철학자 맥멀린(Ernan McMullin, 1924~2011)을 비롯하여 활발한 저술 활동을 펼친 중요한 인물들이 아주 많이 있다. 제4부의 목적은 이 분야의 몇몇 대표적인 업적과 발전 과정을 알아보는 데 있다.

또 하나 유의할 점은 여기 소개된 인물 대부분이 과학과 종교 분야에 여러 차례 기여했다는 사실이다. 지면 제약상 각 인물의 대표적인 업적 위주로 소개하겠지만, 그 내용이 해당 인물의 중요성을 모두 드러내는 것은 아니다. 이 짤막한 장은 일종의 '맛보기'로 여기 소개된 인물뿐 아니라 이 분야에서 활동 중인 다른 저술가들에 대한 관심과 연구를 촉진하는 데 목적이 있다.

첫 번째 주인공은 고생물학과 기독교 신학 간에 다리를 놓은 선구자로 평가받는 프랑스의 저술가 샤르댕이다.

CHAPTER 25

샤르댕
(Pierre Teilhard de Chardin, 1881~1955)

프랑스의 저명한 고생물학자 샤르댕(Pierre Teilhard de Chardin)은 20세기 들어 과학과 종교의 관계에 관한 담론에 크게 기여한 인물이다. 그는 1899년 '제수이트(Jesuit)'라고도 하는 예수회의 일원이 되었다. 처음에는 신학을 공부하다 점차 자연과학, 특히 지질학과 고생물학에 대한 관심을 키워나갔다.

그는 중국에서 '베이징 원인'이라는 화석화된 유체를 발견한 팀의 일원이기도 했다. 중국을 떠난 후에는 미국에 정착하여 여생을 보냈다. 샤르댕은 평생 여러 편의 과학 논문을 발표했다. 과학과 종교 간 관계를 깊이 연구한 그였지만 상위 성직자들로부터 관련 글을 발표하라는 허락을 받지 못했다. 그의 글이 의심스러운 이론으로 간주되었기 때문이다.

그의 글은 1955년 샤르댕이 사망하면서 세상에 나올 수 있었다. 그가 죽고 난 몇 개월 뒤 최초로 출판된 그의 중요한 저서 《인간의 현상Le phenomene humaine》은 이미 1938~1940년에 씌어진 것이다. 1955년 이 책의 프랑스어판이, 1959년 영

[그림 25.1] 샤르댕Pierre Teilhard de Chardin ©Philippe Halsman/Magnum Photos

어판이 출판되었다. 이어 원래 1927년 씌어진 《신성한 환경Le milieu divin》이 1957년 프랑스어판으로 발행되었다. 이 제목은 프랑스어 milieu가 다양한 함축적 의미를 갖고 있기 때문에 영어로 옮기기가 까다롭다. 영어 단어인 medium은 milieu에 내포된 의미 중 일부만 전달할 뿐이다. 이러한 어려움 때문에 이 책은 두 가지 제목으로 번역되었다. 1960년 런던에서 프랑스어 원제를 그대로 단 영어판이 나왔고, 뉴욕에서 《The Divine Milieu》라는 제목으로 발행되었다. 진화생물학(evolutionary biology)과 철학적 신학(philosophical theology), 영성(spirituality)을 훌륭하게 융합시킨 이 두 저서는 과학과 종교 분야의 많은 연구자들에게 발상의 계기를 마련해주었다.

샤르댕은 우주를 더 복잡한 상태, 그리고 더 높은 의식 단계를 향해 끊임없이 변화하는 하나의 진화 과정으로 보았다. 그 과정 속에서 일반적으로 '임계점'이라고 하는 결정적으로 중요한 전환이 다수 일어날 수 있다. 그중에서도 특히 중요한 두 임계점은 바로 지구상 생명의 시작과 인간 의식의 출현이라고 생각했다.

이러한 '임계점'은 마치 사다리의 가로장처럼 연속적인 발전 과정상의 새로운 단계로 안내한다. 세계는 하나의 연속적인 과정, 유기체의 여러 단계가 이루는 '만물의 짜임새(universal interweaving)'로 볼 수 있다. 각각의 단계는 이전 단계에 근원을 두고 있으며, 각 단계의 출현은 이전 단계에 잠재적으로 존재하던 요소가 실현된 것이라 할 수 있다. 따라서 샤르댕은 의식과 물질, 인류와 다른 동물을 명확하게 구분짓는 선이 있다고 생각하지 않는다. 진화하는 하나의 개체인 이 세계는 사건들이 마치 망을 이루듯 상호 연결되어 있으며, 물질에서 생명과 인간 존재, 인간 사회로의 자연적 진보가 차례로 일어난다.

이는 물질을 '이성적'인 것으로 간주할 여지가 있음을 암시한다고 일부 비판자들은 생각한다. 하위 단계가 이후 단계에서 실현될 가능성을 강조한 샤르댕은 물질이 '의식'으로 전환할 가능성이 있기 때문에 어떤 맥락에서는 '의식이 있는' 것으로 간주할 수 있다는 결론에 도달한다. 따라서 우주의 형이하학적 물질에는 '생명의 출현에 선행하는 기초적 의식'이 있어야 한다. 샤르댕은 《인간의 현상》에서 그런 생각을 '사물에는 내재성(Within)이 있다.'고 표현했다. 다시 말해 우주의 짜임새 내부에 일종의 생물학적 층이 존재한다. 이 생물학적 층은 진화 과정의 초기 단계에 '극도로 감쇠될' 수 있으나 이후 단계에서 의식의 출현을 설명하려면 그 층이 존재해야 한다. 이러한 결론은 진화 과정이 지속적인 발전 형태로 이루어져 급격한 단절이나 혁신이 나타나지 않는다는 그의 확고한 신념에서 비롯되었다는 데 주목할 필요가 있다. 새로운 단계는 이전 단계와 단절되는 것이 아니라 문턱을 넘는 것으로 간주한다.

그러면 과연 신은 진화에 어떻게 관여하는가 하는 문제가 제기된다. 분명 샤르댕은 예수 그리스도에 이르러 세상이 완성되었다는 주제에 몰두한다. 이러한 사상은 신약성경, 특히 골로새서와 에베소서에서 명확히 드러나 있으며(골로새서 1:15~20, 에베소서 1:9~10,22~23), 오리게네스를 비롯한 그리스의 일부 교부학자들이 이미 적극적으로 개진했다. 샤르댕은 그 자신이 그리스 알파벳의 마지막 문자를 따서 '오메가'라고 부른 개념을 통해 그 주제를 전개한다. 그는 초기 저술에서 오메가를 근본적으로 진화 과정이 지향하는 지점으로 간주했다. 이 과정은 분명 상승하는 모양새이며, 오메가는 최종 목적지를 정의한다. 분명히 샤르댕은 진화를 목적과 방향이 있는 과정으로 여겼다. 그는 자신의 사상을 점차 발전시키면서 신에 대한 기독교적 견해를 오메가 사상에 포함시켰고, 결국 진화의 지향성과 최종 목표는 궁극적인 신과의 결합 측면에서 설명했다.

샤르댕은 이 주제를 그리 명확하게 다루지 않아 이와 관련된 그의 견해를 이해하는 데 다소 어려움이 있다. 그러나 후기 사상의 요점을 간추리면 오메가는 하나의 힘으로 진화 과정이 자신을 향하도록 이끈다. 일종의 '선수에 자리한 원동기' 역할을 하면서 진화 과정을 움직이고 집중시킨다. 아래쪽으로 끌어당기는 중력과 달리 오메가는 '역방향 인력 과정'으로 진화 과정을 위쪽으로 이끌어 궁극적으로 신과의 결합에 이르게 한다. 따라서 이 진화 과정의 전체적인 방향은 출발 지점이 아니라 목표이자 최종 목적지인 오메가에 의해 정의된다.

샤르댕은 오메가의 존재가 과학적 분석을 통해 입증되는 것이 아니라 암시된다고 주장한다. 관찰이 아닌 외삽에 의해서만 가능하며, 확정된 과학적 사실이 아니라 '가정과 추측'으로 여기는 것이 바람직하다. 그러나 기독교적 계시가 이를 확증하고 실체를 부여한다. 앞서 언급했듯이 골로새서와 에베소서에 명확하게 드러난 만물의 목적이 그리스도에 있다는 신약성경의 주제는 진화에 대한 종교적 해석의 신학적 토대가 된다.

우주를 과학적으로 설명하는 것이 그리스도에게 위협이 된다고 생각하는 이도 있겠지만, 샤르댕에 따르면 그리스도는 사실 우주의 '안정성에 대한 보증'이다. 따라서 성육신한 예수 그리스도는 우주 진화 전 과정의 기초이자 목표로 여겨진다. 진화 과정의 종착지는 '명확하게 정의된 성육신 말씀의 개성적 실재'로 목표에 도달한 모든 사물은 궁극의 유일성(unity)에 이르게 된다. 만물이 '그리스도 안에서 통일된다면'(에베소서 1:9~10) 그리스도는 진화하는 우주의 최종 목표가 된다.

이처럼 샤르댕이 제시한 전반적인 관점은 진화 과정에 있는 우주를 대상으로 한다. 여기서 우주는 앞으로 위로 서서히 나아가면서 완성되는 거대한 유기체다. 신은 이 진화 과정 안에서 움직이며 내부에서 지휘할 뿐 아니라 진화 과정에 앞서 움직이면서 자신을 향해, 즉 최종 이행 지점에 도달하도록 과정을 이끈다. '나의 믿음(What I Believe)'이라는 제목의 글에서 샤르댕은 자신의 우주관을 네 개의 간결한 문장으로 정리했다.

나는 우주가 진화 과정에 있다고 믿는다.
나는 진화가 영성을 향해 진행된다고 믿는다.
나는 영성이 개성의 형태로 완전히 실현된다고 믿는다.
나는 최고의 개성은 만물의 그리스도라고 믿는다.

샤르댕은 열렬한 옹호자들 못지않게 격렬한 반대자들을 양산했다. 최종 목표를 향해 집중하는 우주에 대한 그의 시각에 많은 이들이 매료되었다. 그러나 다른 한편에서 그의 사상은 지적 엄격성이 결여되고 우주적 진화의 최종 결과에 관해 대책 없이 낙관적이라고 지적하는 견해도 있다.

그런데도 샤르댕은 과학적 사고와 종교 신앙 간의 접점을 모색한 20세기 저술가의 대표적인 예로 평가받는다.

추가 참고도서 목록

기본 참고도서

Teilhard de Chardin, Pierre. *The Phenomenon of Man*. New York: Harper, 1959.

Teilhard de Chardin, Pierre. *The Divine Milieu: An Essay on the Interior Life*. New York: Harper, 1960.

보조 참고도서

Grumett, David. "Teilhard de Chardin's Evolutionary Natural Theology." *Zygon*, 42 (2007): 519-534.

King, Ursula. Spirit of Fire: The Life and Vision of Teilhard de Chardin. Maryknoll, NY: Orbis Books, 1996.

Lane, David. *The Phenomenon of Teilhard: Prophet for a New Age*. Macon, GA: Mercer University Press, 1996.

토런스
(Thomas F. Torrance, 1913~2007)

토런스(Thomas Forsyth Torrance)는 1913년 8월 30일 중국 쓰촨성 청두에서 스코틀랜드 출신 선교사 부부의 아들로 태어났다. 청두의 캐나다 미션스쿨을 다니던(1920~1927) 그는 스코틀랜드로 돌아온 후 벨스힐 아카데미(Bellshill Academy)에서 학업을 계속했다(1927~1931). 1934년 에든버러 대학교에 들어가 고전어와 철학으로 석사학위를, 1937년에는 조직신학 전공으로 신학사학위를 받았다. 이후 옥스퍼드와 바젤로 자리를 옮겨 계속 수학했으며, 바젤에서 초기 기독교 신학자들의 글에 나타난 은총론에 관한 연구로 박사학위를 취득했다. 뉴욕주의 오번 신학교(Auburn Theological Seminary)에서 1년간 조직신학 교수로 재직한 후(1938~1939) 장로교회 성직자로 임명되어 1940년부터 1947년까지 퍼스셔의 알리스(Alyth) 교구 목사로 재직했다. 그 와중에 2차 대전이 발발하자 영국군의 주임 사제로 일하기도 했다. 애버딘의 비치그로브(Beechgrove) 교구에서 두 번째 목사 임기를 보내던 중(1947~1950) 에든버러 대학교(Edinburgh University and New

[그림 26.1] 토런스Thomas F. Torrance

College)의 교회사 교수로 임명되었다. 1952년 에든버러에서 기독교 교의학 교수로 임용되어 1979년 은퇴할 때까지 그 자리를 지켰다. 토런스의 가장 유명한 저서인 《삼위일체 신앙The Trinitarian Faith》을 비롯한 그의 걸작 중 일부가 이 후기에 저술되었다.

토런스는 20세기의 가장 중요한 영국 신학자로 널리 평가받은 만큼 자연과학과 기독교 신학의 관계에 관심을 기울인 점에 특히 주목할 필요가 있다. 이 주제를 다룬 그의 대표 저서 중 특히 두 권이 중요하다. 1959년 뉴욕 유니온 신학교(Union Theological Seminary)에서 한 휴잇 강연(Hewett Lectures)을 바탕으로 쓴 《신학적 과학Theological Science, 1969》은 자연과학과 기독교 신학의 관계에 대한 토런스의 견해를 보여주는 초기의 기념비적 저술이다. 그 견해는 후속작들, 특히 던디 대학교에서 가진 해리스 강연(Harris Lectures)을 토대로 한 《실재와 과학적 신학: 지식의 변경에 위치한 신학과 과학Reality and Scientific Theology: Theology and Science at the frontiers of Knowledge, 1985》에서 한층 더 발전되었다. 토런스는 이 두 영역의 대화에 크게 이바지한 점을 인정받아 1978년 템플턴상(Templeton Prize for Progress in Religion)을 받았다.

그가 전개한 관점의 핵심에는 '신학사상과 과학사상 사이에 드러나지 않은 교류가 있고, 이는 신학과 과학 모두에서 가장 폭넓은 중요성을 갖는다.'는 확고한 믿음이 자리잡고 있다. 그런 교류는 두 분야가 '깊은 상호관계'에 있음을 나타낸다고 그는 생각했다.(Torrance, 1985, pp. x~xi) 토런스가 밝힌 다양한 융합성 중에서 가장 중요한 것은 신학과 과학 모두 독립적 실재에 관한 후험적(a posteriori) 사상이라는 점이다. 이들은 각자의 방식으로 실재를 설명하려 한다.

토런스는 '종교'와 '신학' 사이에 신중하면서도 명확한 경계선을 긋는데, 이 구분은 중요한 의미를 갖는다. 종교적 사고와 과학적 사고의 상호관계에 대해 논의할 때 '과학과 종교'와 '과학과 신학'을 종종 같은 의미, 즉 동일한 대상을 다르게 표현하는 것으로 여기기 때문이다.

바르트 신학을 부분적으로 수용한 토런스는 그런 동일화를 받아들일 수 없다고 주장한다. '종교'는 인간의 의식과 행동에 관한 것으로 이해해야 한다. 종교는 근본적으로 인간이 만들어낸 것이다. 이에 반해 신학은 우리가 갖고 있는 신에 관한 지식을 다뤄야 한다.

신학은 오로지 신에 관한 지식을 다루는 고유한 학문이다. 그 나름의 방식과 연구 대상의 고유성, 즉 신이 스스로를 드러내면서 우리의 존재 속에 일으킨 실제 상황 내에서만 신을 감지할 수 있다는 점에서 다른 학문과 구별된다.…… 과학 신학은 진실을 좇는 인간의 노력일 뿐이며, 인류는 그런 노력을 통해 신을 최대한 감지하고, 감지한 것을 이해하며, 이해한 것을 명확하고 신중하게 설명하려 한다. (Torrance, 1969, p. 281)

이러한 관점에서 보면 신학과 자연과학 모두 감지하려는 대상의 실재에 좌우된다. 두 학문은 각자 구상한 선입관에서 출발할 수 없으며, 이해하려는 대상인 독립적 실재의 인도 아래 탐구할 수 있다. 따라서 토런스는 공간과 시간 속에 일어나는 구체적인 현상의 맥락에서 얻은 신에 대한 실제적 지식에서 기독교 신학이 시작된다고 주장한다. 즉 적극적으로 인류와 만나고 예수 그리스도를 통해 자신을 드러내는 신에 관한 지식을 다루는 학문이다. 그러므로 인류 자신이나 인류의 물음은 출발점이 아니다. 사실상 우리는 어디서 출발할 것인지 선택할 수 없다. 단지 절대적으로 드러난 주체의 실재에 의해 우리에게 부여된 사실을 출발점으로 삼을 수 있다.

이처럼 토런스는 과학과 신학 모두 선험적(a priori) 개념을 적용하는 데 비판적이었다. 두 학문 모두 각자 부딪히고 설명해야 하는 객관적 실재에 응답하는 것이라고 생각했다. 신학과 자연과학은 주어진 사실로 조절되는 후험적(a posteriori) 활동으로 간주한다. 이러한 생각의 연장선상에서 토런스는 신학과 자연과학 모두 일종의 실재론을 추구해야 한다고 주장한다. 두 학문에서 다루는 실재는 그것을 이해하거나 나타내려는 시도에 앞서 이미 존재하고 속성을 갖고 있다. 두 학문 모두 사물의 이치를 수용하고, 부딪히는 실재의 속성에 따라 탐구 방식을 조정해야 한다. 토런스는 중요한 이 주제를 다음과 같이 설명했다.

우리는 이해 가능한 실재에 침투하고 이를 우리의 지각과 상관없이 의미를 갖는 수학적 조화나 대칭, 불변의 구조 속에서 포착하기 위해 과학 이론을 발전시킨다. 우리는 실재 세계가 우리로부터 환기하는 이론을 통해 드러내는 모습으로 실재를 감지한다. 이론은 실재 세계가 우리에게 작용하는 압력 아래 우리의 정신 속에서 형성된다.…… 이는 피할 수 없는 '교의적 실재론', 즉 실재의 강제적 주장과 구속 아래 추구되고 형성되는 일종의 과학이다. (Torrance, 1985, pp. 54~55)

자연과학의 경우 '실재'는 자연의 질서고, 신학에서는 '기독교 계시'가 된다.

인류가 신에 대한 지식의 성분이 되는 근본적인 회오와 사상은 신이 이스라엘과의 대화 및 그의 아들 예수 그리스도의 성육신과 성경을 통해 인류에게 스스로를 드러내며 행한 것에 대한 응답으로 교회에서 행하는 복음과 예배 활동을 토대로 한다. 과학적 신학, 엄밀히 말하면 신학적 과학은 근본적인 회오와 사상으로 습득한 지식의 정제 및 연장일 뿐이어서 그 회오 및 사상과의 연계 없이 표류한다면 내실 없이 경험적으로 무의미하게 될 것이다. (Torrance, 1985, p. 85)

토런스의 관점에서는 근본적으로 신의 자기현시(self-revelation)에 우선적 중요성을 부여한다. 이는 인간의 이성적 활동과 별개인 객관적 실재로 간주된다. 토런스가 바르트의 무비판적 지지자는 아니지만 적어도 여기서는 바르트 신학과 의견을 같이한다. 토런스는 신학을 인간 경험에 관한 고찰로 여기는 종교사상가 또는 일차적으로 객관적 실재라는 것은 존재하지 않는다고 생각하는 포스트모더니즘적 입장의 종교사상가들을 옹호하지 않는다.

그러나 토런스는 근본적으로 자연과학에 더 우호적이고 포용적인 방식으로 바르트 신학을 발전시킨 인물로 평가받는다. 바르트는 신학과 자연과학의 어떤 대화도 거부하는 편이었지만, 토런스는 대화가 이루어질 가능성이 높다고 생각했다. 조직신학의 테두리에서 자연신학이 담당한 역할이 아인슈타인이 기하학을 이용한 것에 견줄 만하다는 그의 주장은 이러한 측면에서 특히 중요한 의미를 갖는다.

추가 참고도서 목록

기본 참고도서

Torrance, Thomas F. *Theological Science*. London: Oxford University Press, 1969.

Torrance, Thomas F. *Divine and Contingent Order*. Oxford: Oxford University Press, 1981.

Torrance, Thomas F. *Reality and Scientific Theology: Theology and Science at the Frontiers of Knowledge*. Edinburgh: Scottish Academic Press, 1985.

보조 참고도서

Colyer, Elmer M. *How to Read T. F. Torrance: Understanding His Trinitarian & Scientific Theology*. Downers Grove, IL: InterVarsity Press, 2001.

Luoma, Tapio. *Incarnation and Physics: Natural Science in the Theology of Thomas F. Torrance*. Oxford: Oxford University Press, 2002.

McGrath, Alister E. *Thomas F. Torrance: An Intellectual Biography*. Edinburgh: T. & T. Clark, 1999.

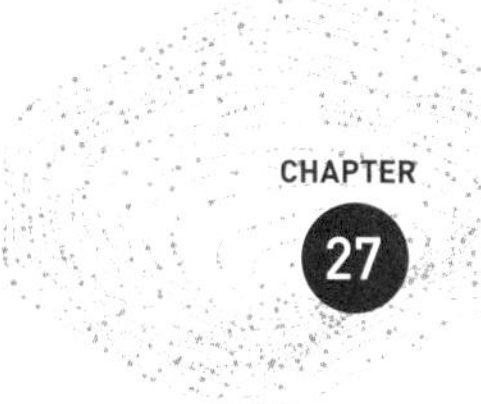

컬슨 (Charles A. Coulson, 1910~1974)

컬슨(Charles Alfred Coulson)은 1910년 12월 13일 영국 웨스트미들랜즈 더들리에서 태어났다. 지역 공업전문대학장을 지냈고 노리치 과학고의 과학 교사로도 재직했던 그의 부친은 자신의 깊은 신앙심을 아들에게 물려주었다. 컬슨은 자신의 이름을 가장 널리 알린 과학과 종교에 관한 역작 《과학과 기독교 신앙 Science and Christian Belief》의 헌사에서 아버지가 '과학과 신앙의 화합을 처음으로 보여준 인물'이라고 밝혔다.

1928년 17세의 컬슨은 케임브리지 트리니티 칼리지에 들어가 수학과 물리학을 공부했다. 케임브리지 대학 시절, 그는 기독교 학생 활동으로 현지의 감리교회에서 조직한 단체의 활동에 몰두했다. 케임브리지 생활을 시작한 지 몇 주 만에 생애 최초로 신을 영접했다는 글을 남기기도 한 그는 학부 생활 중 기독교 신앙에 대해 더 큰 관심을 갖게 되었고, 그의 부친은 그가 학업을 등한히 할까 염려하는 상황에 이르렀다.

부친의 걱정과 달리 컬슨은 케임브리지 트라이퍼스(우등 졸업 시험)의 세 개 영역, 즉 수학 1(1929)과 수학 2(1930), 물리학 2(1931) 모두에서 1등급을 받았다. 그는 양자이론과 이 이론을 화학에 적용하는 데 특히 관심을 가졌다. 1947년 런던 킹스 칼리지의 이론물리학 교수로 임용된 데 이어 1952년에는 옥스퍼드 대학교의 수학 교수(Rouse Ball Professor)가 되었다. 킹스 칼리지 시절에 새로운 학과를 만들어

[그림 27.1] 컬슨Charles A. Coulson Oxfam GB

분자궤도 이론을 유기화학 문제, 특히 대규모 응축 고리 계통에 적용하는 것을 더욱 광범위하게 연구하기 시작했다. 1972년 컬슨은 옥스퍼드 최초의 이론화학 교수가 되었다. 옥스퍼드에서 새 보직을 맡을 당시 이미 암 환자라는 사실이 알려졌지만, 1970년에 받은 종양 증식 억제 수술이 성공적이라고 생각했다. 그러나 안타깝게도 종양은 완전히 제거되지 않았고, 1974년 1월 7일 잠을 자던 중 숨을 거뒀다.

컬슨의 대표적인 과학 저술로 《원자가Valence, 1952》와 《분자의 형태와 구조The Shape and Structure of Molecule, 1973》를 꼽을 수 있다. 그는 물리학과 화학, 수학적 주제에 관한 방대한 저술, 특히 과학과 기독교 신앙의 관계를 다룬 글을 많이 남겼다. 그중 가장 중요한 두 편은 리델 기념 강연(Riddell Memorial Lectures)을 정리한 《과학 시대의 기독교Christianity in an Age of Science, 1953》와 존 캘빈 맥네어(John Calvin McNair)의 강연 내용을 담은 《과학과 기독교 신앙Science and Christian Belief, 1955》이다.

과학과 종교 관계에 관한 논의에서 컬슨의 가장 큰 공헌은 이른바 '간극의

신(God of the gaps)' 개념을 끈질기게 거부했다는 것이다. '간극'이란 설명의 틈새, 이해의 틈새라고 할 수 있다. 컬슨은 당장 설명할 수 없는 것은 신의 활동권이나 영향권에 속한다고 믿는 일부 종교 저술가들의 성향을 경계했다.

컬슨은 이를 타당성이 결여된 전략, 과학의 진보와 함께 공격받기 쉬운 주장이라 생각했다. 당장 설명되지 않은 문제가 나중에 설명될 수도 있다. "과학적 미지의 사실에서 신을 발견했다고 기뻐할 것이 아니라 더 나은 과학자가 되는 것이 올바른 태도다."(Coulson, 1958, p. 16) 컬슨은 스코틀랜드의 신학자이자 과학자였던 드러먼드(Henry Drummond, 1851~1897)가 간극에 집착하는 것의 무의미함에 대한 지적을 즐겨 인용했다. "간극, 즉 신으로 채울 공간을 찾아 자연의 영역과 과학 도서를 쉼없이 살펴보는 독실한 이들이 있다. 마치 신이 그 틈새에 살고 있는 것처럼!" 컬슨은 후미진 곳이 아니라 세상의 질서와 아름다움에서 신을 찾을 수 있다고 주장했다. 다른 모든 장소와 사물로부터 배제된 채 '틈새로 드나드는' 신을 믿는다면 무슨 소용이 있는가?

컬슨은 일원적 실재관에 따라 실재에서 '과학' 영역과 '종교' 영역을 명확하게 구분하는 것을 배격했다. 그의 이러한 비판은 6장에서 다룬 굴드의 '겹치지 않는 교도권(nonoverlapping magisteria, NOMA)' 개념과 관련된 문제를 예측했다는 점에서 중요한 의미를 갖는다.

이 '분리'는 자충수나 다름없는 이중 오류다. 먼저 이 주장은 존재의 이분법을 전제로 한다. 어떤 과학자도 기독교인이 아니고 어떤 기독교인도 과학자가 아니라면 모를까, 두 영역 모두에 충실한 사람이 하나라도 있다면 통하지 않는 논리다. 두 번째 오류는 '과학'으로 하여금 새로운 사실을 발견하면서 점차적으로 '종교'가 차지했던 영역을 빼앗도록 부추긴다는 것이다. (Coulson, 1958, p. 19)

역사를 살펴보면 과학이 발전하면서 본래 '종교적 영역'이었던 틈새를 성공적으로 채워왔던 것이 사실이다. "'간극의 신'은 과학이 실패한 전략적 지점을 차지할 수 없다. 그런 종류의 간극은 축소될 수밖에 없기 때문이다."(Coulson, 1958, p. 32) 그렇다면 왜 과학적 이해의 간극을 살펴봐야 하는가? 컬슨에 따르면 실재 전체에 대한 설명이 이루어져야 한다. '신은 어떤 간극도 없는 완전한 자연 속에 있다. 그렇지 않으면 아예 없는 것이다.'(1958, p. 28)

컬슨은 죽기 몇 개월 전 케임브리지에서 행한 설교에서 '간극의 신' 개념의 취약점을 재차 지적했다. 이는 신의 활동 영역을 과학 원칙이 남겨놓은 '틈새'로 축소시키고, 신을 '벽에 난 구멍을 통해 재빠르게 드나들다가 우리가 가까이 다가가 들여다보기라도 하면 허둥지둥 도망가는 작은 생쥐'와 같은 존재로 만들어버렸다고 말했다. 신에게는 자연의 질서 속에서 드러나고 확인된 것 이외의 영역도 있겠지만, 설교자들은 '우리가 자연의 질서에서 발견한 것은 분명한 신과의 유사점임을 밝히는 데 주저해서는 안 된다.'고 말했다.

컬슨은 창조에 관한 성경적 설명에서 말하는 우주는 의미와 질서의 패턴을 지니고 이를 나타내며, 그 패턴은 자연과학을 통해 밝혀낼 수 있다고 보았다. 그는 바로 여기서 과학과 기독교가 강력하게 융합한다고 생각한다. 그는 설명할 수 없는 데서 신을 찾기보다 세상의 경이로운 아름다움과 질서 속에서 신을 만나야 한다고 주장한다. 바로 자연의 질서 속에서 놀랍도록 위대한 목적의 성과물을 찾아볼 수 있다는 것이다.

추가 참고도서 목록

기본 참고도서

Coulson, Charles A. *Christianity in an Age of Science*. London: Oxford University Press, 1953.

Coulson, Charles A. *Science and Christian Belief*. London: Oxford University Press, 1955.

Coulson, Charles A. *Science and the Idea of God*. Cambridge, UK: Cambridge University Press, 1958

보조 참고도서

Hawkin, David and Eileen. *The world of Science: The Religious and Social Thought of C. A. Coulson*. London: Epworth Press, 1989.

Hough, Adrian. "Not a Gap in Sight: Fifty Years of Charles Coulson's *Science and Christian Belief*." *Theology*, 109 (2006): 21-27.

Simoes, Ana. "Textbooks, Popular Lectures and Sermons: The Quantum Chemist Charles Alfred Coulson and the Crafting of Science." *British Journal for the History of Science 37* (2004): 299-342.

바버
(Ian G. Barbour, 1923~2013)

바버(Ian G. Barbour)는 과학과 종교의 만남에 관한 관심을 높이는 데 크게 기여한 인물로 알려져 있다. '과학과 종교' 분야가 하나의 학문 영역으로 등장한 것은 바버의 기념비적인 저서 《과학과 종교의 쟁점Issues in Science and Religion》이 나온 1966년부터라고 주장하는 이도 많다. 바버는 이 독자적인 분야의 출현에 지대한 역할을 했으며, 그 동인의 형성에도 큰 영향을 미쳤다. 무엇보다도 화이트헤드(A. N. Whitehead)의 과정철학을 이 분야의 연구 수단으로 활용한 것은 그의 대표적인 공적 중 하나다.(12장 참조)

1923년 10월 5일 중국 베이징에서 태어난 바버는 초기에 물리학 분야에 관심을 갖고 공부했으며, 1950년 시카고 대학교에서 박사학위를 취득했다. 그는 미시간주 캘러머주 대학의 물리학 교수로 첫 교편을 잡았다. 그러나 종교에 관심이 깊었던 바버는 예일 대학교에서 수학한 후 1956년 신학사학위를 받았다. 바버는 미네소타주 노스필드, 칼튼 대학의 종교학 과장과 물리학 교수

(1955~1981)로 재직한 것을 비롯하여 오랫동안 다양한 직무를 수행했고, 결국 이 학교에서 과학기술 및 사회학 교수(Winifred & Atherton Bean Professor)가 되었다(1981~1986).

[그림 28.1] 바버Ian G. Barbour
칼리턴 칼리지 뉴스 사무국

1960년대에 과학과 종교에 대한 관심을 키워나갔고, 그의 이름을 가장 크게 알린 저서 《과학과 종교의 쟁점》을 발표했다. 이 책은 과학과 종교 과목을 모두 가르쳤던 자신의 경험을 담아 썼으며, 학자로 활동한 시절에도 가르치는 일을 소홀히 하지 않았다. 1970년대에는 관심 영역을 넓혀 윤리학, 공공정책 및 기술 관련 프로그램에 참여했고, 이러한 활동을 통해 일련의 종교적 쟁점을 발굴하고 탐구했다.

명쾌한 문체와 학식이 담긴 책으로 널리 권위를 인정받고 있는 《과학과 종교의 쟁점》은 많은 이들을 과학과 종교의 관계에 관한 흥미로운 물음으로 이끌었다. 그 이후로도 바버는 이 주제를 다룬 일련의 저서를 집필하거나 편집했다. 그중 가장 유명한 《과학 시대의 종교Religion in on Age of Science》는 1990년에 발표했는데, 1989년 애버딘 대학교에서 있었던 기포드 강연(Gifford Lecture)을 정리한 것이다. 이 분야의 담론을 활성화한 원로로 널리 추앙받아 1993년 미국종교학회(American Academy of Religion)로부터 공로를 인정받았다. 또한 1999년에는 과학과 종교, 두 세계를 잇는 대화의 장을 열고자 노력한 공로로 템플턴상(Templeton Prize for Progress in Religion)을 수상했다.

바버의 공헌은 이 분야의 활발한 토론을 이끄는 데 그치지 않고 그런 대화를 촉진하고·강화할 지적 토대를 닦는 데에도 큰 노력을 기울였다. 강력한 두 문화적 세력이 대화에 참여할 필요성에 관한 현실적인 답변이 있다기보다 두 세계 간에 지성의 다리가 놓여 있으며, 따라서 두 세계 간의 대화가 필요하고 이러한 대화를 통해 발전하게 된다고 주장했다. 바버에 따르면 인식론(우리가 갖고 있는 지식의 종류)과 방법론(이 지식을 얻고 타당성을 입증하는 방법), 언어(그 지식을 표현하는 방법)의 측면에서 동일성은 아니지만 중요한 연속성이 존재한다. 요컨대 이러한 공통적 요소가 과학과 종교 사이에 '다리'를 놓아 두 세계 간의 활발한 지적 교류가 일어나게 한다는 것이다.

바버의 연구법에서 지대한 영향을 미친 점 중 하나는 소위 '과정철학' 또는 '과정신학'에서 발전한 개념을 과학과 종교 관계에 적용한 것이다. 이 연구법에 대해서는 앞서 12장에서 다뤘으므로 여기서는 바버가 과학과 종교 영역에서 과정철학을 어떻게 활용했는지 중점적으로 살펴볼 것이다.

바버가 적용한 과정신학의 핵심은 신의 전능함을 믿는 전통적인 교리의 거부에 있다. 신은 만물의 주권자가 아니라 수많은 능력자 중 하나라는 것이다. 바버가 강조한 것처럼 과정철학에서는 '세상을 결정하는 것이 아니라 세상에 영향을 미치는, 강요가 아닌 설득의 신'을 지지한다.(Barbour, 1990, pp. 29, 224) 따라서 과정신학은 세상에 존재하는 고통과 악의 근원을 신의 능력이 근본적으로 제한적이라는 데서 찾는다. 신은 구속의 능력을 제쳐두거나 아예 소유하지 않았고 오로지 설득의 능력만을 지닐 뿐이다. 설득은 타인의 권리와 자유가 존중받도록 힘을 행사하는 수단이다. 신은 과정의 모든 요소가 가능한 최상의 방식으로 행해지도록 설득해야 한다. 그러나 선의에 의한 신의 설득이 항상 긍정적인 결과로 이어지는 것은 아니다. 이 과정은 반드시 신을 따라야 할 의무가 없다. 바버가 말한 대로 과정신학에서는 '악에 대한 절대적 승리를 기대하는 전통적인 관점'에 의문을 제기한다.(1990, p. 264)

신은 선한 의도로 창조하고 가장 유익한 방향으로 행동한다. 그러나 만물이 거룩함을 행하도록 강제할 수는 없다. 따라서 신은 어떤 사건이 발생하는 것을 막을 수 없다. 전쟁과 기아, 학살 등은 신이 원한 것이 아니지만, 근본적으로 제한된 능력 때문에 이를 막을 수도 없다. 따라서 악에 대한 책임이 신에게 있지 않다. 신이 갖는 형이상학적인 한계 때문에 세상의 자연 질서에 어떤 식으로든 개입할 수 없다는 것이다.

바버는 과학과 종교의 상호작용을 밝히는 데 이러한 접근법, 특히 화이트헤드가 쓴 글에서 정립한 방식이 효과적이라고 생각한다. 이 관점에서 바라보는 신은 자연 속에 존재하고 활동하며 자연 질서의 한계와 구속을 받는다. 이러한 측면에서 바버의 관점을 '만유내재신론(panentheism)'으로 분류할 만하다. 이는 '신이 만물에 존재한다.'는 논리로 만물이 신성을 갖는다는 '범신론(pantheism)'과 구별된다.

바버는 과정철학 고유의 개념을 진화론과 연계하여 가장 흥미롭게 활용한다. 진화 과정은 신의 지시대로 따르는 것이 아니라 신의 영향을 받는 것이라고 생각한다. 따라서 진화 과정은 오랜 세월이 걸리고 복잡하며 헛된 일로 보일 수도 있다. '모든 것을 신의 특별한 뜻으로 돌리기에는 막다른 골목과 멸종, 낭비, 고통, 해악이 너무 많았다.'(Barbour, 1990, p. 174) 신은 선한 의도로 진화 과정에 영향을 주지만, 정확하게 어떤 형태로 진행되도록 명령할 수 없다. 이러한 바버의 주장은 진화적 고통의 종교적 의미를 탐구하는 많은 동시대인들이 과정철학 이념을 도입하여 신이 진화 과정의 정확한 형태를 직접 결정하지 않는다는 논리를 펴는 데 중요한 역할을 했다.

과학과 종교 관계에 관한 바버의 독특한 시각은 그 자체로도 중요한 의미를 갖지만, 이 분야의 지적 자율성과 이해관계를 제시했다는 점에서 그는 가장 큰 공헌을 한 것으로 평가받는다.

추가 참고도서 목록

기본 참고도서

Barbour, Ian G. *Issues in Science and Religion.* Englewood Cliffs, NJ: Prentice-Hall, 1966.

Barbour, Ian G. *Myths, Models and Paradigms: A Comparative Study in Science and Religion.* New York: Harper & Row, 1974.

Barbour, Ian G, *Religion in an Age of Science.* San Francisco: Harper San Francisco, 1990.

보조 참고도서

McFague, Sallie. 'Ian Barbour: Theologian's Friend, Scientist's Interpreter." *Zygon,* 31 (2005): 21-28.

Russell, Robert John (ed.). *Fifty Years in Science and Religion: Ian G. Barbour and His Legacy.* Aldershot. UK: Ashgate, 2004.

Polkinghorne, John. *Scientists as Theologians: A Comparison of the Writings of Ian Barbour, Arthur Peacocke and John Polkinghorne.* London: SPCK, 1996.

피콕
(Arthur Peacocke, 1924~2006)

1942년 피콕(Arthur Robert Peacocke)은 화학을 공부하기 위해 옥스퍼드 대학교 엑서터 칼리지에 들어갔다. 당시 옥스퍼드 대학교의 화학 학부는 4년 과정이었는데, 처음 3년간 수업을 받은 후 마지막 해에 실제 연구 프로젝트에 참여하는 방식이었다. 피콕은 학부과정 마지막 해에 물리화학 연구소에서 노벨상 수상자인 힌셜우드(Sir Cyril Hinshelwood, 1897~1967)의 지도를 받았고, 박사과정에서도 그와 함께했다. 힌셜우드는 화학반응 속도론(chemical kinetics), 즉 화학적 반응의 속도에 관한 연구로 노벨상을 받은 물리화학자였지만, 생물 유기체의 성장 속도에도 관심을 가졌다. 피콕은 박사과정에서 박테리아의 성장이 특정 화학 물질에 의해 억제되는 방식을 집중적으로 연구했다.

박사과정을 마친 피콕은 영국 버밍엄 대학교의 물리화학 강사직을 맡아 DNA의 물리화학적 특성을 연구했다. 버밍엄 시절에 기독교 신학에 관심을 갖게 된 그는 신학사 과정을 시작했다. 템플(William Temple)과 램지(Ian Ramsey),

램프(G. W. H. Lampe) 등 당시 영국을 대표하던 신학자들의 글을 읽으면서 피콕은 과학과 종교의 관계를 탐구할 뜻을 품었다. 옥스퍼드 대학교에서 강사로, 세인트피터스 칼리지에서 연구원(1968~1973)으로 일한 후 케임브리지 클레어 칼리지의 학생감직을 받아들인 그는 그곳에서 과학과 종교의 관계에 더 큰 관심을 갖게 되었다. 1985년부터 1999년까지 옥스퍼드 이안 램지 센터(Ian Ramsey Centre) 책임자로 일했는데, 이 센터는 과학과 종교 관계에 관한 연구를 적극적으로 지원했다.

[그림 29.1] 피콕Arthur Peacocke

개인적으로도 과학과 종교의 대화에 많은 기여를 한 피콕은 이 담론의 활성화에 중요한 계기를 마련한 여러 단체를 설립하는 데에도 크게 공헌했다. 1970년대 초 그는 영국에서 과학과 종교 포럼(Science and Religion Forum)을 조직하려는 모임의 대변인으로 활동했고, 포럼의 초대 회장을 지냈다. 1987년에는 과학과 종교에 관한 연구를 더욱 발전시킬 목적으로 성직과학자협회(Society of Ordained Scientists)를 설립했다. 그는 이 조직이 일종의 '분산형 종교 공동체'로 시대의 중요한 과학적 문제에 대해 성직자들을 연합시키는 역할을 할 것으로 기대했다. 피콕은 유럽 과학신학연구협회(European Society for the Study of Science and Theology)를 설립하는 데에도 참여했으며, 2001년 템플턴상을 받았다.

피콕이 과학과 종교를 다루면서 내놓은 최초의 저술은 1978년 옥스퍼드의 초청으로 가진 뱀프턴 강연(Bampton Lecture)을 정리한 것으로, 이듬해 《창조와 과학의 세계Creation and the World of Science》라는 제목으로 출판되었다. 뒤이어 그는 종교와 과학 전반, 특히 생물학과의 관계를 집중 조명하는 일련의 저서를 내놓았다. 피콕이 주력한 주제 중 하나는 현시대에 자연과학의 도전에 기독교 신학이 대응해야 한다는 신념이다. 그의 저술 역시 그런 대응을 나타낸 것으로 종종 과학의 발전과 도전에 대응하는 핵심 이념을 재해석하는 형태를 띤다.

피콕의 업적은 다면성을 지니고 있다. 생물적 진화가 기독교 신앙과 상충하지 않음을 강조한 그는 진화가 신앙의 '변장한 벗'이라는 관점을 지지한다. 만유내재신론자로도 잘 알려진 그는 구성원에게 하향적 효능을 발휘하는 복합적 실재의 창조 단계 개념을 적용하여 다수의 기독교 교리에 대한 중요한 재해석을 내놓았다. 그러나 여기서는 피콕이 과학과 종교의 대화 도구로 활용한 비판적 실재론에 주목하고자 한다.

과학과 종교의 접점을 다루는 많은 이들처럼 피콕은 일종의 '비판적 실재론'을 옹호한다. 그는 바버가 주장한 비판적 실재론의 범위를 넓혀 맥멀린(Ernan McMullin)과 퍼트넘(Hilary Putnam), 해킹(Ian Hacking)의 글에서 이끌어낸 주제까지 포함시켰다고 할 수 있다. 피콕은 최근 자연과학이 '사회학 및 이념적 영향을 받는다.'는 주장이 있음을 밝히고, 이 주장을 펴는 이들이 그런 영향을 받았다고 볼 수 없다고 지적한다. 그러면서 과학과 종교가 확실하고 책임감 있게 세상의 참된 모습을 밝히기 위해 심상(imagery)을 사용한다고 했다.

> 과학과 종교는 둘 다 실재를 그려내는 데 목적이 있다. 그 목적 아래 모델을 사용하는 메타포적인 언어를 구사하고, 메타포와 모델은 그들이 생성된 연속적인 공동체의 맥락에서 수정할 수 있다. 이러한 과학 철학(비판적 실재론)은 실재를 그려내려 하지만, 그 과정에서 오류를 범하기 쉽다는 것을 너무나 잘 아는 일선 과학자들이 명확하게 표현하기 어려운 연구 철학이다. (Peacocke, 2001, p. 9)

일종의 비판적 실재론이 과학적 방법에 필수적이라고 생각한 피콕에 따르면, 신학 역시 모델이나 아날로지를 사용하여 실재를 나타내는 데 목적이 있다. 실재를 그려내는 데 쓰인 이미지는 문화적 영향을 받을 가능성이 있으며, 수정이 필요할 수도 있다. 그러나 실재에 대한 표현이 일시성(provisionality)을 갖는다고 해서 그렇게 표현되는 실재 세계에 관한 관념을 접을 필요는 없다.

종교적 체험과 믿음이 지적으로 체계화된 신학에서 채택하는 모델도 위와 같이 설명할 수 있다. 또한 비판적 실재론이 종교적 언어와 신학적 명제에 가장 적합하고 어울리는 철학이라고 단언한다. 신학적 개념과 모델은 '신' 그리고 신과 인류의 관계인 실재를 나타내는, 부분적이고 타당하며 수정 가능하지만 꼭 필요하고 유일한 방법으로 간주해야 한다. (Peacocke, 1993, p. 14)

피콕은 과학적 실재론에 다양한 유형이 있음을 인정하면서 여러 주장에 '공통되는 핵심 이념'을 옹호했다. 즉 과학적 변화는 발전하고 누적되는 특징이 있으며, 과학의 목적은 실재를 그려내는 특징이 있다. 그는 신학에서 말하는 비판적 실재론에 대해서도 비슷한 주장을 폈다. 과학에서 말하듯 신학적 개념과 모델은 부분적이고 타당하며 수정 가능하다. 그러나 과학과 달리 정신뿐 아니라 감성까지 개입시키는 강력한 감정적 기능을 갖추고 있다. 말하자면 과학과 종교 분야는 모델이 실재를 그려내는 부분적이고 타당하며 수정 가능하면서도 필수적인 수단임을 인정한 '비판적 실재론'을 기초로 한다. 여기에 쓰인 용어를 하나씩 살펴보면 도움이 될 것이다.

부분적(Partial) 신학적 모델에서는 묘사 대상인 더 큰 실재의 일부에만 접근할 수 있다. 따라서 피콕은 과학에서든 종교에서든 실재에 대해 알아내는 데 한계가 있음을 인정한다. 묘사 과정에 쓰이는 표현 방식 때문이다.

타당성(Adequate) 여기서 피콕은 묘사 대상인 실재에 대해 알아내는 데 이 모델만으로 충분하다는 것에 주목한다. 그런 지식이 실재에서 곧바로 도출된 것이 아니더라도 미흡하거나 열등한 것으로 간주해서는 안 된다.

수정 가능(Revisable) 자연과학에서는 모델 수정의 필요성을 알리는 경험적 지식이 쌓이면서 모델이 수정된다. 종교적 모델도 그와 같이 수정될 수 있다고 피콕은 주장한다. 아마도 이는 다소 논란의 여지가 있는 분석인데, 전통적인 성향의 종교사상가 다수는 수정의 필요성을 인정하지만 수정 가능한 것은 모델 자체가 아니라 그 모델에 대한 우리의 해석이라고 단언한다.

필수적(Necessary) 일반적으로 '소박한 실재론(naive realism)'과 '비판적 실재론(critical realism)'을 구별하는데, 전자는 직접적으로 실재를 인식하는 것이 가능하다는 주장이고 후자는 모델을 통해 간접적으로 실재를 인식한다는 주장이다. 이는 근본적으로 인간의 정신이 사물을 어떻게 인식하느냐에 관한 문제다. 피콕은 인간의 정신이 실재를 나타내는 데 적극적이고 건설적인 역할을 하도록 허용해야 한다고 주장한다. 인간의 정신은 사물을 수동적으로 관찰하는 것이 아니라 외부 세계를 적극적으로 표현하는 주체를 통해 드러나는 것이다.

추가 참고도서 목록

기본 참고도서

Peacocke, Arthur. *Creation and the World of Science*. Oxford: Oxford University Press, 1979.

Peacocke, Arthur. *Theology for a Scientific Age: Being and Becoming Divine and Human*. London: SCM Press, 1993.

Peacocke, Arthur. *Paths from Science Towards God: The End of All Our Exploring*. Oxford: Oneworld, 2001.

보조 참고도서

Murphey, Nancy. "Arthur Peacocke's Naturalistic Christian Faith for the Twenty-First Century: A Brief Introduction." *Zygon*, 43 (2008): 67-73.

Polkinghorne, John. *Scientists as Theologians: A Comparison of the Writings of Ian Barbour, Arthur Peacocke and John Polkinghorne*. London: SPCK, 1996.

Russell, Robert J. "The Theological-Scientific Vision of Arthur Peacocke." *Zygon*, 26 (1991): 505-517.

판넨베르크 (Wolfhart Pannenberg, 1928~2014)

1928년, 당시는 독일의 영토였지만 현재는 폴란드에 속한 슈체친에서 태어난 판넨베르크(Wolfhart Pannenberg)는 2차 대전 후 베를린 대학교에서 신학 공부를 시작했다. 이어 괴팅겐 대학교와 바젤 대학교에서 수학하면서 중세의 저명한 신학자 둔스 스코투스(John Duns Scotus)의 예정설에 관한 연구 논문(1954년 출판)으로 박사학위를 받았다. 하이델베르크 대학교에서 첫 교편을 잡은 그는 몰트만(Jurgen Moltmann)이 있던 부퍼탈 신학교(Kirchliche Hochschule at Wuppertal)로 옮겨 조직신학을 담당했다(1958~1961). 마인츠 대학교에 잠시 있다가(1961~1968) 뮌헨 대학교로 옮겼고, 1998년 은퇴할 때까지 그곳에 머물렀다.

판넨베르크는 자연과학에 대한 관심을 키운 몇 안 되는 전문 신학자다. 초기에 역사철학의 중요성에 관심을 가졌던 그는 1960년대, 즉 마르크시즘이 독일의 지식인 문화를 지배하면서 역사의 역할에 대한 고찰이 특히 중요했던 시절에 그 주제를 탐구했다. 마르크시즘에서는 올바른 역사 해석의 중요성을 강조했고, 그에 대해 판넨베르크는 자신이 '보편사(universal history)'라고 부른 이론에서 신학의 토대를 찾고자 했다.

판넨베르크는 1961년 발표한 《역사로서의 계시Offenbarung als Geschichte》에서 자신의 관점을 펼치고 근거를 제시했다. 그의 견해를 자세히 밝힌 이 책을 통해 판넨베르크는 시대를 대표하는 젊은 신학자로 명성을 얻었다. 1968년 펴낸 기독교론에 관한 저서로 그의 명성은 더욱 확고해졌다. 이 책에서 그는 나사렛 예수의 정체성과 중요성을 조명했으며, 예수의 부활을 공개적이고 역사적인 사건으로 규정했다.

판넨베르크가 초기에 내놓은 에세이 《계시론에 관한 교의 논제Dogmatic Theses on the Doctrine of Revelation》는 보편사를 강력하게 옹호하는 것으로 시작한다. 기독교 신학은 공개적 접근이 가능한 보편적 역사에 대한 분석을 기반으로 하고 있다. 판넨베르크에 따르면 계시는 근본적으로 '신의 조화(act of God)'로 인식하고 해석하는 공개적이고 보편적인 역사적 사건이다. 역사를 총체적으로 이해하려면 종점에서 바라봐야 한다고 그는 주장한다. 오로지 그 지점에서만 역사 과정 전체를 조명하고 올바르게 이해할 관점을 얻을 수 있다. 역사의 종말은 예수 그리스도의 역사에 미리 드러나 있다. 판넨베르크의 표현을 빌리면 '예기되었다.' 다시 말해 아직 일어나지 않은 역사의 끝은 그리스도의 인격과 업적을 통해 이미 드러난 상태다.

이와 관련하여 가장 특징적이고 가장 많이 논의된 판넨베르크의 주장은 예수의 부활이 하나의 객관적인 역사적 사건이며, 이는 그 증거를 접한 모든 이들에 의해 입증된다는 것이다. 불트만(Rudolf Bultmann, 1884~1976) 같은 이들은 부활을 사도들의 경험적 세계에서 일어난 일로 간주하지만, 판넨베르크는 공개적 보편사의 영역에 속한다고 단언한다. 계시는 비밀리에 일어나는 일이 아니다. '눈으로 볼 수 있는 모든 이에게 공개되며 보편성을 지닌다.' 계시가 자연 지식과 대립하거나 구별된다는 식의 계시론은 '그노시스주의(Gnosticism)'로 변질될 위험이 있다.

요컨대 판넨베르크에 따르면 기독교적인 계시론은 공개적인 사건을 해석하는 방식에 있다. 예수의 부활은 공개적인 사건이다. 그렇다면 그 사건은 무엇을 의미하는가? 기독교적 계시는 이것의 의미를 기독교적으로 이해하는 방식, 그리고 그 사건이 우리가 신을 이해하는 데 미치는 영향과 관련이 있다. 여기서 향후 판넨베르크의 자연과학 접근법에 지적 토대를 제공한 '비판적 실재론적' 인식론의 기초를 만나게 된다. 예수의 부활은 정신에 구속되지 않는 실재이자 공개적인 사건이다. 예수의 초기 제자들이나 기독교 신자들의 정신에만 존재하는 것이 아니다.

[그림 30.1] 판넨베르크Wolfhart Pannenberg
Bundesarchiv, B 145 image-F065001~0017, Photographer: Reinck

판넨베르크는 1970년대에 신학과 자연과학의 관계에 관심을 나타내기 시작했다. 1971~1972년에 쓴 두 편의 글에서 샤르댕(Pierre Teilhard de Chardin)의 이론을 집중 조명하면서 '자연신학'을 공식화하는 일반적인 문제에 관심이 있음을 분명히 했다. 어떤 의미에서 이는 그가 앞서 역사에 대해 가진 관심의 연장선상에 있다고 볼 수 있다. 그가 1960년대에 공개적 관찰이 가능한 역사 영역을 신학 분석에 접목했던 것처럼 1970년대부터 역시 공개적 관찰이 가능한 또 하나의 영역인 자연세계에 주목했다. 바르트(Karl Barth)는 자연신학이 계시론을 무너뜨린다고 배격했지만, 판넨베르크는 하나의 보편적 가능성으로 자연신학의 중요성을 강조했다. 역사와 자연세계는 누구나 조사할 수 있는 영역이다. 중요한 문제는 역사와 자연을 어떻게 이해할 것인가다. 판넨베르크는 《우연성과 자연법칙Contingency and Natural Law》이라는 에세이에서 역사와 자연이 상호교류하는 방식에 주목하면서 특히 '자연의 역사'라는 개념을 탐구한다.

판넨베르크는 자연과학과 신학은 서로 다른 분야이며 나름대로 정보 수집과 평가 방식이 있음을 명확히 했다. 그러나 두 분야는 공개적 관찰이 가능한 동일한 실재를 다루므로 상호보완 가능한 통찰을 접목시킬 수 있다. '자연법칙'이 한 예가 될 수 있다. 판넨베르크에 따르면 자연과학자들이 제시하는 자연법칙에 대한 설명은 오로지 일시성을 띨 뿐이며, 신학 분석에 의해 더 확고한 이론적 토대를 갖는다. 따라서 자연과학과 종교 사이에 창의적이고 생산적인 대화가 이루어져야 한다.

판넨베르크의 관점은 기적에 관한 주장에서 더욱 분명하게 드러난다. 기적은 자연법칙을 위배한 것인가? 그렇게 이해한다면 매우 어려운 과학적 물음이 제기됨을 판넨베르크도 인정한다. "자연법칙 위반이라는 기적의 개념은 법칙의 개념 자체를 무너뜨린다."(Pannenberg, 2002, p. 759) 그러나 이는 그 물음을 현대적으로 서술한 것이라 과거의 접근법을 적용해 수정할 수 있다. 판넨베르크는 특별한 허가를 받고 아우구스티누스의 접근법을 소개한다.

(아우구스티누스는) …… 그런 유형의 사건이 사물의 자연과 상반되면서 일어나지 않음을 강조했다. 우리의 눈에는 상반된 것처럼 보일 수 있다. '자연의 순리'에 대한 우리의 지식이 제한적이기 때문이다. 그러나 만물의 자연을 창조하고 이례적으로 보이는 사건까지 일으키는 신의 시각은 다르다. (Pannenberg, 2002, p. 860)

판넨베르크는 기적을 반자연적으로, 즉 자연법칙과 모순되거나 상반된다고 보는 데 반대한다. 401~415년에 쓰인 창세기에 대한 주석서에서 그가 밝힌 대로 아우구스티누스적 관점은 우리에게 익숙한 사건 유형에 상반되는 이례적이고 예외적인 사건을 경험하거나 관찰한다는 인식에 기초한다. '기적은 단지 이례적인 사건이나 행동일 뿐이며, 종교적 해석에서는 이를 신의 조화로 간주한다.'(Pannenberg, 2002, p. 761) 판넨베르크가 보기에 진정 기적적인 것은 자연법칙 자체다. 극도로 우발적인 세상에서 그런 질서가 존재하는 까닭은 무엇인가? "자연법칙의 측면에서 자연에서 일어나는 사건과 그 결과의 본질적인 우발성을 고려하면 자연의 질서 자체가 최대 기적 중 하나다."(2002, p. 761)

판넨베르크는 우발성을 강조하는 데서 나아가 예측 불가하다고 주장한다. 혹자는 우발성에서 신의 섭리를 느끼면서 어떤 사건을 기적으로 해석한다. 그것이 자연법칙과 상반되어서가 아니라 두드러지게 이례적인 일이기 때문이다.

> 그러나 때때로 모든 실재에 스며든 근본적인 우발성을 사람들이 깨닫게 하는 우발적인 일이 일어난다. 그런 이례적인 사건을 '기적'으로 체험할 수도 있으며, 종교인들은 이를 신의 조화, 말하자면 조물주가 창조 과정이나 앞으로 나타날 새로운 것에서 지속적으로 행하는 것을 보여주는 '신호'로 여기게 된다. (Pannenberg, 2002, p. 761)

이런 근거로 판넨베르크는 아우구스티누스의 기적관을 옹호한다. 그 기적관을 받아들인다고 해서 자연법칙에 따른 자연의 질서에 반대하는 것은 아니다. '단지 우리가 자연의 과정이 어떻게 이루어지는지 전부 아는 것이 아님을 인정하면 된다.'(2002, p. 762)

추가 참고도서 목록

기본 참고도서

Pannenberg, Wolfhart. *Toward a Theology of Nature: Essays on Science and Faith*. Philadelphia: Westminster/John Knox Press, 1993.

Pannenberg, Wolfhart. "The Concept of Miracle." *Zygon*, 37 (2002): 759-762.

Pannenberg, Wolfhart. *The Historicity of Nature : Essays on Science and Theology*. Philadelphia: Templeton Foundation Press, 2007.

보조 참고도서

Hefner, Philip. "The Role of Science in Pannenberg's Theological Thinking." *Zygon*, 24 (1989): 135-151.

Holder, Rodney D. "Creation and the Sciences in the Theology of Wolfhart Pannenberg." *Communio Viatorum*, 39 (2007): 210-253.

Shults, F. LeRon. "Theology, Science, and Relationality: Interdisciplinary Reciprocity in the Work of Wolfhart Pannenberg." *Zygon*, 36 (2003): 809-825.

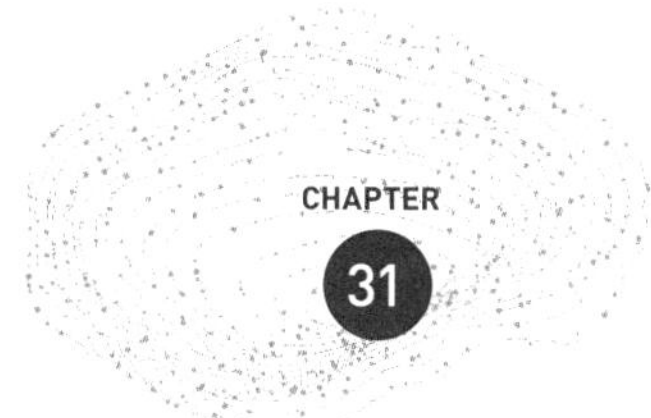

폴킹혼 (John Polkinghorne, 1930~)

자연과학과 종교의 대화에 크게 이바지한 인물로 영국의 물리학자이자 신학자인 폴킹혼(John Polkinghorne)을 빼놓을 수 없다. 이론물리학 전문가인 폴킹혼은 케임브리지 대학교에서 수학을 공부한 후 디랙(Paul Dirac)이 이끄는 연구 팀의 일원이 되어 이론물리학을 연구했다. 1968년 케임브리지 대학교의 수리물리학 교수가 된 폴킹혼은 1979년 교수직을 그만두고 성직자 수련을 받은 후 영국국교회의 사제가 되었다. 그는 영국 남부의 2개 교구에서 목사로 일한 후 1986년 케임브리지로 돌아가 트리니티홀(Trinity Hall) 학생감으로 재직했다. 3년 후 퀸스 칼리지(Queen's College) 학장이 된 그는 1997년 은퇴할 때까지 그 직무를 수행했다.

폴킹혼의 대표적인 업적 중 하나는 변증론과 신학에서 자연신학의 위치를 확고히 한 것이다. 폴킹혼에 따르면 자연신학은 아마도 과학과 종교라는 두 세계를 연결하는 가장 중요한 다리일 것이다. 그는 특히 물리학에서 명확하게 드

[그림 31.1] 폴킹혼John Polkinghorne
ⓒGodfrey Argent Studio

러나는 자연 질서에 주목했다. 그러면서 현대 과학의 가장 큰 업적 중 하나가 자연의 질서를 입증한 것이라고 주장했다. 명료함과 섬세한 균형을 지닌 체계가 드러나면서 과학적 범위를 초월하는 지적인 동요를 일으켰고, 이러한 동요는 적절한 설명에 의해서만 가라앉을 수 있다.

폴킹혼은 이와 같은 세계의 질서에 대한 탐구와 논의가 신빙성 떨어지는 '간극의 신(God of the Gaps)' 이론과 무관함을 분명히 한다. 과학적 이해에는 어떤 간극이 있어 추후 과학적 조사로도 채워질 수 없다고 믿던 시절이 있었다. 따라서 그 간극을 설명해줄 것을 신에게 겸허하게 기원하는 것이 타당한 듯 보였다. 그러나 이 '간극'은 과학 연구를 통해 점점 채워졌고, 결국 신은 끊임없이 줄어드는 비좁은 틈새에 낀 신세가 되었다. 앞서 살펴봤듯이 컬슨도 비슷한 견해를 갖고 있었다.(27장 참조)

폴킹혼은 과학적으로 미해결된 것 대신 과학적으로 규명된 사실에 집중하는 것이 더 바람직하다고 주장한다. 과학에 의해 밝혀진 세계는 조밀하게 구성되고 복잡하게 상호연결된 체계이며, 이 체계에 관한 설명이 필요하다. 그러나 역설적으로 자연과학에서는 세상을 이해하는 데 반드시 필요한 질문에 답할 수 없다. 핵심적인 질문이란 바로 자연의 질서는 어디서 비롯되는가 하는 것이다. 세속적인 사람들 사이에서 널리 회자되는 확실한 답은 세상 속에는 인류가 부여한 것을 제외하면 어떤 질서도 없다. 타당한 실재적 근거 없이 그저 질서를 좋아하는 인간의 정신에서 만들어낸 산물이라는 것이다.

이러한 주장이 처음에는 그럴듯하게 들릴 수도 있으나 이는 일련의 역사적 비개연성을 전제로 한다. 균형과 질서를 갖춘 인간의 이론은 매번 다루기 힘든 관찰적 증거 앞에 비탄에 빠진다. 인간이 세상에 부여하려는 질서로는 결국 세상을 제대로 설명하지 못하고, 더 나은 깨달음을 추구할 수밖에 없다. 이처럼 인간의 정신에서 부여한 질서가 세상에 드러난 것과 끊임없이 비교되면서 부적절한 부분이 수정된다.

폴킹혼이 특별한 관심을 기울이면서 자세히 다룬 우주 질서 중 하나가 인류원리(anthropic principle)다.(19장 참조) 창조가 이루어지려면 매우 긴밀하게 연결된 일련의 조건들을 적용해야 한다. 폴킹혼이 주목한 것은 다음에 나타나 있다.

> …… 그 체계 속에 생명의 출현에 필요한 섬세하고 복잡한 균형이 있음을 우리가 점차 깨닫는다는 점이다. 이를테면 세상의 전체 원자핵 구조가 1/4의 헬륨과 3/4의 수소로 정해진, 그 결정적인 최초 3분의 상황이 약간 달랐다고 가정해보자. 좀더 빠르게 진행되어 전부 헬륨으로 이루어졌고, 그래서 수소가 없었다면 어떻게 생명에 꼭 필요한 물이 만들어졌겠는가? (Polkinghorne, 1983, p. 12)

그 밖에도 상당한 수준의 미조정(fine-tuning)이 있었다고 보이는 다른 예를 열거한 폴킹혼은 그런 탐구가 신에 대한 기독교적 믿음의 토대를 마련하는 데 주목한다. 그 탐구가 항상 믿음으로 이어지는 것은 아니지만, 믿음과의 일관성을 유지하면서 종교적 변증가들이 탐구할 중요하지만 평온을 깨뜨리는 물음을 던진다.

이처럼 소위 '일반 유신론적 변증론'(일반적으로 신성의 존재를 옹호하는 입장)의 토대를 마련한 폴킹혼은 신성의 존재에 대한 이 일반론을 기독교 계시의 구체적 사실 제시로 보완해야 한다고 주장한다. 그는 자신의 저서 《세상의 모습The Way the World Is》에서 몇 장을 할애하여 신의 존재를 가리키는 지침들을 살펴보면서 이렇게 말한다.

앞 장에서 소개한 고찰은 나를 유신론적 세계관으로 이끈다고 생각한다. 그 지침들이 먼 거리를 지나 나에게 다가왔다. 내가 기독교 공동체에 몸담고 있는 이유는 약 2,000년 전 팔레스타인에서 일어난 사건들 속에 있다. (Polkinghorne, 1983, p. 33)

최근에 폴킹혼은 자연과학의 성공을 비롯하여 인류가 경험하는 세상을 기독교 신앙으로 설명할 수 있음을 더욱 강조했다. 삼위일체 실재관은 인류의 문화 및 경험과 더불어 과학적 진취성을 훌륭하게 설명할 수 있는 일종의 렌즈를 제공한다. 과학은 스스로 대답할 수 없는 질문을 제기하면서 신학이 자연과 맺은 관계를 새롭게 할 필요성을 나타낸다고 볼 수 있다. 폴킹혼에게 이는 전통적인 자연신학 분야가 부활할 필요가 있음을 의미한다.

그렇다면 무엇이 설명되어야 하는가? 폴킹혼은 인간 경험의 6대 관찰 요소에 대한 설명이 필요하며, 각각의 경우에 삼위일체 실재관이 가장 바람직한 설명의 틀을 마련한다고 생각한다.

1. 우주의 명료한 질서
2. 생산적인 우주의 역사
3. 상관적 우주
4. 진정한 발달의 우주
5. 의식의 발생처이자 가치 매개체로서의 우주
6. 궁극적 무용성의 우주

폴킹혼은 삼위일체 신학에서 사물을 설명하는 능력은 합의된 형이상학적 우수성을 기준으로 판단해야 한다고 했다. 그는 다음 네 가지 기준이 특히 중요하다고 여겼다.(Polkinghorne, 2003, pp. 38~47)

1. 경제성(Economy) 폭넓게 적용할 수 있는 소수의 설명 원칙을 선호한다. 이는 '잡다한 사상을 모아놓은 것이 아니라 실재 속에 존재하는 합일성을 반영한 하나의 완전한 성격을 제시할 수 있는 것이 위대한 이론임을 깨닫는 것'이다.

2. 범위(Scope) 자연과학의 궁극적 목표는 '만물의 이론(Theory of Everything)'이다. 그러나 폴킹혼에 따르면 이는 물리학의 능력 범위를 넘어선다. 따라서 실재는 '풍부하고 다층적'이라는 인식에 따라 물리와 정신, 도덕, 미학, 신성의 영역이 동등한 진정성 아래 수용된다.

3. 정확성(Elegance)**과 단순성**(Simplicity) 폴킹혼은 복잡해보이는 경험의 기저에서 근본적으로 이치에 맞는 원칙을 찾아내는 '인간의 심오한 직관'이 있다고 말하면서 궁리해내거나 쥐어짜는 것이 아닌 관찰하고 숙고한 끝에 자연스럽게 나타나는 발전적 설명의 중요성을 강조한다.

4. 생산성(Fruitfulness) 성공적인 이론은 종종 최초 체계화 단계의 관찰 범위를 넘어서면서 '이해의 깊이와 폭을 키운다.'고 주장한다. 한 이론이 이해의 발전과 향후 연구 계획 수립에 기여하는 것은 이처럼 확인된다.

추가 참고도서 목록

기본 참고도서

Polkinghorne, John. *One World: The Interaction of Science and Theology.* Princeton, NJ: Princeton University Press, 1986.

Poikinghorne, John. *Belief in God in an Age of Science.* New Haven, CT: Yale University Press, 1998.

Polkinghorne, John. "Physics and Metaphysics in a Trinitarian Perspective." *Theology and Science*, 1 (2003): 33-49.

보조 참고도서

Avis, P. D. L. "Apologist from the World of Science: John Polkinghorne, FRS." *Scottish Journal of Theology*, 43 (1990): 485-502.

Polkinghorne, John. *Scientists as Theologians: A Comparison of the Writings of Ian Barboar, Arthur Peacocke and John Polkinghorne.* London: SPCK, 1996.

Smedes, Taede A. *Chaos, Complexity, and God: Divine Action and Scientism.* Louvain: Peeters, 2004.

머피 (Nancey Murphy, 1951~)

과학과 종교의 대화에서 중요한 목소리를 낸 인물 중 하나인 머피(Nancey Murphy)는 현재 미국 캘리포니아주 패서디나의 풀러 신학교(Fuller Theological Seminary)에서 기독교철학 교수로 재직 중이다. 그녀는 과학과 종교에 관한 첫 저서를 내기 전에 이 분야에서 확고한 학문적 기반을 다졌다. 네브래스카의 크레이튼 대학교(Creighton University Nebraska)에서 심리학과 철학을 전공하고 UCB(University of California, Berkeley)에서 과학철학 박사과정을 밟으면서 파이어아벤트(Paul Feyerabend, 1922~1994)와 함께 연구했으며, 이어 버클리 연합신학원(Graduate Theological Union, Berkeley)에서 신학 박사학위를 받았다.

머피는 박사과정의 연구 내용을 토대로 첫 번째 주요 저서인 《과학적 추론 시대의 신학Theology in the Age of Scientific Reasoning, 1990》을 발표했다. 16장에서 과학철학의 발전에 공헌한 라카토스(Imre Lakatos, 1922~1974)를 소개하면서 특히 그가 과학적 이론의 '핵심'과 '보조 가설(p. 183 참조)'을 구별한 것에 주목했다. 이 책에서 머피는 라카토스의 과학적 합리성 이론이 신학에서 갖는 의미를 적극 옹호하면서 '연구 프로그램'의 중요성을 강조했다. 특히 과학과 종교의 관계에서 인식론적 문제와 관련하여 엄격한 사고의 필요성을 강조한 것이 이 책의 진정한 가치라고 많은 이들이 평가한다. 상당한 관심을 불러일으킨 이 저서는 미국종교학회(American Academy of Religion)와 존 템플턴 재단(John Templeton Foundation)이 수여하는 상을 받았다.

머피는 이후의 저술 활동에서도 여러 중요한 주제를 탐구했다. 특히 중요한 의미를 갖는 업적으로 '비환원적 물리주의(nonreductive physicalism)' 개념이 꼽힌다. 이 주제에 관한 머피의 접근법과 중요성을 이해하려면 먼저 한 가지 물음에 주목할 필요가 있다. 기독교인들은 인간성을 어떻게 이해하는가? 기독교적 인류학은 근본적으로 어떤 특징을 갖는가? 머피의 표현을 빌리면 "인간의 '존재론적 요소'에 대한 논쟁"에서 큰 역할을 했다.(Murphy, 1999, p. 551)

위 물음에 대한 전통 기독교적인 대답은 중세에 명확하게 규정된 것처럼 '육체'와 '영혼(라틴어로 anima)'을 구분하는 것이다. 이 논리에 따르면 인간은 정신적 실체를 소유한다는 점에서 다른 동물이나 무생물체와 구별된다. 이러한 시각은 성경적으로도 입증된다고 여겨왔는데, 일반적으로 신약성경에서는 '육체와 영혼'에 관해, 때로는 '육체와 영혼, 정신'에 관해 얘기한다. 일반적으로 중세의 학자들은 '육체'가 인간의 신체 및 물질적 부분이라고 이해했고, '영혼'은 비물질적이고 영원한 정신적 실체로 오로지 인간의 신체 속에 자리잡고 있다고 생각했다.

여기서 필연적으로 두 가지 물음이 생긴다. 첫째는, 정말 그런 방법으로 성경의 인류학적 표현을 해석해야 하는가? 20세기의 많은 학자들은 비물질적 영혼이라는 관념이 성경에서 비롯된 것이 아니라 비종교적인 그리스적 개념이었음을 지적했다. 히브리의 인간관은 일원적 존재, 즉 여러 면과 양상을 지닌 분리할 수 없는 심신 단일체였다. 구약성경에서는 인간을 '육체화된 영혼이 아니라 생명을 가진 신체'라고 묘사한다.(H. Wheeler Robinson, Murphy 2006, p. 8) 둘째로, '영혼'과 같은 관념에 어떤 자리도 내주지 않는 현대의 신경과학은 전통적인 이 관점에 어떻게 도전하는가? 최근의 성경 해석 사조와 발전된 신경과학의 관점에 따르면 인간성을 어떻게 이해해야 하는가?

머피는 특히 두 번째 물음을 깊이 탐구했다. 그녀는 영국 신약학자 던(James D. G. Dunn, 1939~)과 뜻을 같이하면서 성경 필자들은 인간을 신체와 영혼, 정신과 같은 형이상학적 구성 요소로 분류하지 않았다고 주장했다. 그들의 주 관심사는 인간과 신의 관계였다. 머피는 비물질적 요소를 제시하지 않고 미리 가정하지 않는 물리주의적 인간관의 필요성을 주장했다. 이를테면 인간 존재의 면면을 가리키는 성경 용어가 그리스 철학 용어로 번역되는 과정에서 생략되면서 결국 인간의 구성 요소를 나타내는 것으로 이해하게 되었다고 정확하게 지적했다.

그렇다면 이는 환원주의적 인간관으로 귀결되는가? 이 질문에 신중하게 대답할 필요가 있다는 머피의 지적은 타당하다. 많은 이들이 '물리주의적 인간관을 꺼리는 것은 우리가 인간 생명에서 가장 소중하게 여기는 속성의 존재나 의미, 가치를 거부하는 듯 보일 수 있기 때문'이다.(Murphy 1999, p. 552) 환원주의적 인간관은 인간의 존엄성과 신학적 위치에 대한 여러 전통적 관점과 신념에 의문을 제기하는 것처럼 보인다. 다행스럽게도 머피는 '환원주의자'라는 용어가 다양한 의미로 쓰이고 있음을 포착한다.

1. **방법론적 환원주의**(methodological reductionism) 연구 대상을 그 부분으로 분석하는 연구 전략이다.
2. **존재론적 환원주의**(ontological reductionism) 하위 실체로부터 상위 실체

를 생성하는 데 새로운 종류의 형이상학적 '성분'을 전혀 추가할 필요가 없다는 견해다. 따라서 무생물로부터 생물체를 생성하는 데 추가적인 '생명력'이나 '엔텔레키(entelechy)'가 필요하다고 주장한 베르그송(Henri Bergson, 1859~1941)과 드리슈(Hans Driesch, 1867~1941)의 주장에 반대한다.

3. **인과적 환원주의**(causal reductionism) 어떤 계통의 부분(최종적으로 아원자 물리학에서 연구하는 부분)의 행동이 모든 상위 실체의 행동을 결정한다는 견해다. 계층상의 모든 인과관계가 상향식이라는 이 명제가 참이라면 상위 계층의 과학과 관련된 법칙은 물리학의 법칙으로 환원 가능해야 한다.

머피는 '비환원적 물리주의(nonreductive physicalism)'라는 표현을 특정한 의미, 즉 존재론적 환원주의를 받아들이면서 다른 한편으로 인과적 환원주의와 환원적 유물론을 거부하는 차원에서 사용한다.

머피는 현대 신경과학 이론과도 일맥상통하는 분리할 수 없는 심신 단일체라는 성경적 인간관을 재정립한다. 그러나 그녀의 가장 중요한 업적은 환원주의의 함정으로 지적될 만한 위험을 '비환원적 물리주의'로 피할 수 있음을 보여준 데 있다. 여기서 수반(supervenience)과 하향 인과관계(downward causation, '톱다운 인과관계' 또는 '전체-부분 인과관계'라고도 함)라는 개념이 등장한다.

수반이라는 관념은 1970년 데이비슨(Donald Davidson, 1917~2003)이 발표한 에세이 《정신적 사건Mental Events》에서 정신적 특성과 심리적 특성의 관계를 설명하는 데 처음 사용했다. 통념상 개념, 정신 등이 아예 존재하지 않을 수 없기 때문에 물리주의자들은 종종 개념과 정신이 물질적 객체에 '수반한다(supervene)'고 주장한다. 머피는 어떤 상위 계통의 행동이 하위 구성 요소의 행동으로부터 지대한 영향을 받을 수 있으나 온전히 그에 의해 결정되지 않음을 제시하기 위해 이 개념을 사용한다. 즉 인간 정신이나 인간의 자유는 신체적 특성과 환경에 의해 파괴되지 않는다.

또한 머피는 환원주의를 반박하기 위해 '하향 인과관계' 관념을 도입한다. 이 접근법은 피콕(Arthur Peacocke)과 폴킹혼(John Polkinghorne)을 비롯하여 과학과 종교 분야의 다른 저술가들도 중요하게 다루었다. 이 접근법에서는 어떤 계통의 하위 단계가 상위 단계의 속성을 결정하므로 상위 단계 행동은 어떤 의미에서 하위 계통에 의해 '설명된다'는 기계적 인과관계 모델에 이의를 제기한다. 그 모델에 따르면 의식은 물리학에 의해 설명된다. 하지만 이는 쉽게 반박할 수 있는 논리다. 어떤 계통의 하위 단계가 결정적이라 해도 그 계통 전체의 행동은 개별 구성 요소의 배치에 의해 결정된다. 생물학적 진화가 대표적인 예다. 자연선택에서는 유기체와 환경의 관계가 중요한 역할을 하는데, 이는 '상향 인과관계'의 기계적 모델로는 예측할 수 없다.

머피의 견해를 간략하게 들여다본 것으로 그녀의 연구 주제와 프로그램을 이해하기에는 부족함이 많다. 그러나 과학과 종교의 관계에서 출발한 연구 프로그램이 특히 종교철학 분야에서 어떤 중요한 물음을 던지며 더 생산적이고 큰 의미를 가지는 성과로 이어질 수 있는지 깨닫게 해준다.

추가 참고도서 목록

기본 참고도서

Murphy Nancey C. *Theology in the Age of Scientific Reasoning*. Ithaca, NY: Cornell University Press, 1990.

Murphy, Nancey C. "Postmodern Apologetics, or Why Theologians Must Pay Attention to Science." In W. Mark Richardson and Wesley J. Wildman (eds), *Religion and Science: History, Method, Dialogue*, pp. 104-120. New York: Routledge, 1996.

Murphy Nancey C. *Bodies and Souls, or Spirited Bodies?* Cambridge, UK: Cambridge University Press, 2006.

보조 참고도서

Bielfeldt, Dennis. "Nancey Murphy's Nonreductive Physicalism." *Zygon*, 34 (1999): 619-628.

Clayton, Philip. "Shaping the Field of Theology and Science: A Critique of Nancey Murphy." *Zygon*, 34 (1999): 609-618.

맥그래스 (Alister E. McGrath, 1953~)

영국의 신학자 맥그래스(Alister McGrath)는 1971년 학업을 시작하여 옥스퍼드 대학교에서 화학사학위를 받았다. 이어 옥스퍼드에서 라다(Sir George Radda) 교수의 지도 아래 생체막의 생물물리학적 속성을 연구했으며, 같은 시기에 기독교 신학 공부를 시작했다. 1978년 신학대학원(Final Honour School of Theology)에서 최고 성적을 거두면서 옥스퍼드 대학교로부터 드나이어 존슨 상(Denyer and Johnson Prize)을 받았으며, 케임브리지 대학교로 자리를 옮겨 역사신학을 연구했다. 이를 바탕으로 향후 과학과 종교를 더 깊이 탐구할 수 있게 되었다. 1983년 옥스퍼드로 돌아와 2008년까지 머물렀다.

맥그래스는 기독교 교의, 특히 16세기 교의의 발전을 다룬 일련의 저서를 낸 후 과학과 종교 분야에 관심을 갖기 시작했다. 이 분야에서 내놓은 최초의 저서인 《과학과 종교의 대화 기초The Foundations of Dialogue in Science and Religion, 1998》에 이어 발표한 《토런스: 지성인의 전기Thomas F. Torrance: An Intellectual Biography, 1999》에서는 자연과학과 기독교 신학 간 대화의 개척자인 토런스(Thomas F. Torrance, 1913~2007)의 연구 방법과 체계를 자세히 조명했다.

2001~2003년에 세 권으로 구성된 《과학적 신학A Scientific Theology》을 출판했는데, 여기서 자연과학의 연구 방식과 가정이 어떻게 체계적인 기독교 신학을 발전시키고 뒷받침할 수 있는지 탐구했다. 옛 표현을 빌리면 자연철학이 어떻게 '신학의 시녀(ancilla theologiae)' 역할을 할 수 있었는지 주목한 것이다. 이처럼 자연과학과 기독교 신학의 방법론 및 개념적 융합을 탐구하는 과정에서 크게 세 개의 영역을 자세히 다루었다. 바로 자연의 상태와 외부 세계의 실재, 그리고 이 세계를 신학적으로 표현할 필요성이다. 각각의 영역에서 자연과학과 기독교 신학의 융합이 규명되고 강조된다. 이 책에서 바스카(Roy Bhaskar, 1944~2014)가 발전시킨 형태의 '비판적 실재론'을 최초로 신학에 적용했다. 비판적 실재론에서는 실재의 인간적 표현에서 어느 정도의 사회적 구조를 인식하는 것을 허용하는 한편 존재론이 인식론을 결정한다고 주장한다.

맥그래스가 대표작에서 다룬 테마 중 하나는 기독교 신학과 자연과학의 잠재적 접점으로 새롭게 부활하는 자연신학이다. 그는 2008년 뉴캐슬 대학교에서 있었던 리델 강연(Riddell Lectures)에서 이 주제를 더 깊이 파고들었으며, 그 강연은 《공공연한 비밀: 자연신학을 위한 새로운 비전The Open Secret: A New Vision for Natural Theology, 2008》이라는 제목으로 출판되었다. 여기서 맥그래스는 페일리(William Paley)의 관점과 궤를 달리하는 자연신학 접근법을 제시한다. 이는 다음과 같이 요약할 수 있다.

먼저 '초월성(transcendent)' 개념에 대한 분석으로 시작하는데, 세속적인 서구 문화권을 비롯하여 대부분의 사람들에게 이 개념이 아직도 중요하다는 사실이 경험적 연구를 통해 어떻게 드러나는지 지적한다. 자연신학은 여전히 계속되는 초월성에 대한 문화적 관심의 연장선상에 두어야 한다. 자연세계는 어떤 식으로든 초월적 실재를 가리키거나 심지어 조정할 수도 있다는 것이 요지다. 자연에서 초월성으로 향하는 길을 찾는 방법에는 네 가지가 있다.

1. 자연에서 초월성으로 상승한다.
2. 자연을 통해 초월성을 확인한다.
3. 자연에서 물러나 스스로의 내면에서 초월성을 찾는다.
4. 자연에서 초월성을 깨닫는다.

여기서 자연이라는 개념이 여러 가지로 해석될 여지가 있음을 지적할 필요가 있다. 지난 50년간 '자연(nature)'과 '자연성(the natural)'은 계몽주의에서 말하는 대로 객관적이고 자율적인 실체가 아니라 여러 가지 해석이 가능한 관념이라는 견해가 점차 설득력을 갖게 되었다. 역사적으로 인류가 '자연'을 어떻게 이해하고 정의해왔는지 살펴보면 놀랄 만큼 넓은 선택 범위가 드러난다. 하지만 대부분 경험적 검증이 불가능하다. 이는 일종의 상대주의적 관점이거나 오로지 사회구성주의적 사물관을 제시하는 것은 아니다. 비판적 실재론적 견해에서는 쉽게 받아들여지는 불가피한 사실, '자연'은 이제 논쟁의 대상인 관념으로 여겨진다는 사실에 직면한 것이다.

'자연'은 인간 관찰자가 선택한 자연의 경험적 세계를 보고 해석하며 그 속에서 거주하는 방법을 나타낸다. 이 관찰 과정은 '이론을 수반하며(Hanson, 1958)', 실재에 대한 기존의 선험적 도식, 즉 '심적 지도(mental map)'를 사용한다. 자연에 관한 개념은 수없이 많다. 자연 자체가 근본적으로 다루기 쉽고 불확정적이며 인간의 정신에 의해 개념적으로 조종될 가능성이 높기 때문이다. 새롭게 부활한 '자연신학', 특히 비판적 실재론적 시각에서 출발했다면 이 사실을 인식하는 것이 특히 중요하다. 계몽주의의 주된 관점과 달리 여기서는 '자연'이라는 용어가 해석이 필요한 객관적 실재가 아님을 인정한다. 이미 해석된 실체이며 필요한 것은 재해석, 즉 새로운 방식으로 '보는' 것이다.

이처럼 자연신학은 특히 기독교적인 관점에서 자연을 '보는' 활동으로 여겨진다. 따라서 자연세계의 도움을 받아 상상 속 신의 존재와 속성을 입증하려고 하는 계몽주의적 자연신학과 배치된다. 그보다는 신과 자연, 인간의 작용에 대한 명확한 관념이 정립된 기독교 전통의 관점에서 자연을 바라본다. 맥그래스는 이론과 관찰 사이에 상당한 수준의 공명이나 조화가 있다고 주장한다. 삼위일체 실재관과 실제 관찰 결과가 경험적으로 꽤 들어맞는다는 것이다.

이는 신에 대한 기독교적 신앙의 '증거'를 의미하는 것은 아니다. 요점은 관찰 결과가 다른 근거에서 참으로 간주되는 신에 대한 기독교적 견해와 조화를 이룬다는 것인데, 그 이유는 중요한 지점에서 상당한 수준의 지적 공명을 일으키기 때문이다. 자연신학은 자연을 관찰하여 신의 존재를 연역하려는 시도가 아니라 관찰 결과를 기독교 신앙으로 이해할 수 있는 능력이다. 자연신학에서는 기독교 신앙이 마련한 지적 틀과 관찰 사이의 공명을 강조한다. 자연에 의존하면서 신앙의 핵심 요소를 입증하는 것이 아니다.

> 공통적 인간 이성과 자연 체험을 토대로 보편적 자연신학을 정립하려 한 계몽주의의 열망과 달리 기독교적 자연신학은 분명 기독교적 신학 토대 위에서 발전한다는 것이 우리의 생각이다. 기독교적 자연관은 기독교의 신을 밝힐 자연신학의 지적 필요조건이다. (McGrath, 2008, p. 4)

자연신학에서는 자연을 '관찰'하므로 인간의 지각이 어떻게 이루어지는가라는 경험적 물음이 신학적으로 큰 중요성을 갖는다. 따라서 자연신학에서는 인간 지각에 관한 심리학적 식견, 특히 지각이란 세계에 대한 사고와 정서적 반응, 발제적(enactive) 상호작용이라는 인식이 필요하다. 《공공연한 비밀The Open Secret》에서는 인간이 어떻게 사물을 이해하는지 밝히기 위해 동시대 심리학적 지각 이론을 활용한다. 그러려면 자연을 지각하는 과정에 대한 오해와 현혹을 초래할 계몽주의적 관점에서 벗어나야 한다. 게다가 계몽주의에서는 자연신학을 근본적으로 의미 형성(sense-making) 활동으로 간주했다. 잘못된 이 지각관을 걷어내고 소위 '플라톤의 진선미'를 자연신학을 위한 유익한 발견적 틀로 삼아야 한다고 맥그래스는 주장한다. 즉, 인간과 자연의 관계에서 이성적, 심미적, 도덕적 차원을 다루는 것이다.

맥그래스는 2009년 기포드 강연(Gifford Lecture)에서 이 관점을 더욱 발전시켰고, 그것은 《미조정된 우주: 과학과 신학, 그리고 신을 향한 탐구A Fine-Tuned Universe: Science, Theology, and the Quest for God, 2009》라는 제목으로 출판되었다. 이 책은 '인류학적 현상' 및 우주의 '미조정'에 초점을 맞춘 자연신학의 사례 연구라 할 수 있다. 그에 관해 어떤 설명을 내놓을 수 있는가? 그리고 그중 어느 것이 최상의 설명인가? 기독교 신앙에서 그런 현상을 수용할 수 있다는 점은 신의 존재에 대한 연역적 '증거'는 아닐지라도 그 신앙의 진실성을 시사한다는 것이 요지다.

이처럼 자연신학을 이해하고 적용하는 방법이 과연 받아들여질지, 또는 과학과 종교의 대화에 도움이 될지 여부는 아직 미지수다. 그러나 과학자들 사이에서 자연신학에 대한 관심이 커지고 있는 지금 이 전통적 교의가 새롭게 부활할 적절한 시기인 것은 분명하다. 부활의 결과가 새로운 접근법의 출현이든 옛 접근법의 재차용이든 말이다.

추가 참고도서 목록

기본 참고도서

McGrath, Alister E. *A Scientific Theology*, 3 vols. London: T&T Clark, 2001-2003.

McGrath, Alister E. *The Open Secret: A New Vision for Natural Theology*. Oxford: Blackwell, 2008.

McGrath, Alister E. *A Fine-Tuned Universe: Science, Theology, and the Quest for God*. Louisville, KY: Westminster John Knox Press, 2009.

보조 참고도서

Colyer, Elmer. "Alister E. McGrath, *A Scientific Theology*." *Pro Ecclesia*, 12 (2003): 226-231, 492-497; 13 (2004): 240-244.

Keating, James F. "The Natural Sciences as an *Ancilla Thelogiae Nova:* Alister E. McGrath's *A Scientfc Theology*." *The Thomist*, 69 (2005): 127-152.

Myers, Benjamin. "Alister McGrath's *Scientific Theology*." *Reformed Theological Review*, 64 (2005): 15-34.

클레이턴
(Philip Clayton, 1956~)

현시대의 과학과 종교의 대화에서 살펴볼 마지막 인물인 클레이턴(Philip Clayton)은 현재 미국 캘리포니아주 클레어몬트 신학교(Claremont School of Theology)의 신학 교수(Ingraham Professor of Theology)이자 클레어몬트 대학원의 철학 및 종교학 교수로 재직 중이다. 그는 산타바바라의 웨스트몬트 칼리지 학부과정을 마친 후 풀러 신학교(Fuller Theological Seminary)에서 신학을 공부했다. 그리고 예일 대학교에서 박사과정을 밟으면서 과학 및 신학에서 설명의 개념을 주로 연구했다. 특이하게도 클레이턴은 과학철학 학부와 종교 학부 모두에서 박사학위를 받았다. 그는 많은 곳에 교수로 초빙되었는데, 특히 2006~2007년 학기에는 하버드 신학교에서 과학 및 철학 초빙 교수로 활동했다. 그리고 버클리 연합신학원(Graduate Theological Union, Berkeley) 신학 및 자연과학 센터에서 '과학과 영적 탐구(Science and the Spiritual Quest)' 프로그램의 연구 책임자로 일하기도 했다. 저술 활동도 왕성한 클레이턴은 현시대의 과학과 종교 연구 분야의 정립, 특히 창발(emergency)에 관한 연구로 지대한 영향을 미쳤다.

클레이턴이 최초로 내놓은 대표적 저술은 과학과 종교에서의 설명에 관해 연구한 《물리학에서 신학까지의 설명: 합리성과 종교에 관한 에세이Explanation from Physics to Theology: An Essay in Rationality and Religion, 1986》로 종교적 의미를 갖는 '설명'의 관념을 강력하게 주장한 글로 널리 알려져 있다. 클레이턴은 당시 종교철학의 주를 이루던, 종교에 설명 가능성이 없다고 여기는 사조에 반기를 들었다. 비트겐슈타인(Ludwig Wittgenstein, 1889~1951)의 글, 특히 프레이저(Sir James Frazer)의 《황금가지Golden Bough》에 대한 신랄한 비평에서 잘 드러난 이 관점은 종교철학에 큰 영향을 미쳤다. '설명 없는 종교'를 주장한 대표적 인물은 필립스(D. Z. Phillips, 1934~2006)로, 그는 클레어몬트 신학원의 종교철학 교수(Danforth Chair)로 재직하다 은퇴했다.

이러한 관점에 대해 클레이턴은 '설명'이라는 용어가 올바르게 정의된다는 전제하에 실제로 종교적 신앙 체계에서 그 '설명'을 제공한다고 볼 수 있음을 지적했다. 당시는 아직 설명이 인과관계의 틀 속에서 이해되던 시절이었다. 이를테면 과학철학자 새먼(Wesley Salmon)은 '과학적 설명을 제공하는 것은 사건과 통계적 정규성이 세계의 인과체계에 어떻게 들어맞는지 보여주는 것'이라고 주장했다.(Salmon, 1998, p. 104) 그러나 클레이턴은 설명의 인과관념이 정합론적(coherentist) 관념에게 자리를 내주고 있음을 적절히 지적했다. '설명'은 관찰을 최대한 수용할 수 있음을 입증한 지적 틀의 맥락에서 이해할 수 있다는 것이다. 설명에 대한 클레이턴의 견해는 그가 굳이 인과적 설명관에 기대지 않는 '최상의 설명을 이끄는 추론' 관념의 신학적 중요성을 강조한 데서도 드러난다. 중요한 질문은 어떤 관찰에 대해 가능한 여러 설명 중 어느 것이 최상의 '적합성'을 제공하느냐 하는 것이다.

종교적 설명은 종종 개인이 자신의 경험을 이해하는 방식에 초점을 둔다는 점을 지적하면서 클레이턴은 종교적 직관이 명확하게 종교적인 경험의 범주로 국한되지 않는다고 주장했다. 실제로 종교적 설명에서는 경험을 총체적으로 이해할 수 있다. 따라서 신앙인이나 신비주의자는 모든 것이 들어맞고 근본적인 정합성이 있음을 감지한다. 또는 노리치의 줄리언(Julian of Norwich, 1342~c.1416)이 했던 유명한 표현을 빌리면, '모두가 행복하고 만사가 평안함(All shall be well, and all manner of thing shall be well)'을 느낀다.

종교적 설명의 총체적 측면을 강조한 클레이턴의 생각은 창발 개념, 즉 갈수록 복잡해지는 새롭고 예측 불가한 속성과 행동의 발전에 관심을 갖는 데 토대가 되었다고 할 수 있다. 이 관점은 과학과 종교의 대화에서 점점 중요한 역할을 하고 있으며, 클레이턴은 중요성을 옹호하는 대표적인 인물 중 하나다.

'창발론(Emergentism)'은 20세기 초 영국에서 특히 중요하게 여겼다. 그중에서도 영국의 두 창발론자 알렉산더(Samuel Alexander, 1859~1938)와 브로드(C. D. Broad, 1887~1971)에게 주목할 필요가 있다. 브로드의 기념비적인 저술《정신과 자연에서 정신이 차지하는 위치The Mind and Its Place in Nature, 1925》에서도 확인할 수 있듯이 영국 창발론의 일반적인 관점은 다음과 같이 요약할 수 있다. 자연은 층을 이루는 다층적 실재(layered reality)로 간주할 수 있으며, 각 '계층'은 그 자연을 연구하는 과학에 해당한다. 이 계층을 오름차순으로 열거하면 물리학과 화학, 생물학, 심리학이다. 하위 계층에 없던 속성이 상위 계층에서 '창발'하기도 한다.

그러나 이 접근법의 인과적 의미에 대해 영국의 창발론자들 사이에 큰 시각차가 존재한다. 클레이턴이 '강한' 창발론이라고 평했던 브로드의 입장은 전혀 새로운 인과과정이 어떤 계통의 상위 단계에서 창발하면서 하위 단계의 과정을 보완한다는 것이다. 그러나 '약한' 창발론을 펼친 알렉산더는 새로운 인과관계 패턴이 상위 단계에서 나타나지만 이는 하위 단계의 패턴을 드러내거나 대신하지 않는다고 주장한다.

이러한 접근법이 과학과 종교의 대화에 중요한 점을 시사하는 것은 분명하다. 예를 들어 '다층적' 접근법에서 신학은 어디에 위치하는가? 그리고 이는 정신의 작용에 대한 우리의 이해에 어떤 영향을 미치는가? 이것은 앞서 살펴봤듯이 머피가 다뤘던 주제이기도 하다. 클레이턴의 가장 중요한 업적은 과학적 지식에 기초하고 신학적 타당성도 지닌 종합적인 창발론을 발전시킨 것이다.

2006년 보일 강연(Boyle Lecture)에서 클레이턴은 환원주의와 극도로 대치되는 창발의 특성을 강조했다.

과연 창발이 무엇인지 가장 단순하게 설명한다면? 환원 또는 '환원주의'가 거짓이라는 가설이다. 예를 들어 인간의 생각과 활동에 대한 창발론적 시각에서는 인문과학이 생물학이나 물리학으로 환원되는 것이 거짓이라고 생각한다. 종교적 신앙에 대한 비환원적 이론에 따르면 종교적 신앙이 사회심리적 기능으로 환원되는 것은 거짓이다. (Clayton, 2006, p. 294)

따라서 클레이턴은 경험적 실재가 자연스럽게 여러 단계로 나뉘며 오랜 시간에 걸쳐 자연의 역사가 진행되는 동안 새로운 창발 단계가 나타난다고 말한다. 이처럼 등장한 전체는 부분의 합보다 크며, 각각의 새로운 현상 단계에 적합한 새로운 유형의 설명이 필요하다. 더 나아가 그와 같이 창발된 전체는 새로운 유형의 인과 상호작용을 나타낸다. 이를테면 생물 계통은 미립자 물리학적 상호작용에 '불과한 것'이 아니다. 여기에는 환원 불가한 생물적 상호작용이 포함되기 때문에 이는 생물학적 관점에서 설명해야 한다.

'창발' 개념이 다양하게 정의되긴 하지만, 클레이턴은 이 관념이 네 가지 일반적 특성을 갖는다고 생각한다.

1. 공간과 시간의 세계에 존재하는 만물은 결국 물리학에서 인식하는 기본

적 소립자로 구성된다. 그러나 그 물질이 어떻게 짜임새를 이루었는지 물리학으로는 설명할 수 없다.

2. 물질 소립자의 앙상블, 즉 집합이 적정 수준의 조직적 복잡성을 획득할 때 전혀 새로운 속성이 나타나기 시작한다.
3. 이러한 창발 속성은 그 출처가 된 하위 단계 현상으로 환원하거나 그로부터 예측할 수 없다.
4. 상위 단계 실체는 하위 단계 구성 요소에 인과적 영향력을 행사한다.

클레이턴의 주장을 종합적으로 정리하면 더 단순한 과거의 물리적 구조에서 복잡성이 창발하며, 이는 하위 단계가 갖지 못한 속성을 지닌 상위 단계의 창조로 이어진다.

클레이턴은 '약한' 창발론과 '강한' 창발론 사이에 중요한 경계선을 그으면서 그 차이점을 인과관계에서 찾고 있다. 강한 창발론에서는 계통이 진화하면서 전혀 새로운 인과과정 또는 인과적 효과를 지닌 동인이 등장한다고 생각한 것이다. 약한 창발론은 새로운 인과과정 또는 동인이 나타나는 것이 아니라 새로운 패턴만 등장한다고 생각하는 다소 신중한 입장이다. 클레이턴 자신은 '강한' 창발론을 옹호하면서 자신의 비환원주의적 견해를 뒷받침한다. 그는 두 진화생물학자 도킨스(Richard Dawkins)와 굴드(Stephen Jay Gould)의 차이점에 주목하며 이 관점의 중요성을 보여준다. 클레이턴은 유전자 발현에서 환경적 영향의 역할을 인식한다면 도킨스의 급진적 환원주의에서 벗어난다는 사실을 올바르게 지적한다. 굴드가 1970년대 후반 환원주의 모델과 거리를 두게 된 것도 환경이 구조의 선택과 도태뿐 아니라 구조의 발전에서 하는 역할까지 깨달은 데 부분적인 이유가 있다.

클레이턴의 견해는 분명 과학과 종교의 대화에 많은 점을 시사해준다. 반환원주의적 입장은 신학의 개념적 위치를 제시한다. 일부 옛 자연과학 접근법에서는 이를 거부했고, 결국 환원적 물리주의를 하나의 형이상학적 프로그램으로 무비판적으로 수용했다. 하지만 더 중요한 것은 클레이턴이 복잡한 전통적 질문, 이를테면 세상에서 신의 조화에 새로운 방식으로 접근할 수 있는 틀 구조를 마련했다는 사실이다. 이러한 접근법은 과학과 종교의 대화에서 큰 의미를 갖는다.

추가 참고도서 목록

기본 참고도서

Clayton, Philip. *Explanation from Physics fo Theology: An Essay in Rationality and Religion*. New Haven, CT: Yale University Press, 1989.

Clayton, Philip. *Mind and Emergence: From Quantum to Consciousness*. Oxford: Oxford University Press, 2004.

Clayton, Philip. "The Emergence of Spirit: From Complexity to Anthropology to Theology." *Theology and Science*, 4 (2006): 291-307.

보조 참고도서

Drees, Willem B. "God and Contemporary Science: Philip Clayton's Defense of Panentheism." *Zygon*, 34 (1999): 515-525.

Gregersen, Niels Henrik. "Emergence in Theological Perspective: A Corollary to Professor Clayton's Boyle Lecture." *Theology and Science*, 4 (2006): 309-320.

Haag, James W. "Between Physicalism and Mentalism: Philip Clayton on Mind and Emergence." *Zygon*, 41 (2006): 633-647.

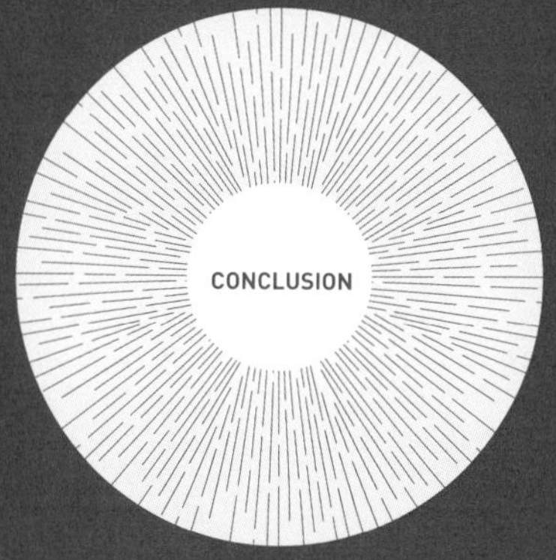

결론

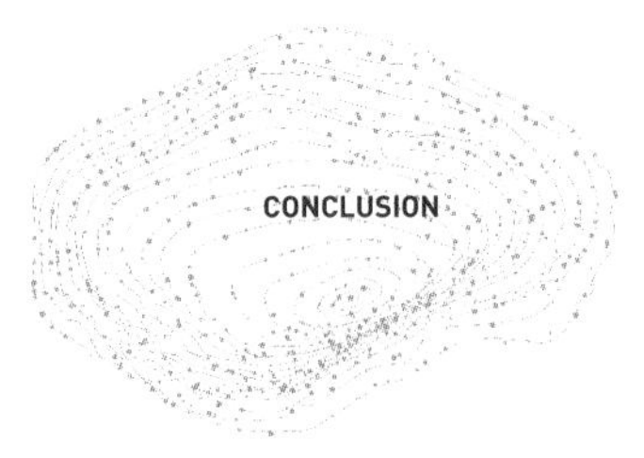

CONCLUSION

이 책에서는 날로 중요함을 더해 가는 과학과 종교, 특히 과학과 기독교의 상호작용을 살펴보았다. 일종의 입문서인 만큼 이 분야의 다양한 면면을 빠짐없이 다루진 않았다. 즉, 역사적인 흐름과 신학적 쟁점, 현시대에 진행 중인 논쟁, 이 분야에 기여한 대표적인 인물들을 소개하고, 간단한 참고도서 목록을 추가해 각 주제를 더 자세히 탐구할 방법을 안내하고자 했다. 이 책을 다 읽고 난 후 이 분야를 더 자세히 연구하고 관련 콘퍼런스에 참가한다면 뜻깊고 유익한 시간이 될 것이다. 마지막으로, 지식욕을 돋우는 데 이 책의 목적이 있으므로 아마도 독자들은 불만스러운 기분으로 마지막 장을 덮으리라 예상한다. 그러나 이는 적은 분량으로 과학과 종교의 상호작용과 같은 복잡한 주제를 다루는 책에서 거둘 수 있는 최대 수확이라고 생각한다.

그렇다면 다음 단계는? 이 분야에 대한 관심을 더욱 발전시킬 수 있는 방법은 무엇인가? 이 책을 교재로 사용하고 있다면 강사에게 유익한 조언을 구할 수도 있다. 혼자서 이 책을 공부하는 중이라면 더 발전적인 학습으로 아래와 같은 방법이 도움이 될 것이다.

1. 과학과 종교가 중요한 역할을 했던 역사적 쟁점을 더 자세히 알아본다. 이를테면 다윈을 둘러싼 논쟁과 같은 특정 담론을 더 자세히 살펴볼 수 있다. 그런 논쟁에서 다룬 쟁점을 좀더 학문적으로 접근하다 보면 과학과 종교에 더욱 매료되기 마련이다. 이 책에서는 과학과 종교에 관한 세 가지 기념비적 논쟁을 소개했지만, 그 밖에도 살펴볼 것이 많다.
2. 신학적 물음을 더 심층적으로 탐구한다. 예를 들어 우리는 세계 속에서 신의 조화를 어떻게 생각할 수 있는가? 신의 존재를 과학적으로 증명할 수 없다는 사실이 중요한가? 이 책에서는 이와 같은 물음들을 간단히 살펴봤지만, 이러한 주제는 참고도서와 함께 더 깊이 탐구할 만하다.
3. 현시대의 한 사상가에 주목한다. 여기서 소개한 여러 인물 중에서 고를 수도 있다. 신학을 공부하는 중이라면 토런스나 판넨베르크에 대해 자세히 알아보는 것이 큰 도움이 될 수 있다. 물리학 전공자라면 폴킹혼의 이론에 몰두하고, 생물학을 공부하고 있다면 피콕의 글에 매료될지도 모른다. 또한 이 책에서 언급하지 않았으나 더 자세히 알아볼 만한 업적을 이룬 저술가들도 있다. 이를테면 철학에 관심 있는 독자는 비판적 실재론을 특히 엄격하게 조명한 노트르담 대학교의 맥멀린(Ernan McMullin)에게 흥미를 느낄 것이다.
4. 과학과 종교의 쟁점에 관한 담론을 활성화하려고 하는 단체의 웹사이트도 유익할 수 있다. 이 분야와 관련하여 앞으로 있을 콘퍼런스와 새로운 출판물 소식을 접할 수 있다. 관심 주제에 관한 온라인 기사가 게재되는 곳도 많다. 그중에서 특히 추천할 만한 곳이라면 버클리 신학 및 자

연과학 센터(Center for Theology and the Natural Sciences, Berkeley), 케임브리지 패러데이 연구소(Faraday Institute, Cambridge), 펜실베이니아 메타넥서스 연구소(Metanexus Institute, Pennsylvania) 등이 있다. 다른 관련 사이트로 연결하는 링크도 있으므로 특정 관심사를 추구하고 발전시키는 데 웹을 활용할 수 있다. 특히 패러데이 연구소 웹사이트는 200여 편의 관련 강연 녹음을 제공하여 큰 도움이 될 것이다.

5. 과학과 종교 분야를 전문적으로 다루는 정기간행물이 많으며, 학교 도서관에서 인쇄판이나 온라인판으로 읽어볼 수 있다. 그중 중요하게 평가받는 《자이곤Zygon》과 《신학과 과학Theology and Science》, 《과학과 기독교 신앙Science and Christian Belief》에는 학술적인 내용의 기사와 서평이 실리며, 때때로 콘퍼런스와 공개 강연 소식도 접할 수 있다.

독자의 다음 행보가 무엇이든 간에 과학과 종교 영역에 대한 입문서로 이 책이 도움이 되길 바란다. 독자의 반응에 회답하는 다음 판을 내놓고자 출판사와 필자는 이 책에 관한 독자 여러분의 의견을 적극 환영한다.

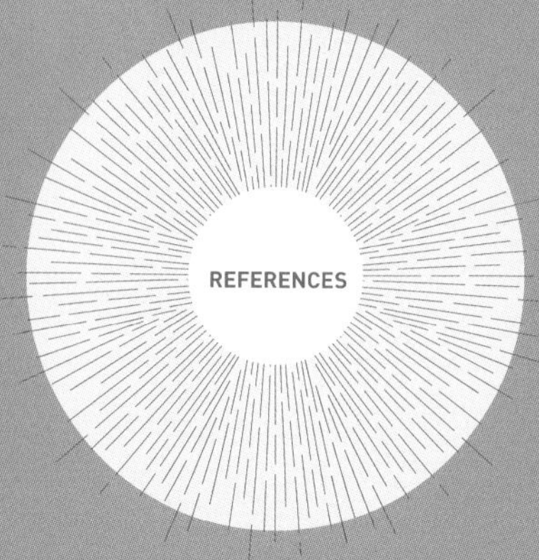

참고문헌

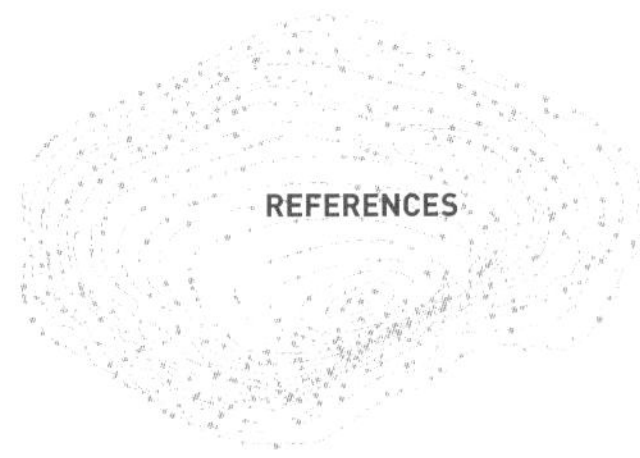

Al-Ghazali, Moderation in Belief, trans. Michael Marmura. In "Al-Ghazali' Chapter on Divine Power in the Iqtisad." *Arabic Sciences and Philosophy*, 4 (1994): 279-315.

Alston, William P. "The Inductive Argument from Evil and the Human Cognitive Condition." *Philosophical Perspectives*, 5 (1991a): 29-67.

Alston, William P. *Perceiving God: The Epistemology of Religious Experience*. Ithaca, NY: Cornell University Press, 1991b.

Ayala, Francisco J. "Teleological Explanations in Evolutionary Biology." *Philosophy of Science*, 37 (1970): 1-15.

Ayer, A. J.(ed.) *Logical Positivism*. New York: Free Press, 1959.

Barbour, Ian G. *Myths, Models and Paradigms: A Comparative Study in Science and Religion*. New York: Harper & Row, 1974.

Barbour, Ian G. *Religion in an Age of Science, 1989-1990*. San Francisco: Harper, 1990.

Barrett, Justin. *Why Would Anyone Believe in God?* Lanham, MD: AltaMira Press, 2004.

Barrett, Justin. "Cognitive Science of Religion: What Is It and Why Is It?" *Religion Compass*, 1 (2007): 1-19.

Barrow, John, and Frank J. Tipler. *The Anthropic Cosmological Principle*. Oxford: Oxford University Press, 1986.

Baumeister, Roy F. *Meanings of Life*. New York: Guilford Press, 1991.

Blackwell, Richard J. *Galileo, Bellarmine and the Bible*. Notre Dame, IN: University of Notre Dame Press, 1991.

Boyer, Pascal. "Religious Thought and Behavior as By-products of Brain Function." *Trends in Cognitive Sciences*, 7 (2003): 119-124.

Cantor, Geoffrey, and Chris Kenny. "Barbour' Fourfold Way: Problems with His Taxonomy of Science-Religion Relationships." *Zygon*, 36 (2001): 765-781.

Carr, B. J., and M. J. Rees, "The Anthropic Principle and the Structure of the Physical World." *Nature*, 278 (1979): 605-612.

Chadwick, Owen. *From Bossuet to Newman: The Idea of Doctrinal Development*. Cambridge, UK: Cambridge University Press, 1957.

Clayton, Philip. "The Emergence of Spirit: From Complexity to Anthropology to Theology." *Theology and Science*, 4 (2006): 291-307.

Conway Morris, Simon. *Life' Solution: Inevitable Humans in a Lonely Universe*. Cambridge, UK: Cambridge University Press, 2003.

Coulson, Charles A. *Christianity in an Age of Science*. London: Oxford University Press, 1953.

Coulson, Charles A. *Science and Christian Belief*. Chapel Hill, NC: University of North Carolina Press, 1958.

Craig, William Lane, and Quentin Smith. *Theism, Atheism, and Big Bang Cosmology*. Oxford: Clarendon Press, 1993.

Cupitt, Don. *Only Human*. London: SCM Press, 1985.

Darwin, Charles. *On the Origin of the Species by Means of Natural Selection*. London: John Murray, 1859.

Darwin, Charles. *The Descent of Man*. London: John Murray, 1871.

Darwin, Charles. *On the Origin of the Species by Means of Natural Selection*, 6th edn. London: John Murray, 1872.

Davies, Paul. *God and the New Physics*. New York: Simon and Schuster, 1983.

Davies, Paul. *The Mind of God: Science and the Search for Ultimate Meaning*. London: Penguin, 1992.

Dawkins, Richard. *The Blind Watchmaker: Why the Evidence of Evolution Reveals a Universe Without Design*. New York: W. W. Norton, 1986.

Dawkins, Richard. *The Selfish Gene*, 2nd edn. Oxford: Oxford University Press, 1989.

Dawkins, Richard. *A Devil' Chaplain: Selected Writings*. London: Weidenfeld & Nicholson, 2003.

Dawkins, Richard. *The God Delusion*. Boston: Houghton Mifflin, 2006.

Dennett, Daniel C. "Back From the Drawing Board." In Bo Dahlbom (ed.), *Dennett and His Critics: Demystifying Mind*, pp. 203-235. Oxford: Blackwell, 1993.

Dennett, Daniel C. *Darwin' Dangerous Idea: Evolution and the Meaning of Life*. New York: Simon & Schuster, 1995.

Devitt, Michael. *Realism and Truth*. Oxford: Blackwell, 1984.

Dirac, Paul. "The Evolution of the Physicist' Picture of Nature." *Scientific American*, 208, 5 (1963): 45-53.

Dyson, Freeman. *Disturbing the Universe*. New York: Harper and Row, 1979.

Dyson, Freeman. "The Scientist as Rebel." In John Cornwell (ed.), *Nature' Imagination: The Frontiers of Scientific Vision*, pp. 1-11. Oxford: Oxford University Press, 1995.

Edwards, Jonathan. *The Images of Divine Things*. New Haven, CT: Yale University Press, 1948.

Flew, Antony, "Theology and Falsification." In Antony Flew and Alasdair MacIntyre (eds), *New Essays in Philosophical Theology*, pp. 96-99. London: SCM Press, 1955.

Freud, Sigmund. *Leonardo da Vinci and a Memory of His Childhood*. In *Complete Psychological Works*, ed. James Strachey, vol. 11, pp. 57-137. London: Hogarth Press, 1957.

Freud, Sigmund. *The Future of an Illusion*. In *Complete Psychological Works*, ed. James Strachey, vol. 21, pp. 1-56. London: Hogarth Press, 1961.

Freud, Sigmund. Moses and *Monotheism*. In *Complete Psychological Works*, ed. James Strachey, vol. 23, pp. 1-137. London: Hogarth Press, 1964.

Gould, Stephen Jay. "Impeaching a Self-Appointed Judge." *Scientific American*, 267, 1 (1992): 118-121.

Gould, Stephen Jay. "Nonmoral Nature." In *Hen's Teeth and Horse's Toes: Further Reflections in Natural History*, pp. 32-44. New York: W. W. Norton, 1994.

Gould, Stephen Jay. "Nonoverlapping Magisteria." *Natural History* 106 (March 1997): 16-22.

Gould, Stephen Jay. *Rocks of Ages: Science and Religion in the Fullness of Life*. London: Jonathan Cape, 2001.

Hanson, N. R. *Patterns of Discovery: An Inquiry into the Conceptual Foundations of Science*. Cambridge, UK: Cambridge University Press, 1958.

Hick, John, "Theology and Verification." In John Hick (ed.), *The Existence of God*, pp.252-274. London: Macmillan, 1964.

Hooykaas, Reijer. *Religion and the Rise of Modern Science.* Edinburgh: Scottish Academic Press, 1972.

James, William. *The Varieties of Religious Experience: A Study in Human Nature.* New York: Longmans Green, 1917.

James, William. *The Will to Believe and Other Essays in Popular Philosophy.* New York: Dover, 1956.

James, William. *Essays in Radical Empiricism.* Cambridge, MA: Harvard University Press, 1976.

Jastrow, Robert. *God and the Astronomers.* New York: Norton, 1978.

Kuhn, Thomas S. *The Structure of Scientific Revolutions*, 2nd edn. Chicago: University of Chicago Press, 1970.

Mayr, Ernst. *Toward a New Philosophy of Biology: Observations of an Evolutionist.* Cambridge, MA: Harvard University Press, 1988.

Mayr, Ernst. *Evolution and the Diversity of Life: Selected Essays.* Cambridge, MA: Harvard University Press, 1997.

McCauley, Robert. "The Naturalness of Religion and the Unnaturalness of Science." In Frank C. Keil and Robert A. Wilson (eds), *Explanation and Cognition*, pp. 61-85. Cambridge, MA: MIT Press, 2000.

Medawar, Peter. *The Limits of Science.* Oxford: Oxford University Press, 1985.

Midgley, Mary. *Beast and Man: The Roots of Human Nature.* London: Methuen, 1980.

Mitchell, Basil. *The Justification of Religious Belief.* London: Macmillan, 1973.

Murphy, Nancey. "Physicalism Without Reductionism: Toward a Scientifically, Philosophically, and Theologically Sound Portrait of Human Nature." *Zygon*, 34 (1999): 551-571.

Murphy, Nancey C. *Bodies and Souls, or Spirited Bodies?* Cambridge, UK: Cambridge University Press, 2006.

Nagel, Ernest. *The Structure of Science: Problems in the Logic of Scientific Explanation.* London: Routledge and Kegan Paul, 1979.

Numbers, Ronald L. "Science and Religion." *Osiris*, 1 (1985): 59-80.

O'onovan, Oliver. *Resurrection and Moral Order.* Grand Rapids, MI: Eerdmans, 1986.

Pannenberg, Wolfhart. "The Concept of Miracle." *Zygon*, 37 (2002): 759-762.

Peacocke, Arthur. *Theology for a Scientific Age: Being and Becoming Divine and Human.* London: SCM

Press, 1993.

Peacocke, Arthur. *Paths from Science Towards God: The End of All Our Exploring*. Oxford: Oneworld, 2001.

Pittendrigh, C. S. "Adaptation, Natural Selection, and Behavior." In A. Roe and George Gaylord Simpson (eds), *Behavior and Evolution*, pp. 390-416. New Haven, CT: Yale University Press, 1958.

Plantinga, Alvin. *The Analytic Theist: An Alvin Plantinga Reader*, ed. James F. Sennett. Grand Rapids, MI: Eerdmans, 1998.

Plantinga, Alvin. *Warranted Christian Belief*. Oxford: Oxford University Press, 2000.

Polkinghorne, John. *The Way the World Is*. London: SPCK, 1983.

Polkinghorne, John. *One World: The Interaction of Science and Theology*. Princeton, NJ: Princeton University Press, 1986.

Polkinghorne, John. *Science and Creation: The Search for Understanding*. London: SPCK, 1988.

Polkinghorne, John. *Reason and Reality*. London: SPCK, 1991.

Polkinghorne, John. "Physics and Metaphysics in a Trinitarian Perspective." *Theology and Science*, 1 (2003): 33-49.

Popper, Karl R. *The Logic of Scientific Discovery*. New York: Science Editions, 1961.

Popper, Karl R. *Conjectures and Refutations: The Growth of Scientific Knowledge*. London: Routledge & Kegan Paul, 1963.

Popper, Karl R. *Realism and the Aim of Science*. London: Hutchinson, 1983.

Putnam, H. *Mathematics, Matter and Method: Philosophical Papers*, vol. 1. Cambridge, UK: Cambridge University Press, 1975.

Quine, W. V. O. *From a Logical Point of View*. Cambridge, MA: Harvard University Press, 1953.

Raven, Charles E. *Natural Religion and Christian Theology*, 2 vols. Cambridge, UK: Cambridge University Press, 1953.

Redhead, Michael. *From Physics to Metaphysics*. Cambridge, UK: Cambridge University Press, 1995.

Rowe, William L. "The Problem of Evil and Some Varieties of Atheism. "*American Philosophical Quarterly*, 16 (1979): 335-341.

Salmon, Wesley C. *Causality and Explanation*. New York: Oxford University Press, 1998.

Tennant, F. R. *Philosophical Theology*, 2 vols. Cambridge, UK: Cambridge University Press, 1930.

Torrance, Thomas F. *Theological Science*. London: Oxford University Press, 1969.

Torrance, Thomas F. "The Problem of Natural Theology in the Thought of Karl Barth." *Religious Studies*, 6 (1970): 121-135.

Torrance, Thomas F. *Reality and Scientific Theology: Theology and Science at the Frontiers of Knowledge*. Edinburgh: Scottish Academic Press, 1985.

Van Fraassen, Bas C. *The Scientific Image*. Oxford: Oxford University Press, 1980.

Van Till, Howard. "Theistic Evolution." In J. P. Moreland and John Mark Reynolds (eds), *Three Views on Creation and Evolution*, pp. 159-218. Grand Rapids, MI: Zondervan, 1999.

Watts, Fraser. "Cognitive Neuroscience and Religious Consciousness." In R. J. Russell, N. Murphy, T. Meyering, and M. Arbib (eds), *Neuroscience and the Person*, pp. 327-346. Vatican City: Vatican Observatory, 1999.

Weinberg, Steven. *Dreams of a Final Theory: The Search for the Fundamental Laws of Nature*. London: Hutchinson Radius, 1993.

Wilson, Edward O. *Sociobiology: The New Synthesis*. Cambridge, MA: Belknap Press, 1975.

Wright, N. T. *The New Testament and the People of God*. London: SPCK, 1992.

과학과 종교

| 충돌과 조화 |

초판 1쇄 인쇄 2017년 9월 14일
초판 1쇄 발행 2017년 9월 21일

지은이 앨리스터 맥그래스
옮긴이 정성희, 김주현

펴낸이 김호석
펴낸곳 도서출판 린
편집부 박은주
교정 · 교열 김범현
마케팅 오중환
관 리 김소영

등 록 제 313-291호
주 소 경기도 고양시 일산동구 장항동 776-1 로데오 메탈릭타워 405호
전 화 02) 305-0210 / 306-0210 / 336-0204
팩 스 031) 905-0221
전자우편 dga1023@hanmail.net
홈페이지 www.bookdaega.com

ISBN 979-11-87265-24-5 03200

• 이 도서의 국립중앙도서관 출판예정도서목록(CIP)은 서지정보유통지원시스템 홈페이지(http://seoji.nl.go.kr)와 국가자료공동목록시스템(http://www.nl.go.kr/kolisnet)에서 이용하실 수 있습니다. (CIP제어번호 : CIP2017022398)